台湾研究

两岸同根同源的文化展演研究

——以台湾民俗村和闽台缘博物馆为例

潘峰 著

两岸关系和平发展研究丛书

九州出版社 JIUZHOUPRESS | 全国百佳图书出版单位

图书在版编目（CIP）数据

两岸同根同源的文化展演研究：以台湾民俗村和闽台缘博物馆为例／潘峰著．—北京：九州出版社，2011.5

ISBN 978-7-5108-0952-1

Ⅰ．①两… Ⅱ．①潘… Ⅲ．①中华文化-研究 Ⅳ．①G12

中国版本图书馆 CIP 数据核字（2011）第 078263 号

两岸同根同源的文化展演研究

——以台湾民俗村和闽台缘博物馆为例

作　　者	潘　峰　著
出版发行	九州出版社
出 版 人	徐尚定
地　　址	北京市西城区阜外大街甲 35 号（100037）
发行电话	(010)68992190/2/3/5/6
网　　址	www.jiuzhoupress.com
电子信箱	jiuzhou@jiuzhoupress.com
印　　刷	三河市东方印刷有限公司
开　　本	720 毫米×1020 毫米　16 开
印　　张	14
字　　数	216 千字
版　　次	2011 年 6 月第 1 版
印　　次	2011 年 6 月第 1 次印刷
书　　号	ISBN 978-7-5108-0952-1
定　　价	35.00 元

代　　序

这是一本涉及台湾和大陆的书，但和通常的台湾问题研究专著不同。书中并不是像多数的台湾研究论著一样，去把大量笔墨放在对台政策或者台湾与大陆的关系分析之上，地处闽南泉州的中国闽台缘博物馆和厦门的台湾民俗村是本书关注的主要研究对象。说起博物馆和民俗村，分别是当代文化展示和旅游的热点，一方面是政府采取各种政策，进行补贴，促进博物馆免费开放；另一方面，民俗村成为展示一个区域或者民族的历史与文化的新形式，在不少地方列入到旅游线路之中。两者产生一个交集之后，本书所涉及的两个研究对象，便构成了一种新的和台湾相关联的文化展演现象。

两岸关系在消除彼此的误解和敌对过程中，逐渐波折前行。总的基调从彼此的武力合并和对抗，转向了更为务实和积极的合作与交流。大陆方面过去强硬的武力手段逐渐被柔性宣传政策和正常的经济文化交往所代替，大量台商和演艺等界人士到大陆发展事业，台湾旅游开放之后大陆游客蜂拥而入，在新的层面实现着相互的了解。两岸学术界的交流也日益丰富，近两年我也有机会两次赴台，在“中央研究院”和台湾大学进行了为期两个月的学术交流活动。在这样的交流过程中，在大陆一侧建造两岸关系的“同根同源”的人造景观，建立地方文化品牌的同时，也成为对台宣传的重要途径之一。在这一过程中，打造一种地方文化特色，运用地方特有的文化元素，表征和展示其社会文化意义与诉求，成为各地新的文化建设和旅游筹划的主题。地方的城市规划和发展方略确定了福建泉州、厦门这样的城市的新定位和新特点，甚至南音等福建的文化演艺形式已经加上了“两岸同根同源”的意义，闽南地区文化遗产的保护已经提升到更宏大的政治话语中。国家话语和地方特色在闽南同时展现，相得益彰，也应当使我们获得国家和地方关系的新认识。

对于关心人之由来和美之所在的人而言，博物馆（museum，也包括中国的美术馆）似乎是最适合的去处。在历史和艺术中徜徉漫步，使人产生一种虔诚和敬仰之心，我们通常说受到“熏陶”。在这样的熏陶中，人们也在参观经历中有所收获，追溯历史荣耀与艰辛，获得艺术感知与启迪，在匆匆一瞥中度过一段时光。这种参观结束后，比较进入博物馆之前人们实际上已有所改变。当然这种改变的结果可能会呈现出诸多的与博物馆展览设计者不同的文本。因为每个参观者也都是在能动地观摩，甚至以一种在博物馆里也许并不主动的方式，实现内心的主动介入，而不是一个简单的接收器。

尽管人们在博物馆里似乎很少吵闹，但博物馆既是教育场所也是游览场所，本书所涉及的民俗村更是如此。通过在书中所描写的这两个展演地的参观和游览，两岸游客可以感受再造的台湾文化氛围，了解台湾的历史过程，获知创造那些文化的台湾民众的历史心性和生活形态，使之成为两岸接触与交流的新型平台。未来这类文化展演应当根据每一项目的地域所在，发掘区域和族群的独特性，也许可以采用更为活泼的形式，也许可以让观众有更多的参与机会和更好的分享感受，促进这类展演更让人喜闻乐见。

博物馆和民俗村作为重要的理论与实践领域，更是文化呈现的媒介，展示出社会文化的各个层面，包括政治、经济、社会及宗教等不同议题。在现今全球化的趋势之下，世界各地的博物馆数目都在持续地增加，民俗村也在各地不断建设起来，几乎没有一个地区没有自己的博物馆，没有当地的民俗村，除了建构历史叙事、保存文化遗产、展现民俗文化等因素之外，更带有文明进步的象征意义，成为一个城市或者地区提升现代化程度的一种外在标志。在当今社会中，博物馆和民俗村也更多地和旅游结合在了一起，以求提振经济，推进文化。在这样的背景中来看地处福建的闽台缘博物馆和台湾民俗村，也许在这里的创办者、投资者所想要表征（represention）的更重要的内涵是两岸关系的政治诉求。

闽台缘博物馆和台湾民俗村在两岸关系的纠结中，将闽台地方文化知识与建筑、陈列、文物诠释关联在一起，将相对遥望的海峡两岸关联在一起，其建筑物、搜藏品、搜藏与研究、展示与宣传教育可以说是一个杂糅的思考方式、意识形态、权力结构与经济行为的操弄结果，也受到这两者的出资方、支持机构、主管部门的性质及所处的社会文化系统的制约。本书分别从政治和经济维度，展现了两岸在社会、文化方面的诸多相似性，成为理解

"同根同源"表征体系的主要线索。各种展览物的搜藏、认识、陈列、诠释等行为，不仅是有关台湾历史与文化知识的传递和台湾少数民族多元文化价值的展示，更是特定时代大陆对台关系的过程性发展与变化的结果。我们相信，未来也可能会随着这种过程的新变化，而不断有所调整。

在本书中，作者运用社会互动、文化表征和角色扮演理论，力求论证大众消费文化和国家意识形态共同塑造了文化景观的形象并赋予意义，两岸的不同参与者介入了这一过程，并在一定程度上与大众文化达成某种契合，人们按照两岸关系特定时代的文化脚本进行角色扮演。通过记忆、行动和形象想象的方式，借由闽台缘博物馆和台湾民俗村这两个平台，使得"同根同源"的主流话语表述在不同地域间实现了意义的转换，于是在同一个主题思想引导下根据不同的观演关系，根据现实文化境遇制作出了不同版本的文化脚本。在国家对台宣传的"宏大叙事"和台商纷纷跨地域"市场经营"的大背景下，国家、专家学者、媒体、演员、参观者以及各种展示物、情境等，共同上演了一出"社会戏剧"。尽管演剧的人们有着他们不同的自我，也用各种各样的方式进行自我的表述，借用了各种不同的表征手段，或者同样的表征形式具有着不同的表征意涵，但这两个平台搭就了一个大舞台，为剧目的呈现提供了有效的空间。

在进行大量的现场景观描述的同时，作者也强调，在意义赋予过程之同时，应当重视观者的主体性，以及对意义解读的各种实践。注意在文化展演中，观众如何观看演员的演出，又是通过什么样的方式解读文化脚本的。人们参观和游览过程中，随着身体的移动，也在完成观念的交流，在文化展演的表征结构中，这些能动的参观者、游览者具有的主体性得到呈现，也许有些读者会期待这种呈现能够更为生动和深刻些。

羁绊于作者与为他的田野工作提供便利的两个机构的关系，在书中他并没有着力去讨论展演是否再现与重构了台湾的社会历史与族群文化象征的全貌，是否是一种接近真实和立场客观的再现，也没有更多地去评判在空间转换之后闽台缘博物馆和台湾民俗村在展演的形式与内容上发生的变化。对于闽台文化展演与多元文化的生活经验、族群认同、文化创造、历史与集体记忆的诠释、社会史观的重建等文化政治相关联的领域，对于展示物与物在历史和生活中原本的主人在展示和展演中文化资产的所有权、历史文化之论述的主控权等等，此类乃至其他更为广泛的议题，希望本书的读者和批评者们在进一步探索中，能够有新的见解和认识。

遵作者嘱，遐思数语，聊为序。

中央民族大学中国当代民族问题研究基地
民族学人类学理论与方法研究中心副主任
中央民族大学人类学专业博士生导师、教授

2011 年 3 月 12 日

前　言

自中华人民共和国建立以来，台湾问题一直是“祖国统一”的大事。“一国两制”的基本方针提出，将过去强硬的武力手段转向对柔性宣传政策的倾斜。其中，建造两岸关系的“同根同源”的人造景观，成为对台宣传政策的重要途径之一。在国家宣传对台政策的宏观话语下，地方的城市规划也在依据特殊的城市定位进行资源的协调。泉州的中国闽台缘博物馆和厦门的台湾民俗村分别从政治和经济维度，展现了两岸在社会、文化方面的诸多相似性，成为本书理解“同根同源”表征体系的主要线索。我认为，在国家对台宣传的“宏大叙事”和台商纷纷跨地域“市场经营”的大背景下，国家、专家学者、媒体、演员、参观者以及各种展示物、情境等，共同上演了一出“社会戏剧”。

本研究运用勒菲夫尔（Henri Lefebvre）提出的“空间三维说”作为文化展演的分析框架，以理解当前中国话语中的“同根同源”是如何成为一个自在的表征体系进行运作，并作用在两处人造景观（泉州的中国闽台缘博物馆和厦门的台湾民俗村）的空间建造、主题化和实践当中。本书试图通过一种理论建构的案例讨论，直接将戏剧表演的三要素——演员、观众和文化脚本纳入复合的、多维度的互动当中。研究关注消费的社会文化力量和国家意识形态：（1）是如何塑造文化景观的形象并赋予意义，并在一定程度上与大众文化达成某种契合；（2）表述是如何通过记忆、行动和形象（想象）的方式让“同根同源”的主流话语在不同机构间进行意义的转换；（3）在意义赋予过程之同时，重视观者的主体性，以及对意义解读的各种实践。这样的解读是如何合理地镶嵌在文化展演的表征结构当中，并通过身体的移动实践展现他们各自的主体性。

在研究方法上，本书采用参与和观察与非结构访谈法相结合，进行跨地域的田野作业。研究视角延续文化表演研究的理论脉络，并引入视觉文化研究的相关成果作为讨论的分析工具。书中将所有资料看作是一种建构的文本，并强调民族志文本的协商性——是各个研究主体在当时、当地共同建构的表演文本。与以往研究忽视演员、观众、文化脚本三者整体性不同，本书尝试通过使用空间的概念，将三者整合在一个框架中，讨论三者的互动关系。特别是关注两点：一是知识、话语的权力是如何作用意义的编码和解码的双向过程，二是演员和观众如何在空间实践中达成意义的协商。

全书内容包括绪论、概述、主体内容、结论四部分。首先是绪论部分，简要介绍研究问题、相关理论回顾，主题公园、博物馆的研究现状，以及本书使用的研究方法和主要内容。第一章是概述部分，概述主题公园和博物馆案例的基本情况，包括地理位置，城市规划的意图，以及建设人造景观的政治、经济的宏观背景。初步勾勒出“同根”话语作用下，不同社会历史背景、城市技术安排、官方话语导向而共同形塑的社会结构。第二、第三和第四章是论文的主体部分。章节安排采用勒菲夫尔的理解空间和实践空间的概念划分。前两章是理解空间的层面，讨论人是如何通过专业知识有意识地控制空间，以主题化或系统化的方式整合空间。后一章（第四章）是实践空间的层面，讨论社会成员的表征行为，是如何把各种理想融入到现实的空间改造和实践当中。首先，第二章讨论主题公园和博物馆作为一种建筑，是如何被建造成人造景观，以表征“同根同源”的社会空间。这一建造过程中，消费文化和意识形态是如何通过规划、建筑的专业化技术，将“同根同源”的话语附合在建筑的各种符号上。第三章则讨论展览品的视觉形象是如何在主题公园、博物馆的空间中得以系统化表述。笔墨将集中在“同根同源”的话语如何通过展览品的叙述，有条不紊地安排文字内容，以至形成一种贯彻前后、有序的交流文本。这一章讨论诸如企业故事、传说、陈列大纲等形式的文本，是如何经过“净化动机”的展示设计，让各种有不同符号组合成的物品在新的场域中变成“同根同源”展演的一个组成部分。如果说第二章论述视觉物的建造技术，那么第三章论述的是，展示物的秩序化安排和系统化言说。第四章讨论“同根同源”表征体系的空间实践层面，围绕着观众、游客通过在空间中以身体移动、视觉凝视的活动，带来对符号解读这一个持续不断的认知过程。其中，主体的能动性被放置在一个互动的位置，是与编码形成的知识结构、合法性制度之间的互动，最终在某种程度上达成意义的协商。最后是结论部分，归纳上述研究的要点，并对以往的理论研究做一点自己的思考。

总而言之，本书通过两处人造景观（博物馆和主题公园）的研究，提供一个以空间视角看待文化展演研究的地方性个案，展示了观众、演员、文化脚本在空间实践过程中的相互关系。结论大致为以下几点：一是两处案例——主题公园和博物馆的文化展演，都呈现出对“家国同构”价值观的当代解读和结构性移植。二是观众和演员的二分法可以用更灵活的生产者和消费者的概念进行替换。三是所有参与主体都具有能动性，他们用各自的行动（编码/解码）积极地参与到空间的实践当中。一方面，话语建构的力量自上而下渗透到所有主体的各种行动中。另一方面，所有主体不是像福柯、德波、鲍德里亚等学者所说的被动教化和接受，而是通过自下而上的空间实践，主动地迎接、再生产话语的意义。

目　录

绪　论

第一节　缘　起

你可以感觉到，台湾离你很近。早晨起来，到书亭买一份早报。报纸的正版多是宣传大陆如何对台商进行产业优惠、政策扶持。字里行间都是“台湾同胞”的称呼。报纸下角贴满了各种企业的招聘、招工广告，相当一块专栏留给了台资企业。走在街上，你看到几个本地人聚在一起，围坐在小桌边泡茶。他们正在用闽南话“八卦”①。如果停下来听听，你会发现许多有关台湾的闲事：有的人对大陆和台湾之间的战事忧心重重；有的人抱怨台商太奸、不好得利；还有些人回想起解放前去台湾的亲人——多年来未曾见面。走到小商铺，客气的台湾老板立即招呼你过去。眼前是各式各样标有繁体字的台湾商品。他还会悄悄告诉你，这几款“便宜的”相机是“走水路②来的”。回到家里，我一边从纸箱里拿出一包“统一”方便面开泡，一边随手将前面的电视机打开。屏幕里正播放着“海峡评论”的系列节目。端正、严肃的女主播一身正装。她一边就目前的台海局势向两位在场专家咨询，一边随时保持与远在台湾的蓝营民意调查员现场联线。这时候，父亲从外边回来，一推开门就说，“那几个台湾来的学生……”

这就是我生活的厦门——到处可见“台湾”影子的地方，也是离台湾很近，甚至用用肉眼都看得见的城市。离厦门最近的一处岛屿，这是台湾的金门列屿。登上厦门的高山，面朝东的三座小岛就是台湾的金门。如果再用望远镜远眺对岸，至今还可以看到岛上的宣传标语——“三民主义、统一中国”。少小的往事许多已忘记，但是多年前的一件小事却记忆犹新。那是

① 闽南习惯用语，闲谈。

② 走私货。

在胡里山炮台游玩时的一次邂逅。一个海外留学生用望远镜眺望东面的小岛。这时，他回过头看见我，突然很有礼貌地问道："对面的小岛①是台湾么?"我点了点头。他继续问我，"这么近。你们应该经常上去吧?"我一脸茫然，不知该如何回答。确实，台湾离我们很近，许多东西已经内化到厦门人，以及福建人的日常生活当中，有甚于分不清彼我。另一方面，台湾同样离我们很远，因为我国的统一尚未实现。

自中华人民共和国建立以后，新成立的中央人民政府一直希望用武力解决台湾问题。邓小平提出改革开放方针政策之后，也带来了对台湾政策的软性转向。1983 年以后，邓小平在多次谈话中，提出"一国两制"的构想。1984 年 5 月，在第六届人大二中全会上，邓小平在《政府工作报告》中正式提出了"一国两制"的构想，并获得大会通过成为中国的基本国策之一。这最终确立了解决台湾问题的"和平统一、一国两制"基本方针。对台的政策经历了过去的武力强制攻台，向现在的和平统一的构想，与中国政府的体制改革向市场转型是分不开的。首先，经济的高速发展需要稳定的政治局面作保障。以往对台湾的强攻、震慑等武力手段，并没有达到"回归祖国"的预期效果，却在军队建设的投入中消耗了大量资源。其二，以公有制为主体的经济体制，需要融入多元的经济成分和多种的融资渠道，作为强健的支持。那么，台商资本和技术作为大陆市场发展、引进项目的一个重要部分，日益成为非公有制企业运营的主要力量。在文化事业方面，一批批针对台湾事务的研究机构、办事部门在福建省沿海地区孕育而生。比如，厦门大学的台湾研究所是中国最早研究台湾问题的学术单位，培养了第一批台湾专门史研究的学者。针对台湾学的研究，大陆学者、专家的研究就从历史学、考古学、民俗学的多学科视角，追溯闽台两地、大陆和台湾之间的渊源关系，并出版的一系列书籍、杂志和影像资料。改革开放的 80、90 年代，在中国政府多方协调、努力，以及国际舆论压力等方面的考虑下，台湾当局也逐渐放弃了武力对峙的态势，承认大陆与台湾方面达成的"九二共识"和"一个中国的原则"。

就当台海关系即将进入良性循环，"统一"梦想似乎临近的时候，台湾

① 为台湾金门的大担岛。

政局发生了剧烈地动荡——李登辉上台，开始“鼓吹两个政府”的言论。“台独”势力初露芒硝。到了2000年民进党上台，一大批“去中国化”、“文化台独”言论相继出现在中国政府的官方视线中。台湾当局想通过强调“本土化”运动，建构“台湾意识”，进而在国际上争取“国家”的认同。这时候，“台独”的意图已经表露无疑。对此，中国政府主要采取两种策略进行应对：一是重申“一个中国”原则，二是加强对台的文化宣传。前者可表现为法律上通过《反分裂国家法》表现出捍卫国家主权的决心，并极力通过国内外媒体和渠道共同抵抗台湾分裂的“违法”行动。后者表现在加大台湾学研究的投入力度，并保持学术上的密切关注，特别是阐述两岸“同根同源”历史论证的上。对台工作的加强，突出两个方面：一是继续给予台商优惠政策，如减免商品入口税费，以吸引更多的台商到大陆投资；二是搭建更多元的对台文化的宣传平台，包括研究机构、研讨会、两岸交流活动等等。其中，涉台人造景观的建造成为宣传大陆政策的一个重要途径。2004年底，中央提出要建造一所涉台的专题博物馆。这正是通过建造国家“文化工程”的方式，阐述“台湾自古是中国的领土，祖国大陆人民与台湾同胞一脉相承，手足情深的历史”。这一人造景观就是现在的中国闽台缘博物馆。它不仅陈列设计展示了大陆和台湾的渊源关系，而且在建筑设计、风格上也具有“同根”的文化内涵。目的是“驳斥台独分子主张‘文化台独’和‘法理台独’的谬论。”

在政府倡导表征两岸关系的各种人造景观之外，有一处主题公园显得那么特殊。这就是建立于厦门的台湾民俗村。民俗村由台湾人黄景山最早在大陆推出的，集歌舞、建筑、美食、娱乐为一体的“台湾体验”的文化产品，为游客认知、欣赏和体味台湾文化（包括原住民文化、汉人移民文化，台湾生态自然景观等等）的主题公园。该企业将展现“海峡两岸的文化渊源关系”作为公司立身之本，并制作、包装成文化产品以推广到大陆的消费市场。如果说中国闽台缘博物馆是政府对外宣传中国与台湾“同根同源”关系的平台，那么厦门台湾民俗村则是从台商的视角，讨论由台湾的资金和劳服组成的文化产业是如何与“同根同源”的主流话语取得必然的联系。

回到留学生对台湾“这么近”，却“上不去”的困惑，引起我对问题缘由的思考——为什么政府和企业需要展现两地文化的“同根同源”呢？不难看出，一方面，“这么近”说明了两岸在许多方面具有相似性，能够“同根同源”地展现，产生彼此的熟悉感和亲切感，形成情感上的共鸣。另一方面，“上不去”则说明了两岸未统一的局面仍然存在，也为主题公园和博物馆的建造提供了合法性。换句话说，台商借助大陆对台政策的各种便利条件开展文化产业、优先占有市场份额；博物馆的专题展览是以宣传两岸文化“同根同源”的职能为主导。这些都被合理地放置在两岸“文化相近、政治相隔”的宏观环境当中。可以说，无论是基于市场经营，还是政府宣传的导向性考虑，要是没有“上不去”的大背景作为依托，怎么会有宣传、展现“这么近”的必要性呢。

从这一必要性延伸出另一个问题的思考：针对“上不去”，或者未统一的台海局面，台商的民俗村企业和政府的博物馆是如何展现“这么近”，或者“同根同源”的主流话语呢？实际上，这两处人造景观分别从政治（意识形态）和经济（消费文化）两个维度上展现了两岸在社会、文化方面的诸多相似性，成为理解“同根同源”表征体系的两条主要线索。本研究试图将意识形态和消费文化看作是两股重要的作用力，讨论它们是以什么样的方式，以及为什么用这样的方式形塑“同根同源”的话语，并使之成为自在的运行体系。本书选择泉州的中国闽台缘博物馆和厦门的台湾民俗村的案例考察，可以看作是对这方面的努力。我希望通过不间断的人类学田野作业和文本分析，尝试借鉴表演理论相关研究成果，并结合视觉文化的当代讨论，共同看待“同根同源”的文化展演研究。希望通过对人造景观的空间建造、空间主题化和空间实践三者的实地考察，对文化展演的相关理论探讨作一点有益的补充。

我认为，在国家对台宣传的“宏大叙事”和台商纷纷跨地域“市场经营”的大背景下，国家、专家学者、媒体、演员、参观者以及各种展示物、情境等，共同上演了一出社会戏剧。本研究运用勒菲夫尔提出的“空间三维说”作为文化展演的分析框架，以理解当前中国话语中的“同根同源”是如何成为一个自在的表征体系进行运作，并直接将戏剧表演的三要素——演员、观众和文化脚本纳入复合的、多维度的互动当中。本书试图通过一种理论建构的案例讨论，思考三个相互关联的问题：

一、消费文化和国家意识形态是如何塑造文化景观的形象并赋予意义，并在一定程度上与大众文化达成某种契合？相当于表演理论中，演员如何按照特定的文化脚本进行角色扮演？

二、表述是如何通过记忆、行动和形象（想象）的方式让“同根同源”的主流话语在不同地域间进行意义的转换？相当于表演理论中，在同一个主题思想引导下根据不同的观演关系、文化境遇制作出不同版本的文化脚本。

三、在意义赋予过程之同时，重视观者的主体性，以及对意义解读的各种实践。这样的解读是如何在合理地镶嵌文化展演的表征结构当中，并通过身体的移动实践展现他们的主体性？相当于表演理论中，观众如何观看演员的演出，又是通过什么样的方式解读文化脚本？

这三个问题最终将把我们带回到文化展演理论“三位一体”的思考当中。本书希望通过案例研究，对表演中最基本的关系——演员、观众和文化脚本提供自己所理解的答案。

第二节　研究方法

一、田野工作的过程

此项研究的田野工作分为三阶段：第一阶段是前期摸索和了解情况。这一阶段的主要任务是评估研究的可行性。主要收集的主题公园和博物馆的规划、建设的背景材料、并与相关领导、工作人员见面，简要说明研究的目的和意义。第二阶段是围绕博物馆和主题公园中发生的各种活动，对观众、游客群体进行直接观察。这可以分为两种进路。首先是民俗村的观察。我力图参与民俗村各项商业节目、公益活动安排，通过摄影像、照片跟踪旅游的整个过程、记录在主题公园中与同伴、工作人员之间的对话、互动情况。通过不定期的田野调查，逐步增加与不同类型游客的接触次数和交往范围，观察各种有关游客、公司员工在具体场景中的各种反应，努力通过移情的方式感受、设想他人在当时、当地的行为方式及其背后的原因。及时问询方式，调整对事先对研究主体的先入为主的想象。其次是博物馆的观察。我力图参与博物馆的实际业务当中，跟踪陈列设计、实物摆设、整体布展的工作流程当中，使用拍摄、录音和文字等方式记录在博物馆空间中策划者、学者、工作人员、观众之间的互动。将博物馆的展览空间看作是人类学的 田野地，我将与不同类型观众的接触中，通过滚雪球的方式扩大访谈的涉及范围。及时观察并记录参观者在游览过程中的反映，并与展览设计者的思路和安排进行比对。通过询问设计者如何赋予意义，以及观众如何解读，以双重视角共同思考不同主体的展演意义。第三阶段分类是再调查阶段。分别对具体人群、就具体问题进行再观察和询问。

田野工作分别在泉州和厦门两个点进行。

首先，在厦门的台湾民俗村的调查，是从 2007 年 1 月开始到 2008 年 1 月结束。在 2007 年的三个月（1 月、7 月、8 月）和 2008 年 1 月之间，我从事了十多次不间断的田野工作。在整个调查过程中，我采用的是有限参与的观察者身份：不是直接介入公司的实际操作，而是以一名特殊的游客身份进入田野。在第一个阶段 2007 年 1 月寒假期间，我通过厦门大学台湾研究院的老师认识了民俗村公司的林助理。他在电话里介绍基本情况后，建议我到民俗村实地看一看。在查阅相关报道、媒体新闻后，我正式于 2007 年 5 月 1 日利用“五一”长假的机会回了一趟厦门。次日，我就来到台湾民俗村与领导高层、主要工作人员和舞台演员见了面，介绍此次调研的目的和意义以争取他们的支持。第二个阶段是 2007 年 7 月和 8 月，我前后到民俗村有十多次。主要跟踪三个类型的旅游类型，分别是学生游（假期夏令营）、商业游（企业）、大众游（散客）；并亲身体会了一次两岸交流的活动。第三阶段是 2008 年 1 月的再调查以补充相关的访谈材料，并跟踪一次学校的“亲子游”。

其次是在泉州的中国闽台缘博物馆的调查。这是在 2008 年 3 月开始，为期一个月的短期田野工作。比较幸运的是，我通过厦门大学民族学与人类学系郭志超教授，并经台湾研究院的有关老师牵线，认识了博物馆的杨馆长。2008 年 2 月中旬，我们驱车来到泉州与杨馆长见面，简要介绍调查的目的和意义。在得到答复后，我于当年 3 月份，以调查者兼实习生的双重身份进入博物馆内。日常工作、饮食都与博物馆工作人员一样，有点人类学参与观察法的味道。在为期 1 个月左右的时间里，每天上午 9 点到下午 4 点都在博物馆内调查，收集记录和整理有关闽台文化的文献资料。同时我还参与陈列设计、实物摆设、整体布展的部分工作。我跟随各种博物馆参观团进行随访有十次之多，并与展陈部、研究部、档案部等部门的领导、工作人员进行多次专访。由于时间的限制，这部分调查的回访没有继续下去。但是，我在北京依然保持与讲解员的网络联系，许多资料是通过这一渠道得到间接的补充和丰富。

二、实地调查方法

在以上调查过程中，我使用参与和观察法和非结构访谈法。

首先，参与和观察法的使用。这并不是严格意义上的人类学参与观察法。英国人类学家马凌诺夫斯基认为，参与观察法要求研究者在一个社区里从事田野工作，是需要长时段地留驻当地，和研究对象共同生活、共同经历的事件研究过程。这一方法的建立，最初是希望研究者采取一种中立姿态看待那些无文字社会的当地人和当地文化。但是，随着后现代人类学反思的兴起，人类学者逐渐发现参与观察不是客观中立的方法，而且在很大程度上依赖于研究者个人的亲身体验，调查结果受制于个人的价值观、社会背景、知识体系的多元影响。本研究在两个地点，不同空间中进行不间断的田野调查。由于台湾民俗村是一个旅游企业，受制于旅游淡、旺季的客源量影响，加之游客呈现短期的流动性，进行长期的参与观察显得不合时宜。因此，跟踪旅游团并及时记录他们的随行、随访的资料，这使得参与观察法在我的田野调查工作中变得灵活和机动。博物馆调查的情况与之类似。虽然我将博物馆的工作地点当作一个“想象”的社区进行调研，但是参观者的流动性、对象不确定性与上述民俗村的情况大体一致。因此，两处田野点的调查均以观察法为主，辅以参与法。

其次，非结构访谈法的使用。我事先只是确定主题的问题和框架，针对不同的访谈对象，和不断变化的回答改变提问策略，及时协调与受访者之间的兴趣领域。将话题的主导权放在访谈者手中，而将想象发挥的自由最大限度地留给受访者。针对两处田野点的访谈对象不同，访谈方法大体分为专家咨询和观者感受两种。一是专家咨询。针对博物馆、主题公园的相关负责人，针对不同主题进行专家咨询。比如，就台湾民俗村的建筑问题，采访建筑设计部的主要领导；就展览品设计问题，询问展览馆的相关负责人。通过回忆的方式，再现这些专家在当时、当地的各种想法，以设身处地的方式让自己进入历史的田野地，通过言谈方式回顾专家是如何进行规划、设计、建筑等一系列意义生产的过程。二是普通大众的参观感受。根据一段时间的研究积累和个人经验，我设计一套供自由询问的访谈大纲。其中涉及一些主要问题和延伸问题。我分别对博物馆和主题公园的现场工作人员、演员和游客做无结构访谈。通过变换研究者在场的不同角色，比如学习者、调查者以及游客的身份之间转化，获得不同境遇下“生产”的访谈文本。同时，在访谈中强调话语的建构性，关心访谈主体的能动性、社会心理以及背后意义的阐述。借助录音和笔记的方式，对各种言语资料进行详实记录，并扩展主题细节，以发现新的相关主题。并在记录言语文本之外，我还留意一些受访者经常使用的称谓、习惯用语。

三、材料整理

在资料整理阶段，我主要使用文本分析法和材料编码法。

首先，采用文本分析法。文本分析是指针对各种文本资料（包括图像和声音资料）进行深度分析的研究方式。根据研究主题对文本进行归类，在每个主题下结合主体在不同场景下、不同对话身份、不同表达方式而表现言语的变异性进行区分。有意识地关注语气强调、有意修辞一些方面的差异，结合社会具体场景对各种交流互动背后的意义进行解读。特别是分析访谈文本中，话语的建构方式（包括言语的组织和各种权力的作用）、共同的文本生产方式（比如在表明职业属性方面强调的身份认同，还有工作人员指向性回答方式），都是需要思考的问题。其次，在初步分析的几个结论基础上，讨论文本表述的实践意义。下一次访谈时有针对性地重复提同，以获取不同的回答和解释。最后是自省工作。我将关注点落在研究者的主体角色问题，比如，思考在什么情况下、以什么方式提问，是否涉及对方隐私、文化禁忌、言谈中是否有压迫感，等等。上述对文本的分析是在实地研究中不断进行。根据场景的变化不断转换提问的方式，及时将各种相关的感受、启发和联想归入个人笔记本中，作为以后提升概念或理论的可能。

之后，是对文本材料进行归档和编码。我先把材料按特定的概念和意义进行分门别类。这一操作化的分类是根据事先设计目录项目，选取对特定问题比较有说服力的一组材料。接下来，我对材料设置分类目录。比如，在与

“台湾小吃”有关的一组材料上，做出分类标签，以备查阅。再来是，找出分类标签中出现次数较多的那一类问题做注明，以便在下一次的跟踪调查时中追加可以询问和再观察的依据。这些工作做好后，下来是建立田野档案的系统。我将设好的符号或词语按照一定标准形成码本（或索引）。这是为同一地点从事跟踪调查，提供一个方便查询的办法。再下来，我试图从码本的材料中形成与之对应的特定概念。具体说，这是将同一分类标签的不同材料进行纵向、横向比较，努力找出不同标签中各种材料之间的各种可能的联系，最后加以归纳、提炼最能解释某一特定场景中的核心范畴。

需要说明的是，在资料整理和分析阶段，我将所有文献、影像、口头叙述看作是一个表演文本（acted document）。这类似于格尔茨在《文化解释》中提到的概念。① 他将仪式看成是可以写作和阅读的文本，其中蕴涵着有关他文化的基本思想和文化符码。民俗学家鲍曼更是将表演看作是交流展示的一种模式。在这个意义上，观众和演员之间的互动对文本具有建构性。② 他认为，学者研究的表演是在一个观众和演员的交流中产生的。研究者不是独立于文本之外，而是参与其中。因此，上述资料的整理中，田野工作者并不是客观意义上的“第三只眼”③，而是参与了当时、当地的文本建构。在一定程度上，当代的民族志书写已不是为了保持客观、中立，而是将研究者卷入田野现场的各种事务中，并与所有主体共同建构的一种表演文本。因此，作者在文中是以“第一人称”出现。我不会排斥研究者的提问方式、感情、现场参与，以及各种目的、动机等等的参与研究当中。相反，这些以往被看作是“不科学的”、“主观的”的因素，都会贯穿于整个的文本分析和呈现当中，即便是采用系统的资料提取方法。

---

① ［美］克利福德·格尔茨，文化的解释，纳日碧力戈等译，上海：上海人民出版社，1999，第11页。

② ［美］理查德·鲍曼，美国民俗学和人类学领域中的“表演”观，杨利慧译，民族文学研究2005，(3)：139～144。

③ 在马凌诺夫斯基倡导的田野工作盛行的人类学时代，研究者进入社区做实地调查，是将当地人看作是自己的研究对象。因而，价值上的客观、中立一直是参与观察法所力图达到的研究理想。而人类学的主位/客位的研究方法，则是另一个程度上要求人类学者在进/出田野中区分研究的参与程度，并时刻提醒、反省如何定位研究者的自我身份。本文用“第三只眼”作为一种隐喻，正是为了说明当时人类学者所奉行的客观主义研究视角，好比是一个凌驾于社会生活之上，不愿干涉社会生活的、无生命的摄像镜头。

第三节　文化展演的理论研究：溯源、发展和当代转向

自20世纪70年代以来，社会科学和人文科学出现了对“表演”的关注，被称为知识界的一种兴起。学者在本质上将表演归结为文化素材的意义，并对这些素材的阐释有了新的影响。① 这样的表演概念不同于舞台表演的演员表演，而是在更广泛社会意义上的解读。学者们普遍认为，这样的表演发生在一个真实的时间里，并对特定的参观团体进行指向性的展示。

一、来自剧场的表演概念

（一）表演的词源

在古希腊语中，对表演一词的理解出现在戏剧和史诗当中。人民创造的史诗是通过戏剧大意的呈现。亚里士多德（Aristotle）经常使用mimos就是指表演，即模仿人或动物的表情、动作或声音。后来派生的动词Mimeisthai和名词mimesis都是指人有意识的摹仿行为。到了哲学大师柏拉图那里，表演成为“摹仿”的引申，成为教和学的代名词。这种基于摹仿的教学在理性哲学中，逐渐上升成为自然形成、艺术再现、行为方面效仿的核心概念。亚里士多德将“摹仿”的概念推究到诗学的领域，将之看作是经过精心组织、以表现人物行为的艺术活动。② 这样，表演具备了行为模仿的基本特征，并表现口头艺术的诗学和行为艺术的戏剧中得到关注。

（二）戏剧中的表演理论

在戏剧学的领域里，表演通常是指演员面对观众扮演角色、通过行为塑造舞台形象的艺术创作行为。在舞台表现方面，表演理论要求演员依据作家提供的剧作形象，在导演的指导下进行二度创作，塑造出人物形象。在现当代，戏剧表演理论流行有三大体系，分别是（前苏联）斯坦尼斯拉夫斯基

---

① Beeman, William O. The Anthropology of Theater and Spectacle. *Annual Review of Anthropology*, 1993（22）：370。

② 亚里士多德，诗学，陈中梅译，北京：人民文学出版社，1998年，第27页。

的体验理论、(德国) 布莱希特的表现理论和梅兰芳的写意理论。从演员表现角色的角度、观众理解角色的视角出发，体验理论强调演员要真实地再现角色，需要动用生活的各种经历赋予角色真实的体验，所谓“化身于角色当中”，能让观众从中体会到真实的情感。表现理论则不同，反对演员对角色过度移情，而是要采取一种间离的效果，要让观众保持理性判断而不是沉迷其中。梅兰芳戏曲理论多半是对两派的一种调和，追求“写意”的方法塑造程式化的表演。他认为，观众观看表演是在虚构的表现中，领会形象的传神而认识生活的真实。总之，体验理论关注“真实再现”，表现理论关注“批判式表现”，而戏曲理论可以说是“程式化表现”。这三大流派的立场各异，但对后面的表演理论的发展影响深远。

若要追本溯源，舞台表现的戏剧表演很大程度是来自于人类社会的仪式活动。学者汪晓云就在《是戏剧还是仪式》① 一文中，讨论了仪式参与者如何分化为演员和观众的问题。他从哈里森对古希腊酒神祭祀仪式的研究中受到启发，认为仪式参与者关注集体力量的神圣化呈现，是人与神的对话。首先，当人的仪式化行为从神的崇拜转移到参与者本身的时候，就变成扮演或模仿的演员。其二，当歌舞集体被分化出领舞的权威时，其他队员“合舞”的集体性便不存在，转而成为旁观者。最后，祭祀仪式中参与者诵读的祭文也在这转变中成为最初的剧本或剧情。这一观点立足于仪式如何产生选举，仪式活动如何变成表演。不同的是，人类学大师特纳一生都在努力从戏剧中借鉴逻辑和元素，来看待仪式本身的研究。另一位人类学大师利福德·格尔茨将巴厘岛的各种仪式直接视为“戏剧性的文化表演”。从这个意义上讲，对戏剧表演的借鉴自然成为人类学仪式研究的一个理论“突破”。

二、人类学的引进：剧场外的社会表演

仪式研究一直是人类学研究的传统领域。最早关注在仪式研究中关注表演的人类学家分别是贝特森 (Greglrh Bateson) 和米德 (Margaret Mead)。他们使用影像记录的办法研究巴厘岛的仪式、出神和舞蹈。之后，贝特森对

① 汪晓云，仪式还是戏剧——论仪式和戏剧的分界，上海大学学报 (社会科学版)，2007，(1)：141－144。

新几内亚的仪式表演，逐渐发展出一个理论框架，即在特定文化场景里的认知和行为导向研究。这一框架对以后人类学的表演研究，增添了一个重要的认知工具。①

"表演"的术语逐渐成为重要的研究范畴，在20世纪60～70年代归到人文和社会科学中，特别是在人类学和社会学中得以发展。十分重要的是，传统戏剧研究和人类学、社会学的边界被跨越了。② 其中，具有戏剧背景的人类学家理查德·谢克纳（R. Schechner）起了非常重要的作用。他在《戏剧评论》的一期杂志中，撰写了"戏剧和社会科学"的文章。在这篇文章的导论中，他罗列了"表演理论和社会科学相符的七个领域"：1. 日常生活的表演，包括各种类型的集会；2. 运动、仪式、玩乐、公共政治行为的结构；3. 各种交流模式的分析（不含书写文字），符号学；4. 人和动物行为中强调玩乐和仪式化行为之间的各种联系；5. 心理治疗中关注人际互动、付诸行动和身体知觉的部分；6. 共同关注异域和熟悉文化的民族学和史前史学；7. 表演的统一理论构成，实际上就是研究行为的理论。不难看出，包括人类学在内的其他学科使用的表演概念更加宽泛，是指各种行动的、实践的、有意义的社会行为。接下来的理论简述，主要以学者戈夫曼、格尔茨、特纳和汉德尔曼的研究为切入点，讨论表演理论如何在社会学、人类学的研究领域中得以生根和发芽。

（一）戈夫曼的日常戏剧和"框架"概念

美国社会学家欧文·戈夫曼（Erving Goffman）提出的"拟剧范式"，认为"世界就是舞台"，社会互动都在发生，并充满仪式行为（ritual act）。他强调所有日常生活和互动都类似于舞台上的表演行为，并将舞台、道具、演员、观众、剧本等剧本术语应用于日常生活的行动解释当中。在他看来，人们的行动是就是一种表演，而特定情境中的互动对象就是观众。行动者就是演员，他们在其他人（观众）面前展示自我。这样看来，人们的展现需要特定的情景，类似于舞台上的布景、环境。在戈夫曼看来，人们的交往具

---

① Beeman, William O. The Anthropology of Theater and Spectacle. *Annual Review of Anthropology*, 1993 (22): 369－393.

② Carlson, M., The Performance of Culture: Anthropological and Ethnographic Approaches, in *Performance: A Critical Introduction*, 2nd. edn, London & New York: Routledge, 2003. Pp. 11～30.

有主体性，是以策略方式操纵和表达社会要求的预期状态。所谓“形象管理”。

同时，他将舞台的前台和后台的二元区分引入到在特定社会情境中人与人的互动中。这一二元区分的观点，逐渐形成戈夫曼独特的框架理论。他在代表作《日常生活中的自我呈现》① 中，首先对社会机构进行定义，“指固定的障碍物环绕”，其中“特殊的社会活动有规则地发生”。这对后来布尔迪厄提出的场域概念（field）产生了重要影响。接下来，他认为，在社会机构中，前台表演的东西是经过“形象管理”的一种社会期望表达，而真实的意义隐藏在互动之外的后台空间。因此，前台是精心设计的区域，而后台是意义的真实。演员极力根据社会价值、标准作为剧本塑造形象，向观众表达某种一致性。对于观众而言，这两个区域是不能被随便跨越的。一旦被跨越，社会机构也会通过各种危机管理的保护措施，并重新定义新的二元区域中，回到原初的状态。

（二）格尔茨的表演文本

象征主义人类学家格尔茨借用表演概念研究仪式，最突出的表现在《文化解释》中“深层的游戏：关于巴厘岛斗鸡的记述”一文当中。他将仪式活动视为一种表演文本（acted document）②，并将表演区分为“深度扮演”和“浅度扮演”。卡尔森（M. Carlson）评论说，在格尔茨的眼里，卷入“深度扮演”的参与者表演，对有关文化基本思想和文化符码（code）具有重要的研究意义。③

在巴厘岛的仪式研究中，他将仪式看作是一出社会戏剧。比如，通过对集体参与的斗鸡活动的研究，研究者可以洞察该社会中表演和其他文化、政治维度的互动关系。简而言之，巴厘岛的政治结构是以戏剧的方式呈现。他认为文化是由语言、人工制品、仪式等符号形式给予编码的“意义之网”。

---

① ［美］戈夫曼（Erving Goffman），日常生活中的自我呈现，冯钢译，北京大学出版社，2008年，第203～217页。

② ［美］克利福德·格尔茨，文化的解释，纳日碧力戈等译，上海：上海人民出版社，1999年，第11页。

③ Carlson, M. 2003. The Performance of Culture: Anthropological and Ethnographic Approaches, in *Performance: A Critical Introduction*, 2nd. edn, London & New York: Routledge. Pp. 11 – 30.

其中，仪式行动者，即表演者（actor），在“意义之网”中表现自己的主体性和能动性。在他那里，仪式和戏剧是如此相似，以至于在研究中直接用“文化表演”的概念直接称呼仪式。学者理查德·鲍曼（Richard Bauman）在著名的《作为表演的口头艺术》① 一文中，曾这样评价格尔茨的仪式研究：首先，格尔茨的仪式是一种“文化表演”，引导人们承认支持着仪式所体现的宗教观的权威；其次，通过借助于系统的象征符号，引发一套思想观念和情绪动机，以确定特定宇宙秩序的图像（一种世界观）。在《尼加拉：十九世纪巴厘剧场国家》一书中，尼加拉被塑造成超自然秩序的中心，而“国家”通过仪式在想象与真实之间进行展示和表演。通过各种庆典文本的分析，格尔茨认为，国家是一个共同体的单位，需要通过仪式展演、权力的夸耀以彰显自己的存在。② 而这一国家图景的背后，是巴厘国家无力促使专制权力走向全面集权化。最终，它走向了一种排场和庆典，走向了主宰着巴厘文化迷狂的“公共戏剧化”。③

（三）特纳的阈限理论和谢克纳的转换模型

维克多·特纳最初对表演的关注始于仪式研究。从解决危机的社会过程研究中，他逐渐认识到社会过程具有“戏剧性表演”。④ 之后的各种探索，都围绕着仪式和戏剧之间复杂的关系。特纳发展了他“社会戏剧”的理论，并连同他许多关于表演的思考一起收集在《从仪式到戏剧》（From Rite to Theatre）一书中。另外，特纳甚至将表演的概念引用到民族志教学当中。这是“将学生放置在‘表演的框架’当中，让他们通过行动理解民族志知识，通过制作脚本使民族志变得有意义。”⑤

特纳的表演研究与通过仪式的密切相关，并据此提出著名的阈限理论。

---

① Bauman, Richard. 1975, Verbal Art as Performance. *American Anthropologist* 77: 290 – 311.

② ［美］克利福德·格尔茨，尼加拉：十九世纪巴黎剧场国家，赵丙祥译，上海：上海人民出版社，1999 年，第 131 页。

③ ［美］克利福德·格尔茨，尼加拉：十九世纪巴黎剧场国家，赵丙祥译，上海：上海人民出版社，1999 年，第 13 页。

④ Turner V. “The Anthropology of Performance”, En Victor Turner (comp.), *The Anthropology of Performance*, PAJ Publications, New York. 1987. Pp. 72 – 98.

⑤ Turner, V. “Performing Ethnography”, *The Drama Review*, Vol. 26, No. 2, 1982. Pp. 33 – 50.

这一理论承袭范·根纳普（Arnold Van Gennep）的仪式三阶段①划分：前阈限、阈限中、阈限后。他认为阈限是所有通过仪式中必须经历的阶段，具有模糊不清、中介性的特征。而前阈限类似分离的概念，是主体需要从原社会结构中脱离出来；经过阈限过程，即阈限后，主体被安置到不同的社会结构当中，获得更新的身份和地位。之后（1982 年）在与人类学家谢克纳的合作中，特纳将阈限概念外推到“社会剧”更广泛的社会研究当中。特纳力求将阈限理论与他对“社会戏剧”和“审美戏剧”之间关系的理解整合起来。在此基础上，特纳将社会中的一切表演行为，比如艺术、体育运动、游戏等都看作具有仪式的属性；而内置于其中的社会规则和道德可以联系社会结构。这样，阈限（liminal）概念演变为更宽泛的“类阈限”（liminality）概念，为其他学科、领域的广泛应用。比如，格雷伯恩的“世俗/神圣/世俗”理论②是将“类阈限”引入到旅游研究当中，探讨游客在旅游中，类似朝圣而具有自我更新意义上的非凡体验。

理查德·谢克纳是特纳的弟子，以从事表演研究和“环境戏剧”的实验著称。在他看来，表演研究是一个广泛的新学科。他说，“不是仅仅研究戏剧或演剧，表演研究从事的是探索从戏剧、舞蹈、音乐到仪式、运动游戏以及日常生活的表演（角色扮演）整个表演范畴。”继承了特纳有关仪式的研究，谢克纳将表演看作是“修复行为”（restored behavior），而角色概念是指的日常生活中的各种角色。同时，谢克纳也在寻求在“社会戏剧”和“美学戏剧”之间寻找联系或差别。谢克纳在《选择性忽视》一书中，提出这一关系的图表。这一图表为特纳多次使用。图表显示，社会戏剧和美学戏剧位于八个指标的图表的两个分离部分。其中，社会能量流将这一指标环绕起来。戏剧个体将社会生活的间接行动看作是生产美学戏剧的原材料；而社会实践者使用的技术源于舞台戏剧，并支持社会戏剧的各种活动。而这一技

① Arnold van Gennep, Nicole Belmont. The Rites of Passage. London: Rutledge&. Kegan Paul, 1965. Pp. 3 – 5.

② 参见 纳尔逊·H. 格雷伯恩，旅游：神圣的旅程，见瓦林·L. 史密斯，东道主与游客——旅游人类学研究，张晓萍等译，昆明：云南大学出版社，2002。

术最终会返回剧场内。① 可以说，这一模型说明了社会戏剧和“表述的文化类属”（如传统戏剧）之间的转换关系。

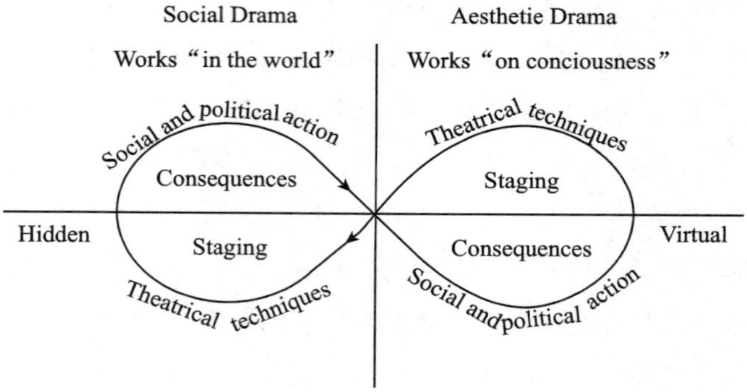

Figure 1. 1 Richard Schechner's diagram of the flows between “social drama” and “aesthetic drama.”

（四）汉德尔曼的国家秩序的仪式表演

唐·汉德尔曼（Dong Handelman）对文化表演或媒体再现的研究，集中于政治仪式的操演方面。在他看来，政治仪式不同于传统仪式，是一种分类方法和宇宙哲学的表达方式，是一种秩序的展示。“在现代国家里，展演犹如镜子，反映国家集权制下社会秩序的巨大幻象。这些幻象掩盖了集权制度塑造、约束和控制社会秩序所具有的巨大力量。”赫兹菲尔德对此评价说：汉德尔曼似乎是把能动作用放在仪式中，而不是仪式的实践者身上。“仪式塑造了产生仪式的那些秩序。”再则，仪式受到一种“超逻辑”的支配，而执行或旁观仪式的人是掌握不了这种逻辑的。②

与上述学者不同，唐·汉德尔曼注意到观者的视觉性。在1990年出版的《模型与镜子》一书中，汉德尔曼认为凝视不是在参与者进行仪式化身（being）中处于重要的作用，但对展演的传播却是非常重要的因素。他认为，“官僚的价值通过凌驾于所有感观的视觉而得到评价。官僚体系的生

① Carlson, M. 2003. *The Performance of Culture*: *Anthropological and Ethnographic Approaches*, in *Performance*: *A Critical Introduction*, 2nd. edn, London & New York: Routledge. Pp. 17 – 18.

② ［美］麦克尔·赫兹菲尔德（Michael Herzfeld），什么是人类常识，刘珩、石毅、李昌银译，北京：华夏出版社，2006年，第285页。

产、保持和各种文本的使用不需要借助数字，分类只是依靠双眼。因此，官僚体系也属于解释学意义——依据自己的假设而进行的实践和解释。……这一解释不断影响着凝视（观察）和开放的方式，这是通过呈现展演事件的技巧而得以达成。”① 在他看来，正是通过仪式表演或技术再现，成为一种团结的偶像式模范。我认为，唐·汉德尔曼的政治展演以受众的视觉接受为中心，以服务国家和政治同一化的目的。这是汉德尔曼所说的“呈现”超逻辑。展演以一种肯定的论调，不仅叙述制度的确然性，而且对秩序的反复强调——细节和精确、一致性。“国家展演和表演盛会将这些极端方式（精确性），以相同方式呈现，背后是存在是权力支持点。这是观众所看不到的权力力量在作用。”② 按照他的说法，展演意在说服观众相信这些表面幻象是社会秩序的重要反映——严肃、深刻、游戏的、狂热的反映。这需要一个前提，即展演需要借助美学的艺术制作，通过媒体传播的方式，大批量地复制官僚制度的逻辑。总之，唐·汉德尔曼认为表演靠官僚体制而存在，使用美学特征艺术化再现，向受众（观众）传递一种“超逻辑”，即展示一种社会秩序固定化的想象。就这一点上，唐·汉德尔曼的国家仪式十分类似于英国学者霍布斯鲍姆所说的“传统的发明”。霍布斯鲍姆认为，“传统的发明”包括一套实践活动，通常有明文规定或者约定俗成，且具有仪式或象征性质。③ 这样的“传统”通过反复灌输一定的价值和行为规范得以实现，而且必然蕴含着与“具有历史意义的过去”的连续性。

上述研究展现了文化表演的不同研究取向。戈夫曼将表演看成人们交往和互动的方式。格尔茨则视为文化解释的文本。特纳的仪式研究从结构分析外推到社会规则表达和反观的分析。而汉德尔曼把整个展演看作是国家秩序的展示。那么，我们回到最初的问题：什么是文化表演？米尔顿·辛格（Milton Singer）在著名的《当一个伟大传统现代化的时候》④，常被许多研

---

① Handelman, D. *Models and Mirrors: Towards an Anthropology of Public Events.* Oxford: Berghahn Books, 1998. P. xxxv.

② Handelman, D. *Models and Mirrors: Towards an Anthropology of Public Events.* Cambridge University Press, 1990. Pp. 41 – 48.

③ ［英］霍布斯鲍姆（E. Hobsbawm）传统的发明，顾杭、庞冠群译，南京：译林出版社，2004 年，第 2 页。

④ Singer, M. *When a Great Tradition Modernizes.* London: Pall Mall, 1972. P. 71.

究表演现象的人类学家作为出发点多次引用。书中，辛格首次对“文化表演”概念进行简明的界定。他认为，文化表演包括了戏剧、音乐会、讲演，同时又包括祈祷、仪式中的宣读和朗诵、仪式与典礼、节庆，以及所有那些被我们通常归类为宗教和仪式而不是文化和艺术的事象。文化表演是处于文化的中心位置并且反复发生的，它们封装（encapsulate）着人们值得关注的文化信息，而且通过表演，人们也可以认识其中蕴涵的观念内容。不难看出，辛格的研究是将表演看作是时间、地点和场合之间“相互分离”。这一概念的出现对后来的表演研究产生巨大的影响。

鲍曼将以往的表演研究归纳为两个取向①：一是特殊的、艺术的交流方式；二是特殊的、显著的事件。后者就是上述学者，如特纳、格尔茨的仪式研究。而前者为鲍曼所关注的领域，将表演看作是“一种说话的模式”。在他那里，表演理论关注的是，民间文学文本在特定语境中的动态形成过程。② 这样，文化表演研究转向置于特殊文化处境的表述和交流的活动的专项研究。社会语言学者开始关注交流方式中的不同表演观。比如，德尔·海姆斯（Dell Hymes）提出“交流民族”的概念，鲍曼强调交流实践的方式。

无论是特殊的、艺术的交流方式，还是特殊的、显著的事件，都在强调客体性研究。换句话说，强调从表演负载者的角度出发，关注“被看”对象所传达的信息和表达。在这个层面上，文化表演研究成为解读意义和功能的文化类属。另外，有些学者，如上面提到的唐·汉德尔曼，将展读研究扩展到政治学领域。开始关注政治仪式所传递的“超逻辑”意义。还有的学者将文化表演看作是“特殊的、艺术的交流方式”。这些观点都与后来的福柯对话语的研究有几分相似之处。值得肯定的是，这些研究取得丰硕的成果，但相对缺少对“看”主体性的系统关注，即视觉主体的实践性。而之后的视觉文化研究恰好弥补这一研究领域的不足。

三、从“被看”转向“看”：关注视觉体验的文化展示研究

如果说人类学家格尔茨、特纳、谢克纳等人研究仪式，大部分关注那些

---

① ［美］鲍曼（Richard Bauman）著、杨利慧译，美国民俗学和人类学领域中的"表演"观，民族文学研究，2005，(3)：139－144。

② Bauman，Richard. Verbal Art as Performance. *American Anthropologis*，1975（77）：290－311.

所谓传统的、“不发达”的小型社会，那么进入20世纪以后，科学技术带动现代艺术的巨大变革，从摄影、电影到商品广告，影像技术日新月异，逐渐内化为日常生活的一个重要的组成部分。以人的视觉体验为中心的图像文化，不断被生产和制造出来，几乎充斥在现代世界中每一寸空间。由此，强调观感体验的视觉文化，逐渐成为人们认识、理解世界的一种新的重要方式。它深刻动摇了以语言为中心的霸权地位。①

与此同时，学者们的兴趣随之转移，从表演客体转向对视觉主体性的关注。可以说，对观看行为的研究成为理解文化展现的另一个重要路径。正如美国学者尼古拉·米尔佐夫（Nicholas Mirzoef）所言，“观看，实际上是一种异常复杂的文化行为。我们对世界的把握在相当程度上依赖于视觉。看，不是一个被动的过程，而是主动发现的过程。”② 约翰·伯杰（John Berger）进一步说，观看行为本身就渗透着复杂的权力关系。一方面，“注视是一种选择行为”，另一方面，“我们观看事物的方式，受知识和信仰的影响。”③

以下简要回顾视觉文化对展现研究的贡献。主要从两个方面入手：一是对看的关注；二是文化视觉性的讨论。

（一）对看的关注

这部分研究集中于看的行为。学者们普遍认同，“看”首先是人的感知关系，代表一种主体和客体世界的关系，内在于诸多社会文化关系之中。学者从不同角度阐述了各自的理论观点。比如，贡布里希提出“投射的眼光”，认为艺术创作画不是被动临摹，而是目的、有选择的主动投射。④ 而梅洛—庞蒂的“反身的眼睛”则点明视觉的反观功能，是通过对自我的不断审视而完成对其文化感的确认。⑤ 等等。这些学者从哲学的高度，探讨视觉在衔接主客观世界的重要作用。但是，对后来的文化表演研究有洞见的理论研究主要有两个——福柯的全景式监视理论和厄里（John Urry）的旅游

---

① 周宪，视觉文化与消费社会，福建论坛，2001，(2)：29－35。

② Mirzoeff, Nicholas. *The Visual Culture Reader*, Routledge. 1998. P. 6.

③ ［美］约翰·伯格，观看之道，桂林：广西师范大学出版社，2005年，第2页。

④ 贡布里希，艺术与错觉——图画再现的心理学研究，杭州：浙江摄影出版社，1987年，第101页。

⑤ 莫里斯·梅洛－庞蒂，眼与心，刘韵涵译，北京：中国社会科学出版社，1992年，第172页。

凝视理论。

1. 福柯的全景式监视

法国后结构主义大师米歇尔·福柯（Michel Foucault）将“凝视”的研究纳入权力运作的批评当中。他在1977年出版的《规训与惩罚》围绕视觉讨论权力作用的变迁，是放置在从酷刑方式到基于全面审查、监视的社会化控制转变的知识考古中。在书中，他引用边沁（Bentham）的全景敞视建筑为例，叙述这一建筑形式如何实现对犯人的监视与控制：

> 四周是一个环形建筑，中心是一座了望塔。了望塔有一圈大窗户，对着环形建筑。环形建筑被分成许多小囚室，各囚室都有两个窗户，一个对着里面，与塔的窗户相对，另一个对着外面，能使光亮从囚室的一端照到另一端。在中心嘹望塔有一名监督者，通过逆光效果，监督者可以从嘹望塔的与光源恰好相反的角度，观察四周囚室里被囚禁者的小人影。①

对于被监视者而言，这种观看是不可以知晓的。这样就很容易导致权力通过监视的控制方式，将具体的实施强加转化为一种对囚犯的威慑，让他们产生理想中的“自我控制”效果。从监狱的凝视外推到对现代社会的研究，福柯讨论了公共权力如何实施对平民的控制。他类比现代社会为一个强大的监视网络和权力载体，各种社会机构学校、医院和车间实现软性的规范和监督措施，通过不断规范技术塑造每个人的身体、思想，最终目的是将个体成为顺服的主体。在这一点上，吴琼认为，福柯的凝视研究力图揭示在视觉中心的理性话语中，既隐秘又敞开的，非理性的剧场景观。② 具体说，福柯通过权力的分析讨论知识建构科学的整个过程，人们在观看实践中逐渐将自己与理性、知识编制在共同的空间当中。比如，临床医学的研究就是将病人的身体，看作是实施医疗的工作场所。换句话说，病人的身体变为学者不断探索医学知识的他者凝视的空间。③ 从这个视角出发，福柯反思了包括医学“知识”在内的学科体制对于“权力”的价值；同时，指出“凝视”目的

---

① ［法］米歇尔·福柯，规训与惩罚，刘北成、畅远婴译，北京：三联书店，1999年．第224页。

② 吴琼，视觉性与视觉文化——视觉文化研究的谱系，文艺研究，2006，(1)：84~96。

③ ［法］米歇尔·福柯，临床医学的诞生，南京：译林出版社，2006年。

在于发现真理，而人本身成为知识生产的空间。进一步说，人的身体成为“科学的对象”，而忽视了其自足的主体性。

2. 厄里的旅游凝视

在旅游研究领域，约翰·厄里系统地研究旅游中游客的凝视，并撰写了著名的《旅游凝视》。有意思的是，他认为自己的理论借鉴了不少福柯有关临床医学凝视、全景监视方面的研究。所不同的是，“现代社会的发展很少基于个体的监视和标准化，而更多将旅游观光的民主化和地点的奇观化视为基础。”①

他的研究将凝视看作是旅游体验的中心，并不是忽视非视觉的感观，而是视觉支配或组织了体验的范围。他将追求“令人愉悦的体验”视为现代休闲旅游的重要动力，并与福柯对控制和规训的“权力”凝视做了概念区分。随后，他创造了大众旅游的凝视的不同形式的理想类型②：浪漫型，追求真实性，所谓“原汁原味的自然美景”；集体型，短期内共同参与，集体互动中“制造”了旅游景点；人类学型，类似专家通过参与、观察，并做出积极的阐释；除此之外，还有观望型和环境型两种类型。

周宪在《视觉文化的转向》中，认为约翰·厄里的凝视正处于景观与主体凝视之间互动之中。他评价道，“凝视是旅游者主体的行为，凝视的对象便是以图像形式呈现的景观。旅游的景观需要旅游者的凝视，它诉求于并塑造了旅游者的视线；同理，旅游者的凝视又总是寻找着符合旅游想象力和期待的景观，并从这样的景观中得到视觉体验的满足。”③ 而整个旅游的凝视过程，可以划分为“前凝视”、“凝视”和“凝视记忆”三个阶段。“前凝视”为游客到达旅游地之前收集或接受的各种图像形象，激发起游客的“到那里看看”期待；“凝视”是游客在景点地的一些体验和经历；“凝视记忆”主要通过照片方式，留存在内心中关于景观的视觉记忆。这一分类方法与特纳的阈限理论的划分类似，只不过“凝视”成为仪式的通过阶段，而“凝视记忆”是仪式结束时，处于参与者对原记忆、知识理解上的交融

① Urry, J. *The Tourist Gaze*, London: Sage, 1990. Pp. 156 – 157.

② Urry, J. *The Tourist Gaze*, London: Sage, 1990. P22.

③ 周宪，视觉文化的转向，北京：北京大学出版社，2008 年，第 295 页。

状态。厄里将游客拍照留影，记忆图像作为“凝视记忆”的阶段。通过景观照片，使得旅游在记忆中延续，成为借以向他人讲述体验的重要媒介。不仅如此，他还精辟地分析了游客的摄影行为，看作是（1）特定景点意义符号的生产与消费；（2）游客主体性的实践。最重要的是，旅游存在一种旅游体验的视觉化过程，是在“前凝视”接受的图像信息的引导①，接受所谓“正确的”观看方式；在离开时，用行动的主体性（自我的摄影行为）记录自己的凝视形象。最终，这些照片，代表了知识和主体性之间的交织，共同建构了旅游者的景观体验。

（二）文化视觉性的讨论

视觉文化转向的主要标志之一正是当今世界的媒介革命。随着现代科技的发展引起了当代社会主导传媒形式的变化，纸媒质的印刷媒介向电子、数字媒质的电视、网络媒介文化产生巨大的转变。在后现代社会中面临的一个重要问题是，我们如何理解形形色色的以图像为主要传播途径的世界。文化的视觉性研究出现了以表征为重要视点的研究趋向，为我们提供了有价值的参考。这样，以往的表演研究从“现场的”的仪式记录、舞台演出，国家仪式，转向通过现代媒介的影像技术进行跨时空再现“现场”的文化研究领域。

我将首先讨论作为媒介文化研究的关键词——再现（representation）。先回到亚里士多德和柏拉图的时代，“再现”（或“表征”）一词产生于戏剧、诗学、绘画对生活的“摹仿”，与上面表演的原义基本一致。从 18 世纪开起，这个词的意思应用到当时的工人运动中，具有“代表性的”意义。到了 19 世纪中叶，这个词的涵义又演变为“精确地再现”。② 这一时期的艺术创作以真实反映生活为主基调，就如亚伯拉姆斯（M. H. Abrams）通过镜子的比喻，西方社会认为心灵通过模仿的方式反映外部世界的观点。③ 这一观点被我们称之为现实主义的观点，宣称人工制物的模仿是对客观世界的清晰模仿。

① 类似福柯的“知识就是权力”的断言。

② 陶东风、和磊，文化研究，桂林：广西师范大学出版社，2006 年，第 171 ~ 172 页。

③ ［英］丹尼·卡瓦拉罗，文化理论关键词，张卫东、张生等译，江苏人民出版社，2006 年，第 39 ~ 40 页。

步入20世纪末期，在结构主义、后结构主义等思潮的洗刷之下，随着现代哲学的理性中心的逐渐坍塌，所谓的“表征危机”弥漫于学界对文化研究的思考中。人们逐渐发现表征（再现）只是一种文本，不能真实反映现实；它可以被建构和处于生产和消费的循环链当中。当科技进步带动影像传媒的不断更新，视觉中心逐渐成为人们认识和理解文化的重要途径。技术提高了视觉感知文化的能力，却在一方面制造着文化的某种幻象。这时候的“再现”以不同于现场的看到的真实，而是被建构的“在场”。这些观点对后来的文化表演研究富有启发。

在当代视觉文化中，媒介越来越多了参与了主体性建构.文化表征和视觉实践当中，同时被学者赋予时刻保持批评的视角。正如罗戈夫（Irit Rogoff）指出，视觉文化研究的任务是要确立一种批判的视角，进而重新审视人们观看的方式和表征的历史。这方面的研究非常多，但下面三位西方学者在媒介视觉文化的研究中享有盛名：

1. 斯图尔特·霍尔的文化表征

语言学大师斯图尔特·霍尔（Staurt Hall）在《表征的运作》① 中对表征做了一个简要的概括：“表征是某一文化的众成员间意义产生和交换过程中的一个必要组成部分。”在他看来，各种语言都是“表征的系统”。“这是因为它们都使用某些因素去代表和表征我们想说的，去表达或传递某个思想、概念、观念或情感。”② 而意义不是简单地反映物质和自然世界，而是“被生产（建构）出来的”。表征被认为是进入了物的建构过程本身。因此，他认为意义不内在于事物之中，它是被表征系统建构、产生出来的。它是意指实践，即产生意义，使事物具有意义的实践的产物。

《表征》可以说是，他对文化表征（再现）研究的一部力作。他认为，自己的表征理论属于构成主义，与反映论、模仿论和意指性理论的不同。反映论和模仿论提出，符号和事物之间的直接和透明的模仿或反映关系。意指性理论把表征限定在作者或主体的各种意向中。构成主义则不同，思想概念

① ［英］斯图尔特·霍尔（编），表征，徐亮、陆兴华译，北京：商务印书馆，2003年。

② ［英］斯图尔特·霍尔（编），表征，徐亮、陆兴华译，北京：商务印书馆，2003年，第4～6页。

和语言存在着复杂的中介关系。他借用索绪尔的能指和所指概念，霍尔区分了两种不同的表征系统。它们之间的关联产生了符号，而符号组织到语言中，产生各种意义，并用于指称“现实”世界中的物、人和事。①

接下来，他将表征的运作区分为两种构成主义的途径：符号学途径和话语途径。前者关心语言如何产生意义，表征如何运作，即人们所说的“诗学”（来源于索绪尔和巴特斯）；后者关心表征的后果和影响，即“政治学”（受福柯的话语的影响）。话语途径中，强调表象的一种特定形式或其“秩序”的历史具体性，强大特殊的语言或意义，它们在各个特定时期、特殊地方被配置的方式。表征的各种实践在各种具体的历史境遇中，在现实的实践活动中的运作方式。

书中还入选了几篇有关表征研究的论文，涉及对摄影作品、文化展览、广告媒介、电视剧的媒介传播研究。不难看出，这些领域都属于视觉文化的范畴。斯图尔特·霍尔强调说，各种视觉形象成为一种不断被建构、赋予意义的符号体系。在他看来，表征通过意指实践，不断创造事物的意义。而这需要通过三种不同的序列达成：首先是人、物组成的物质世界；其二是我们头脑产生的概念和思想体系；介于两者间的是第三者，是可以编写意义、代表或传递这些概念的符号。第一和第二层之间关系是互动的，包括编码和解码具有双向性。一方面，编码是将事物编入符码，赋予和生产意义的过程。另一方面，解码依靠意义的破译实践，这与特定时代的意义产生和各种权力关系的配置存在一定的关联。这一观点不断通过研究深化和积淀，形成后来有名的“编码/解码”理论。

2. 居伊·德波的景观世界

如果说斯图尔特·霍尔在语言学意义上提出文化表征，作为意义制造和生产的自在系统，那么法国的居伊·德波（Guy Debord）的“景象即商品”论断则阐述了表征成为消费社会的形象霸权。他在著名的《景观社会》中提出，“在那些现代生产条件无所不在的社会中，生活的一切均呈现为景象（spectacles）的无穷积累。一切有生命的事物都转向一种表征（representa-

① ［英］斯图尔特·霍尔（编），表征，徐亮、陆兴华译，北京：商务印书馆，2003 年，第 36～37 页。

tion)。"[①]

居伊·德波在1967年提出"景观"理论，成为当代媒介批判理论的源头之一。在他看来，当代社会充满着商品为特征的形象景观。这是由于资本主义生产、消费的关系链渗透到社会生活的各个方面，通过可视的形象呈现在消费大众面前。十分极端的是，他将景观视为"某种实在化的、物质化了的世界观"。也就是说，"景观可以等同于一切商品"。[②] 不难看出，他的景观实质是商品或资本对人的压制，成为"以形象为中介的人与人之间的社会关系"[③] 他的景观理论继承了德国的马克思提出的"异化"概念，指出居于其间的民众受商品令人目眩的形象的巨大压力，以至于默认，甚至是主动接受视觉景观，以及所有附带的资本主义意识形态本身。在他看来，人的消费本身不是简单的需要本身，而是在商品经济的逻辑下不断被建构和生产。这是被激发的需要，而正是景观让每个成员都卷入到资本主义体系所编织的不断循环的网络当中。[④] 进一步说，德波的景观就是这样一个世界，反映的人与人的关系呈现"客观性的拜物教"，背后却"掩盖着人与人，以及阶级之间关系的真正特征。"[⑤]，而是被形象被建构的需要。总之，德波认为，与其说人是在消费商品，倒不如人是在参与消费景观的价值，服从商品消费逻辑的无形支配。

居伊·德波在1988年出版《景观社会评论》一书，再一次针对资本主义"景观社会"的又一批评。书中他强调了景观制造了权力，具有"统一和集权的性质"。而大众传媒的存在有助于这一幻想的传播，背后掩盖了景观的控制实质。对于媒介受众而言，所有社会的行为和对象都被刻上了它的印记。有甚于，个体逐渐消失自己的个人喜好和个性，"观者只是被简单地

① ［法］居伊·德波，景观社会，王昭风译，南京：南京大学出版社，2006年。

② ［法］居伊·德波，景观社会，王昭风译，南京：南京大学出版社，2006年。

③ 吴琼（编），视觉文化的奇观：视觉文化总论，北京：中国人民大学出版社，2005年，第59页。

④ 吴琼（编），视觉文化的奇观：视觉文化总论，北京：中国人民大学出版社，2005年，第73～75页。

⑤ 吴琼（编），视觉文化的奇观：视觉文化总论，北京：中国人民大学出版社，2005年，第66页。

设想为一无所知、无所应答者”，他们总在被动地观望下一步会发生什么事。”① 有学者就此评论道，景观的自足运动使得主体的能动性消失殆尽，景观与主体之间的交往和对话从而被取消，人们对于景观只能单向度地接受和投人，景观的专制和垄断无条件地得到了肯定。② 所有这些，都建立在文化视觉性的议题当中。由于消费的无穷尽发展，使得眩目的景观实现让媒介技术不断发展，以至于达到泛滥的地步。最终，景观的生产依赖于“看/被看”的人的视觉作用，成为消费运行的基本逻辑。

3. 鲍德里亚的拟像（仿像）理论

从最早本雅明的“机械复制时代”到居伊·德波的“景象即商品”的判断，学者逐渐意识到现代的媒介社会已不同于以往以语言为主导的交流方式，预示着以“图像转向”为特征的时代已经到来。威廉·米歇尔（W. J. T. Michelle）在《图像转向》提出，视觉文化转向以形象为中心，特别是影像中心的感性主义形态。法国的让·鲍德里亚（Jean Baudrillard）似乎走得更远。他通过现代电子媒介的研究，指出我们已经跃入一个“虚拟影像”的时代。

鲍德里亚的理论继承马克思主义和法兰克福学派的社会批判理论，对现代高度媒介化和信息化的社会提出批判。他认为，以往的“模仿”（亚里士多德）和“复制”（本雅明）已经被电子技术所超越、为拟真所取代。更极端的是，他的“拟像”概念直接否定真实——不是真实的反映（模仿、摹拟），而是纯粹的本身。鲍德里亚在《仿像与拟真》中指出了符号或者图像从真实到仿像的四个演进阶段。他感叹到，今天的整个制度都在不确定性中摇摆，一切现实都被符号模拟的超现实所吞噬。甚至如今控制社会生活的不再是现实原则，而是模拟原则。目的性已经消失。现在的我们是由各种模型塑造出来。不再有意识形态这样的事物，只有仿像。③ 在他看来，在媒介时代，不是现实世界是由符号来建构，而是现实物的符号已经取代现实本身。

---

① 梁虹，景观的激进批评与景观文化的发展——德波《景观社会评论》要义，江西社会科学.2006，(5)：237~243。

② 陈家洋，德波景观批判的双重阅读，中国图书评论，2008，(5)：13~16。

③ BaudriUard, Jean. “Fatal Strategies,” in Selected Writings, trans. Mark Poster. Stanford: Stanford University Press, 1988. P. 120.

许多学者试图理解鲍德里亚的仿像理论。比如，齐格蒙特·鲍曼（Zygmunt Bauman）理解鲍德里亚的“仿像的世界”，因为一切都是表征，这些表征通过逼真的形象融入人们的生活中掩盖这样的现实的缺失。① 这在一定程度上说明电子媒介是比真实还真实的世界，是形象建构的“超真实”。马丁·杰伊（Martin Jay）认为仿像是表征之物的胜利，形象现在已完全脱离了其指涉物。② 在这个意义上，物品的能指与所指完全脱离，仿像成为符号独立的存在物。马克·波斯特（Mark Poster）的观点最为直接。他认为，仿像瓦解了与现实事物的任何对照，将现实事物吞噬进于仿像之中。鲍德里亚所发现的不是无数，非现实的广告影像以某种方式所忽略的“现实的”商品经济，他现在只是发现了一种超现实（hyper-reality），一个自我指涉的符号世界。前者是居伊·德波的观点，而后者直接将表征与现实分离，成为自在的符号体现，不断以虚拟和游戏的方式来展示其图像。

四、一点思考

综上所述，格尔茨、特纳、谢克纳等人将戏剧的表演概念引入到社会学、人类学领域当中。这些都可以归到针对文化表演的客体性研究当中，探讨表演的意义和功能。随着媒介文化的出现，视觉文化的研究兴起，学者的兴趣逐渐聚焦到观者的主动性上。这在一定程度上，是将对表演客体性的关注转移到观众主体性上。特别是随着表征危机的出现，学者开始思考表演是否能够真实再现现实（亚里士多德），能否能够对真实摹仿。这时候的表演概念，深入到语言、符号、商品社会、影像呈现的更广泛领域中，而成为更为宽泛的再现（表征）概念。甚至到鲍德里亚的“仿像”那里，表征本身完全成为符号建构，成为与现实社会无关的自在呈现的体系。不难看出，这些研究强调文化视觉性，关注“看”的行为和符号权力如何对人的主体性产生影响。比如，居伊·德波的景观社会理论几乎将人的主体性抹杀，所谓“受无形力量的支配”。类似的观点还有鲍德里亚提出的仿像理论。他将形

① 陶东风、金元甫（主编），文化研究·第3辑，天津社会科学院出版社，2002年，第309～310页。

② Martin Jay. *Downcast Eyes: The Denigration of Vision in Twentieth – Century French Thought.* Berkeley: University of California Press, 1993. P544.

象与现实完全脱离，使得任何的表演或再现都没有了摹仿的根据，而成为最极端的“幻想”而已。

在我看来，文化表演的研究应该包括表演者和观者的互动，需要将视觉文化关注的“看”研究与展演者的“被看”研究区分出来。这两种针对表演研究的不同维度，即强调表演的客体性，也关注观者的主体性。这类似于斯图尔特·霍尔的编码/解码理论的思路，其中起中介作用的符号体系，受福柯所说的话语的支配和控制。值得肯定的是，许多学者意识到权力对表演具有引导性作用。比如，唐·汉德尔曼对国家仪式的媒介操演的研究。福柯对社会监视讨论关注被凝视者主体性的消失。居伊·德波的理论关注形象消费者如何参与到资本主义消费中，受建构起来的权力（消费需求的动力学）控制。这是可以另外划分出另一个看待文化展演的视角，即关注除“演员”和“观众”之外的第三方解释。换句话说，这一解释是权力机构赋予的系统化叙述，或是第三方的话语表述。这一条维度的区分，是以往表演研究中有专题讨论，但鲜有将之整合到“看”和“被看”的双重维度中，而成为一个整体的三重维度。

我认为，作为文化表演的研究，表演者、观者和文化脚本（第三方的话语表述）三个维度可以构成一个整合的视角。但是，许多学者的研究只是关注其一，或其二的维度。除了上述学者对话语维度的忽视之外，还有些学者偏重“被看”和话语表述的研究。比如，斯图尔特·霍尔提出的诗学和政治学作为两个构成主义的途径以研究文化表征。实际上关注的是，表演者“被看”的途径和作为文化脚本的中介符号这两个研究视角。如此看来，前者关注的是语言如何产生意义。这类似于如何为表演赋予意义，所谓“编码”。后者则关心表象背后的秩序性，表征如何在现实中运作中被表述，以及与权力之间的关系。这类似于文化脚本的话语建构，或说“第三方的话语表述”。针对这两个视角的偏重，直接导致第三个维度的缺失，即观者（“看”的行为）的解读，以及他们的知识实践中所具有的主体性。之后，斯图尔特·霍尔发展的编码/解码理论对此做了有意义的补充。

以下是对人造景观——主题公园和博物馆研究现状的爬梳，特别关注文化展现、表演的研究。同样，我们也不难发现学者对三个维度的整体性缺失。换句话说，很少学者使用表演者、观众和文化脚本（第三方的话语表述）作为一个整合的视角，共同看待文化表演的理论研究。

第四节　主题公园和博物馆的研究现状和思考

当文化表演理论与视觉文化研究相互交融之时，20 世纪末的人造景观研究也开始转向研究的旨趣。具体到主题公园、博物馆的文化展现研究当中，西方人类学的学者沿着大师们（如特纳、戈夫曼、谢克纳）的理论足迹继续探索和延伸，始终走在当代理论研究的前沿地位。视觉文化的各种研究成果，如福柯的监视理论和话语权力理论、厄里的凝视理论、斯图尔特·霍尔的表征、编码/解码的理论，以及德波的景观理论、鲍德里亚的仿象理论、等等，都在人造景观的研究中有所体现和应用。其中，诗学和政治学成为划分表演研究在这一新领域中，不断发展的两个重要的研究取向。

在学者的不断探索下，中国的台湾学者紧跟其后，几乎成为西方理论在东方社会延续。相对而言，中国大陆学者的景观展演研究有所偏颇。这表现在：一是主题公园多集中发展、批评的理论视角；二是相对于西方和台湾学者的研究成果，博物馆展现的理论和实践的研究相对脱节。这是也许大陆独特的历史社会背景、主流知识结构和学者关注点等多种原因，而形成的独特学术现象。

一、西方学者的研究取向

（一）新博物馆学的反思

当代的博物馆学研究形成对过去偏重实物和技术的反思，形成学科的一种自审和批评，以至于采用许多后现代思潮的观点，形成所谓的“新博物馆学”。借助美国学者斯图尔特的文化表征①对诗学和政治学的二分法，与之对应的博物馆的文化展示研究亦可分为两个方面。一是关注展示中的符号学或诗学，主要强调意义被建构和生产的方式；二是展示中的政治学和经济学，它主要关心话语和权力的各种影响。

---

① 在他看到来，展示的物品属于意义生产的表征体系。

1. 诗学：设计意义的赋予

这一议题关注对展览物品的符号学意义。什么样的物品可以展现？物品排列以何种方式展现？这背后具有复杂的意义体系。学者普遍认为，这一过程包含这人为的筛选、收藏、解释。同一个系列的展现物，与标本、艺术品、图片等其它物品共同形成一组语境，成为一个有序的、可言说的一套表征（再现）体系。这一体系可以集合成为一个流动的符号体系，由能指和所指构成，由此可以进行符号学的理论解读。

不难看出，这一套实践的，很大程度是依托在罗兰·巴特斯（Barthes, R.）的神话学理论。他在“现代神话”一文中，将神话看作是言谈方式的体系。这一体系是由电影、表演、照片，等可视的语言要素组合而成。他认为，神话是一个第二级的符号系统。第一级是由能指与所指组成的符号，所谓的明确意义的“直接意指”；到了第二级系统后就转化为一个“含蓄意指”①，依托于文化联想的各种隐含和更广泛的意义。这样的转换依靠的是神话的“净化”功能。② 将“神话理论”应用大展览中。这部分学者就将展览看作是一种神话言谈的符号体系，同样经要“净化动机”的展示设计，物品原来符号在新的场景中变成了一个“含蓄意指”。

编排事物的次序，并使之“自然化”，是为了让展品赋予“纯净”、“永恒”的语境。这必然涉及到展陈设计者如何安排物品陈列的各种取向。以往的博物馆陈列经历了情节型、唯美型、参与型的设计理念变迁。但从20世纪80年代以来，新博物馆学的出现开始关注观众的主体性，或者说是他们解读符号的能动性。许多学者反对知识传播的等级性，甚至用“交流”来代替“教育”。比如，荷兰博物馆学者彼得·V·门什提出了以“交流”替代“教育”的主张；日本学者鹤田总一郎也认为博物馆社会功能中的“教育”一词的英文含义，不应是“education”，而应是“communication”。美国博物馆学者，斯蒂芬·E·威尔还专门著书立说，对博物馆的交流功能进行详细的阐述。为此，美国博物馆协会的会刊《博物馆新闻》还进行了

① 本文中的“直接意指”英文为 signifier，或称呼“能指”；“含蓄意指”英文为 signified，或称“所指”。

② Barthes, R. Mythologies, trans. Annette Lavers, St Albans, Paladin. 1973. P. 156.

专门的评述。① 从理论实践方向，玛格丽特·兰朵（Margaret Lindauer）视博物馆展览为一篇“需要润色的文章”，认为博物馆的陈列设计需要重视“批评型”参观者的作用，才能有助于发展。②

现代视觉文化研究的兴起，使得新博物馆的展现设计开始考虑立足于观众的审美视角。在这样的背景下，学者开始借鉴艺术学、戏剧学的有关理论，思考展现环境的视觉效果。金（Margaret J. King）讨论如何从主题公园中借鉴“快餐化风格”，通过强调流行文化、大众文化的元素，创造“集体记忆、信仰、符号和原型的综合集成”。这种对展品“主题化”的构想，同样关注观众解读符号意义上的主体能动性。麦尔斯同样注意到博物馆知识需要不断更新，以跟上观众对咨询要求的增长、消费口味更替的不断要求。③

随着许多西方的博物馆走向市场化运作，博物馆的设计从知识阐释者的高台上走下来，面向平民化、大众化已经是大势所趋。这反映在几个方面：一是对教育权威性的反思。比如 E. 胡珀 - 格林希尔（Eilean Hooper - Greenhill）的《博物馆的教育》④、罗伯茨的《从知识到叙事：教育家与变化的博物馆》⑤ 可以看作是这方面的努力；二是成为“社区”或“集市”。比如，布鲁斯将后博物馆看成是“去等级”的理想社区，用一种体验音乐计划改造博物馆，超越观众选择、乐趣为先的原则。⑥ 三是学科批评的课堂。比如，金和马斯汀注意到博物馆陈列设计能引发思辨的一面。⑦ 许多学

① 俞敏敏，陈列设计中的几个流派及启示，中原文物，2003，(1)：54 ~ 58。

② 玛格丽特·兰朵（Margaret Lindauer），批评型博物馆参观者，见马斯汀（Janet Marstine）编，新博物馆理论与实践导论，江苏：江苏美术出版社，2008 年，第 231 ~ 258 页。

③ Miles, R. S. *The Design of Educational Exhibits*. 2nd. Edition, London: Unwin Hyman Ltd. 1988. Pp. 171 - 184.

④ Hooper - Greenhill, Eilean. *The Education Role of the Museum*. London and New York: Routledge. Leicester Readers in Museum Studies series, 1994.

⑤ Roberts, Lisa C. *From Knowledge to Narrative: Eduators and the Changing Museum*. Washington, DC, and London: Smithsonian Institution Press, 1997.

⑥ 布鲁斯（Chris Bruce），影像与民主：作为后博物馆的体验音乐计划，见马斯汀（Janet Marstine）编，新博物馆理论与实践导论，江苏：江苏美术出版社，2008 年，第 145 ~ 172 页。

⑦ 金（Lyndel King）和马斯汀（Janet Marstine），大学博物馆和美术馆：机构批评的场所和课程关注点，见马斯汀（Janet Marstine）编，新博物馆理论与实践导论，江苏：江苏美术出版社，2008 年，第 306 ~ 335 页。

者通过批评方式的重塑展示法则，比如维尔森的“非展示品的展示”①，弗拉瑟的“角色扮演”②，等等。这些批评汇集成一股人文人文主义的思潮，学者开始意识到博物馆应该恢复历史与文学的天然联系当中。而“叙述主义复兴运动”的兴起是其中的一个代表。

随着对符号意义的单向赋予和“权威阐释”的各种批评不断加剧，博物馆系统对应文化知识诠释者的地位，在“去中心化”、“解构”和“反思”的后现代思潮下受到越来越多的学科挑战。知识符号背后的各种权力关系被暴露在学者的研究视线当中。加上福柯有关话语、“规训”的研究兴起，让展览政治学自然成为新博物馆学的另一个重要议题。

2. 政治经济学：话语和权力的讨论

美国学者 E. 胡珀 - 格林希尔（Eilean Hooper - Greenhill）在《博物馆与知识的型构》③ 一书中，全面检验博物馆知识体系与权力关系的著作。基于福柯的知识型（episteme）概念，考察了博物馆发展过程中，各个时代的博物馆如何处理知识的问题，并划分类型，包括文艺复兴的梅迪奇宫（the Medici Palace）、16 世纪的珍品陈列室（Cabinet of the Curiosity）、17 世纪英国的皇家学会博物馆（Repository of Royal Society），以及现代知识型的学科专业博物馆（disciplinary museum）。这五种模式的划分中，我们不难看到福柯在《事物的秩序》中三个知识型的身影。E. 胡珀 - 格林希尔试图思考的是，人在不同时期的展示模式下，放置在各自的知识/权力关系中的不同主体性位置。

从这个视角出发，参观者的主体性引起博物馆学研究的兴趣。在这样的展示空间中，学者关心知识是如何形塑个体的主体性。有两个研究趋向值得关注：一是沿袭福柯的全景式监视理论；二是采用特纳（Victor Turner）的通过仪式中的三阶段理论。

首先，全景式监视的讨论主要以 E. 胡珀 - 格林希尔的展示研究为代

---

① Wilson, Fred. Fred Wilson. *Speak of Me As I Am* (ex. cat. MIT List Visual Arts Center, Cambridge, MA), 2003.

② Rodriguez, S. *Institutional Critique Versus Institutionalized Critique: The Politics of Andrea Fraser's Performances*, 1: 2. 2002, http: //www. thirdspace. ca/journal/issue/view/2.

③ Hooper - Greenhill, E. *Museum and the Shaping of Knowledge*. London: Rotledge, 1992.

表。基于对福柯"规训"概念的应用，他进一步提出"展览复合体"（complex）的概念，并广泛用于各种展示机构，比如百货公司、火车站、主题公园的研究中。许多学者也在这方面做出自己的贡献。比如，贝内特（T. Bennett）也采用福柯《规训与惩罚》的观点，以历史、建筑及展现机制等多元视角，共同看待博物馆体系是如何运用知识与权力教化、规训参观者。他在文中认为，在博物"规训"的知识体系中，观众的观看行动实现了自我监视的统一。① 就这一点上，贝内特集中研究主体与治理性的观看技术，提出著名的展览机器（exhibitionary apparatus）理论。② 学者特克（Tucker，M.）甚至断言，博物馆试图传播的知识，并非是中性，而是"被制造出来的"。③

人类学的仪式研究也影响到新博物馆学领域。邓肯（Carol Duncan）引入特纳通过仪式的三阶段研究，并将他的类阈限（liminality）概念用于参观过程的研究中。与全景式监视的兴趣不同，邓肯关心参观者如何从世俗生活中脱离出来，将博物馆看作重新理解世界的审美体验。④ 博物馆在他的研究中，成为一种"仪式场所"；观众按照展览提供的"脚本"扮演"仪式"中的角色。从审美体验的视角出发，邓肯的研究集中于美术馆研究当中。从罗浮宫与伦敦国家画廊的案例着手，公共美术观一方面使用艺术家极富天赋的展示，让观众在议事中接纳艺术家"天才"的角色塑造，另一方面在强调艺术品是"国家财富"的同时，确认观众的国民身份。从后一点来看，邓肯的研究肯定了博物馆塑造民族主义、打造现代国家的重要功能。⑤ 这与上述全景式监视取向的话语讨论有了某种契合。

1970 年"生态博物馆"运动的发展，可以看作是新博物馆学实践的结果。最早产生于法国，两位学者希微贺（Georges Henri Riviere）和瓦西纳

---

① Bennett，T. The Birth of the Museum - History，theory，Politics. London：Routledge. 1995. Pp. 59 - 88.

② Bennett，T. The Birth of the Museum - History，theory，Politics. London：Routledge. 1995. P80.

③ 特克（Tucker，M.），后现代/后博物馆：当代博物馆评论的新走向，张誉腾译，台中：博物馆学季刊，"国立"自然学博物馆出版，1996，(2)：3 ~ 12。

④ Duncan，Carol. Civilizing Rituals：Inside Public Art Museums. London：Routledge. 1995. P22.

⑤ Duncan，Carol. Civilizing Rituals：Inside Public Art Museums. London：Routledge. 1995. Pp24 - 33.

(Hugues de Varine) 针对“去中心”、“社区化”的学科自省，提出在公共部门与地方居民共建一个旨在保护文化传统（遗产)、族群特征的社区服务。现在各种名目的“民俗村”、“社区博物馆”、“文化旅游村”，甚至是一部分“主题公园”，都是生态博物馆①的一种别称。

（二）户外的博物馆：主题公园

本书所研究的主题公园与上述生态博物馆的概念有所区别，这主要体现在市场经营和社区服务两个方面。本书所研究的主题公园，其运营范式来自于美国迪斯尼乐园的全球化翻版，并且强调赢利为目的的企业运转方式；生态博物馆多为政府主导，并与社区共建的服务部门。同样，两者也存在许多相似之处。这表现在“以人为主”的理念，关注大众文化和观众的需要，并倡导用娱乐、参与的方式接纳本土文化，或特色文化，等等。

从另一个角度看，主题公园的类属可以归到户外博物馆、企业博物馆的分支下。在西方博物馆发展的历程中，户外博物馆（opening museum）是与传统封闭的博物馆相对的概念。这类博物馆以市场化为经营方式，吸引旅游为主的一种休闲产业。这些户外博物馆与“主题公园”具有类似的属性。②因此，作为一个“被观看”的展览机构，主题公园的研究与新博物馆的思潮拥有众多的重叠之处。

主题公园的模式可以追溯到美国的迪斯尼乐园。迪斯尼乐园在美国本土的成功建设，以成为众多国家纷纷效仿的展演范本。一时间，各地充满着各种各样的浓缩世界，或是可观看、可体验的视觉景观。艾伦·布里曼（Alan Bryman）在《迪斯尼风暴》中，认为迪斯尼乐园的经营管理原理正为越来越多的企业组织所模仿，使得现代社会呈现出“迪斯尼化”（disneyization）的趋势。他归纳出，迪斯尼乐园的四个标志性特征：主题化、混合消费，商业化和表演性劳动。与提供标准、均质服务的“麦当劳化”不同，迪斯尼

① 希微贺（Riviere）曾为生态博物馆下定义。他认为，生态博物館是由公共部门与地方居民共同策划、建造和运作的方式。地方博物馆提供人员、设备及资源，社区则展现其抱负、知识及个人力量。所以，生态博物館成为社区观看自己的一面镜子，用来发现自我的形象，寻求对生活的所在（包括自然或人文的遗产），以及在此领域居住祖先生活的解释；同时也是一面能让参观者借以深入了解当地产业、习俗、特性的镜子。（参见 Riviere, G. H. The Ecomuseum: An Evaluative Definition, Museum, 1985 (148): 182)

② 陈玉平、王文艺，论民俗主题公园对民族文化的影响，特区经济，2008，(1)：190～191。

化强调“激动人心的体验”，制造服务的多元化和差异化。[1] 而沃伦（S. Warren）从城市规划的角度分析了大都市的迪斯尼化现象。他认为现代西方的城市规划呈现迪斯尼的三种特征：一是强烈的组织控制和社会秩序；二是生产和消费断裂，即“视觉上去除了生产痕迹，用幻想掩盖了消费”；三是居民的消费能力具有重要意义。[2]

上述研究关注迪斯尼模式如何在其他主题公园，以至于在其他的公共空间，如购物中心、动物园、建筑场所、电影院等，进行自我复制。除此之外，许多学者还讨论了主题公园的视觉性展现方式。他们倾向于认为，主题公园营造了一种“非真实的体验”，让游客进入幻想的神话空间。比如，日本学者根本佑二，将主题工业看成是“非日常”的空间。这样，主题公园更多被商业气氛包围，呈现出表演舞台的各种特征。[3] 贝拉·迪克斯（Bella Dicks）在研究城市的公共空间中指出，主题公园与博物馆、博览会、虚拟目的地一样，都是“迎合消费者口味、被大众悦纳和安全的，并通过表演的方式与参观者形成互动”的“可参观”文化。[4] 她使用“可参观性”（visitability）作为核心概念以指称这一类人造景观，并认为这多少与旅游业的热潮不无关系。她说，“各种各样的展现迎合人们不用出行的需要，却发展出一个旅游成就大众活动的时代。”[5] 换句话说，旅游业是不同地区的人交流频繁，而人造景观，包括生态博物馆、主题公园建构的视觉文化，为人们理解他文化的重要途径。

（三）主题公园的中国案例研究

上述对他者文化的讨论，得益于萨义德的《东方学》中呈现出西方对东方想象的知识体系构建。那么，位于平民层次的西方游客，正是在对“东方文化”的神秘性、奇异性的动机下，从西方向东方流动。同时，居住

---

① ［英］艾伦·布里曼，迪斯尼风暴，乔江涛译，北京：中信出版社，2006 年，第 7 ~9 页。

② Warren, S. Disneyfication of the Metropolis: popular resistance in Seattle, *Journal of Urban Affairs*, 1994 (16): 89 -107.

③ 转引自：保继刚，主题公园发展的影响因素系统分析，地理学报，1997 (3): 237 ~245。

④ Dicks, Bella. Culture on Display: The Production of Contemporary Visitability, McGraw - Hill Companies. 2001. V - VI.

⑤ Dicks, Bella. Culture on Display: The Production of Contemporary Visitability, McGraw - Hill Companies. 2001. P2 -4.

于东方的人们凭借这一良机，发展他们的社区经济，展现他们对民族国家和地域文化的认同和想象。正如卡宁厄姆（Clark E. Cunningham）所说的，“文化表演意图引诱西方的旅游者，并为他们表现民族国家的图景。这一表演向那些参加表演和观看电视的同一民族国家的人们叙述这一观念。很重要的是，历史、认同和传统只是部分地表演，当地人可以感受到在游客面前是再现了真实的身份。”①

其中，中国文化是西方游客最为兴趣的场所，自然成为东亚旅游目的地最大的市场。同时，针对中国主题公园，如“锦绣中华”、民俗旅游村、民族村寨的一类研究方兴未艾。这些中国学的研究表现呈现出批判性，与后现代的反思主义、解构主义的理论讨论不谋而合。这大体集中在两个层面：一是将中国主题公园看作是大众消费的场所，批评消费文化对人的主体性控制和支配；二是将主题公园放到族群认同和表征的视角中加以讨论。

1. 消费文化的视角

这方面的研究将主题公园看作是企业提供安全、可控制的文化消费场所。比如，鲍勃·麦克彻（Bob McKercher）和希拉里·迪克罗（Hilary du-Cros）② 认为，主题公园企业改造文化形态以形成与外界隔离的“环境气泡”，是为了降低文化产品的陌生性以迎合参观者一致性的需求，从而导致人造文化是以标准化物质空间的形式出现。

针对中国主题公园的研究，学者偏重消费文化的视角。格雷格·理查德斯（Greg Richards）考察美国的佛罗里达州迪斯尼世界里建立“锦绣中华”景观的案例。通过跨文化比较的视角，理查德斯认为虽然在美国建立的主题公园无法出现历史真实，但展示出“中国生活中的真实元素”。他指出国外建立中国主题公园的市场张力：如何从“广博精深的中国文化中挑选切片，制作成标志性文化景观，以调和欧美消费群体的大众口味。在这个意义上，理查德斯看到文化选择导致“新文化公园”的建构，特别是涉及政治议题

① Cunningham, Clark E. the Interaction of Cultural Performances, Tourism, and Ethnicity: An Introduction, Journal of Musicological Research, Vol. 17, No. 2. 1998.

② 鲍勃·麦克彻、希拉里·迪克罗，文化旅游与文化遗产管理，朱路平译，天津：南开出版社，2006年，第123～143页。

和民族多元化的问题，成为市场行销的瓶颈。① 安德训（Ann Anagnost）将中国的主题公园，看作是“古色古香”的娱乐性与市场地（marketplace）的有机结合。② 这种结合也被认为是一种中国文化在当下的“传统的发明”。比如，欧挺木（Tim Oakes）的研究说明，中国村寨的旅游业（民俗村）兴起是对表征“现代”的旅游景点的模仿。实际上，他指出，在旅游业兴起的推动下，中国民俗村的不断被商业化、市场化操作，逐渐形成类似企业性质的、标准化的主题公园。③ 他说，“按照中国的做法，跨地域主体出现在旅游村寨里，其途径是对现代性的‘真实复制’。旅游业只是提供了最现代化的媒介，促成这种复制的发生。”这一复制首先发生在村寨自我复制，然后在原始品中寻找创建现代主题公园的景点，但结果只是“复制了主题公园所代表的现代性”。④ 尼克·斯坦利（Nick Stanley）在《再现中国文化》一文中，结合自己对深圳中华民俗村的考察，指出中国主题公园背后的政治机制。他认为，这一机制通过娱乐的方式，将“民族意识”潜移默化地融化到到访者的各种消费活动当中。这些活动在自觉的文化消费的旗号下，游客也在消费着自己对现代国家的意识和中国人的主体认同。在这个意义上，消费文化的讨论似乎与话语、权力脱不开关系，学者的讨论也逐渐聚焦到政治表征的议题当中。⑤

2. 族群认同和政治表征

对深圳的“锦绣中华”微缩景观的文化表征研究，安德训（Ann Anagnost）的观点值得关注。他考察了现代中国人的主体性生产和再生产的整个过程。其中，透过人造景观的生产，中国人是如何确定对自己的认同。在文

---

① Richards, Greg. Marketing China overseas: The Role of Theme Parks and Tourist Attractions, *Journal of Vacation Marketing*; ABI/INFORM Global . Dec 2001, 8, 1, Pp. 28 - 38.

② Anagnost, Ann. The Nationscape: Movement in the Field of Vision, *Position*: *Ecst Aisa Cultures Critique* 1 (3), 1993, P. 591.

③ 蒂姆·奥克斯（Tim Oakes），主题公园式的村庄——中国旅游业的模仿及真实性，见吴晓萍主编，民族旅游的社会学研究，贵州：贵州民族出版社，2003 年，第 1 ~ 30 页。

④ 蒂姆·奥克斯（Tim Oakes），主题公园式的村庄——中国旅游业的模仿及真实性，见吴晓萍主编：民族旅游的社会学研究，贵州：贵州民族出版社，2003 年，第 6 页；第 21 页。

⑤ 史丹利（Nick Stanley）、萧竞聪，再现中国文化——深圳中国民俗文化村述评，见陈清侨（主编），身份认同与公共文化——文化研究论文集，香港：牛津大学出版社，1997 年，第 270 ~ 271 页。

中，安德训指出，“锦绣中华”主要以“中国多元一体”的主导性模式进行景观叙事。在这其中，汉民族处于各民族的中心位置。① 她还考察了中国改革变迁之路，在深圳这一地区展现中国“浓缩五千年的优秀文化”，正是从政治为中心向经济为中心的政策转向，在景观方面尤其表现为“对民族辉煌历史的渴望”，“被置换成了商业和物态的方式”。有意思的是，从政治表征（再现）的角度思考，安德训认为主题公园象征着深圳的经济中心地位，“正是标志在深圳建构再确认的图像”，而深圳成为“中国总体性呈现”的特殊位置，不仅标志着民族未来的崛起，而且“对中心的集权产生抵消”。② 安德训将“锦绣中华”的边界看作是“国家作为总体性概念、永恒性本质的再现空间”。这与本尼迪克特·安德森（Benedict Anderson）观点基本一致。他所研究殖民国家的地图是“作为界定国民认同的边界”。③

尼克·斯坦利（Nick Stanley）在“中国主题公园和国家认同”一文中，选取大陆和台湾主题公园作为案例，讨论中国人认同是如何被建构、展示和消费。他认为不同于西方的国际主义（internationalism），从“中华民俗园”、“世界之窗”到“锦绣中华”，中国主题公园以依托于“真实”的文化素材，构建可视的人造景观集成，表达大陆和台湾不同取向的“民族认同”：一方面大陆呈现“多元一体”的认同格局；另一方面台湾呈现原住民的独特性，强调原生性和主体意识。任海（Ren，Hai）④ 的研究可以看作是这方面的延续。他以中国大陆、香港和台湾三个区域的案例，分别说明主题公园和博物馆的文化陈列形构、生产着社会标准和规范，成为地方、国家展演经济、政治、文化认同的重要社会空间。与大国家的命题不同，还有的学者讨论少数民族的旅游村的问题。路易莎·沙因（Louisa Schein）借用戈夫曼的“表演理论”研究一个苗族民族村的日常生活。她提出表演现代性的

---

① Anagnost，Ann. *National Past - times*：*Narrative*，*Representation*，*and Power in Modern China*. Duke University Press，Durham& London，1997. P. 162.

② Anagnost，Ann. *National Past - times*：*Narrative*，*Representation*，*and Power in Modern China*. Duke University Press，Durham& London，1997. P. 164.

③ ［美］本尼迪克特·安德森，想象的共同体：民族主义的起源与散布，吴睿人译，上海：上海人民出版社，2003 年，第 195 ~ 209 页。

④ Ren，H. Economies of Culture：Theme Parks Museums，and Capital Accumulation in China，Hong Kong and Taiwan. Ann Arbor，Mich：UMI，1999.

概念，认为当地人利用各种机会展现自己是“现代的”，并渴望“进步”。通过与外界的接触增多，文化主体意识不断上升，苗族人对族群认同也处于不断修正和变化中。在这个背景下，许多怀旧的文化被重新复活和再造，成为村民“现代性”认同的一种实践。①

二、台湾学者的相关研究

（一）博物馆的研究

台湾地区的博物馆研究经历了技术操作的应用性研究，转向反思和批判的新博物馆理论讨论的过程。后现代的思潮为主导，夹带着各种相关的文化理论，深刻地影响着台湾的博物学界的发展趋向。从学术大背景来看，台湾研究延续有关文化表征理论中符号学和政治学的双重脉络。但是，近年来的原住民“族群运动”的兴起，多少使理论研究带有点“国家”建构的政治味道。虽然如此，台湾的学术界还是联系西方的新博物馆理论和生态博物馆的实践，与地方的旅游经济、“国家”意识，以及社区发展等问题紧紧地勾联在一起，同时又表现出与西方博物馆学理论不同的发展道路。

一是符号学的取向。针对博物馆展现的权威性进行反思，许多学者顺着罗兰·巴特斯（Roland Barthes）神话学的理论脉络。这一类研究倾向于对博物馆知识建构的整体性反思，关注展览物品塑造的阐释方式和效果是如何建立起来。比如，林崇熙的研究延续了巴特斯有关“净化”的论述。他认为展示物一旦进入博物馆的场域后，博物馆体系通过“再时间化”和“再去时间化”双重方式，重新赋予文物新的意义角色和功能。② 许功明提出“再扮演”、“生活史诠释”的观点，提倡以“表演”的方式解释“再现”博物馆知识。③ 不难看出，这些研究力图解构博物馆知识的权威性，也让一些学者进一步思考如何重新定位博物馆的功能。这时候，参观者的主体性得到关注。廖敦如在“我的教室在博物馆”一文中，反对自上而下的博物馆

---

① 路易莎·沙因，表演现代性，见马元曦、康宏锦，社会性别·族裔·社区发展译选，北京：中国书籍出版社，2001年，第211～242页。

② 林崇熙，博物馆文物演出的时间辩证，一个文化再生产的考察，台中：博物馆学季刊.2005，19（3）：7～24。

③ 许功明，博物馆的展演及其理念，台中：博物馆学季刊，1998，12（4）：7～8。

教学模式，提倡根据学校课程、教师的主体需要进行馆校协作。① 邱坤良则更进一步。他试图在艺术大学校园内建立剧场式的“生态博物馆”，探讨以跨越观众和演员边界的方式进行剧场理论的实践。② 还有一类研究针对博物馆再现方式的反思。随着高科技呈现方式的引进，投影、幻象、三维立体图像等影像呈现方式，逐渐替代了实物本身。而这部分研究就是针对拟象再现的讨论。多数人跟从法国学者鲍德里亚的观点，认为技术呈现的幻真效果，背后是“取代真实的模仿物”——只是符号而不是别的。比如，吕明宪③对“芝山岩文化展示馆”的遗地再现研究。从考古学与人类学理论结合方式的讨论，胡家瑜依据人类学的理论关怀，划分三种不同的文化展示类型：文化区展示、文物脉络整合、多元文化观和对话空间。④

二是政治学的取向。学者首先对展示的他者背后的权力关系进行反思，而台湾的原住民陈列成为主要的讨论的对象。任海认为博物馆的原住民“他者”的展示，是一种在文化政治支配下的“文化制造”。⑤ 卢梅芬指出对原住民展品陈列方式进行解构和批评，认为目前的呈现缺少“人味”，是“汉人想象”的一种建构。⑥ 从历史维度的反思殖民主义，许多学者受萨义德的学术影响，积极批评博物馆的殖民主义色彩。比如，吕绍理就日本殖民时期的台湾原住民的所谓“野蛮”形象展开批评⑦。李政亮关注在 1903 年日本举行的博览会中，台湾原住民真人是如何成为展示“他者”的陈列品。⑧ 从博物馆知识的建构角度，刘婉珍对博物馆本体进行思考，提出“博物馆人”、“博物馆意识”等概念，并将博物馆看成是存在于多元社会中的

---

① 廖敦如，我的教室在博物馆，台中：博物馆学季刊，2005，19（1）。

② 邱坤良，博物馆、剧场与艺术大学：艺术教学、展演与空间的另类思考，台中：博物馆学季刊，2006，20（4）：49～58。

③ 吕明宪，考古遗址博物馆展示之研究—以芝山岩文化展示馆设计为例：[硕士学位论文]，台湾：中原大学室内设计研究所，2002 年。

④ 胡家瑜，器物诠释与文化展示：人类学的观看角度，博物馆学研讨会——博物馆的呈现与文化论文集，1997 年 12 月：61～76。

⑤ 任海，博物馆及其对台湾原住民文化的制造，山海文化，1993，（1）：29～35。

⑥ 卢梅芬，人味！哪去了？博物馆的原住民异己再现与后殖民的展示批判，台中：博物馆学季刊，2005，19（1）：65～77。

⑦ 吕绍理，展示殖民地：日本博览会中台湾的实像与镜像（报告书），2003 年财团法人交流协会日台交流中心，2004：8。

⑧ 李政亮，帝国、殖民与展示，台中：博物馆学季刊，2006，20（2）：31～46。

"想象共同体"。① 从他者的讨论进一步引申，台湾学者开始重新思考博物馆呈现中的自我形象。这一研究取向在很大程度上，是福柯的规训理论在博物馆研究领域的进一步延伸。比如，陈家雯②对兵马俑特展的研究表明，展览编码者偏好使用对物质文化论述的肯定，制造出"专业想象"的参观空间。一旦参观者进入展览场域，就自然成为博物馆知识的规训对象。郭瑞坤③关注文化中介者，如学校、媒介、官方机构对博物馆知识建构的作用。他认为，文化中介共同制作博物馆社会规训的场所，教育到来者如何成为"进步"的参观者。王志弘、沈孟颖④在对"福尔摩沙"⑤ 特展的研究中发现，展览中蕴涵着台湾当局对"国族工程"的规范和塑造，同样成为权力规训的展演空间。这是通过正当化历史阐释，而重新定位台湾的历史"主体性"。这似乎回应了上述对他者展览的反思脉络中，作者重新思考展览能否展现台湾多元的主体性，因为原住民的声音在其中被忽视了，成为"台湾原主民无史观"的又一个产物。总之，无论是讨论自我还是他者，政治学取向的研究多强调福柯规训理论的应用，并在台湾原住民议题中思考阐释者、参观者的多元主体性。

（二）民俗文化村的研究

一般意义上，我们称展演主题为民俗文化、地方文化的主题公园为民俗文化村。在台湾，民俗村可以分为异地重建型和生态民俗村两种。前者是将文化与其承载的社区分离开来，成为企业运营的文化。一般是在异地重建，以供游客参观、学习和消费的赢利场所。规模比较大的有九族文化村、台湾山地文化园区，等等。而后者就是广义"生态博物馆"的一种类型，采用原住民社区和台湾当局共建的方式，突出原住民生活体验的文化特色，为了

---

① 刘婉珍，从博物馆意识谈博物馆人的诞生与形塑，台中：博物馆学季刊.2006，20（3）：7～21。

② 陈家雯，博物馆展示与知识形塑——以"兵马俑——秦文化特展"为例：［硕士学位论文］，台北：台湾师范大学社会教育研究所，2000年。

③ 郭瑞坤，博物馆论述与文化民主：从超级特展现象再思教育，科技博物馆，2004，（2）：29～46。

④ 王志弘、沈孟颖，谁的"福尔摩沙"，台北：东吴社会学报，2006，（20）：1～58。

⑤ "福尔摩沙"为台湾的旧称之一。论文所研究的是，2003年1月到5月间在台湾故宫博物院的一次特展。

吸引外地游客到当地消费，随之带动社区各方面事业的共同发展。延续20世纪80年代“地方化”走向，台湾的原住民社区在文建会推动的“社区总体营造”运动中，自下而上塑造着表征多元族群文化的民俗文化村、观光社区、生态民俗村等，成为台湾原住民的“新族群标志”。比如，花莲社区、兰屿地区、乌来与德化社区。根据台湾的民俗文化村地域分布不同，谢世忠划分为：都市情景模式、生活区模式、社区动员模式、集中展现模式。① 其中，都市情景模式属于上述异地重建型，其他三种类型都属于生态民俗村的一种。

民俗文化村，或民族村、文化村的建立，与全球性的“民族旅游”热潮有关。旅游人类学的研究表明，从旅游动机看，“返朴归真”和追求“原始”生活成为大多数选择民族旅游的主要动机。西方学者的研究多集中于那些来自“发达地区”的游客（观看者）与“次发展地区”的当地人（文化展示者）之间的跨文化互动中。麦坎内尔认为，游客正是在“非家”、“陌生”的世界里找寻某种奇异性，并将行为的外部交换看作是一种“真实性”的体验。② 伯格（Van den Berghe）和基思（Charles F. Keyes）认为在旅游过程中，游客要求与当地人合影的行为，实际是另一种寻找所谓“真实的”记忆留存。③ 许多的研究表明，这种游客的猎奇行动似乎是把当地的各种展示看作是“他文化”的标志物（marker）。不仅如此，游客的到来多少是带有对“淳朴民族”、“未被外界玷污”的他者想象。在这一跨文化的互动中，台湾学者研究民俗文化村，主要以两个视角切入：一是话语和权力的议题；二是族群认同和边界的议题。

首先是话语权力的讨论。黄正德认为，台湾的生态旅游事业是将台湾原住民看作是消费市场的“新产品”，而生态民俗村的建造成为“汉人的休憩空间”。在台湾当局主导的资源交换机制下，当地人的文化自主性成为棘手

① 谢世忠，山胞观光：当地山地文化呈现的人类学阐释，台北：自立晚报，2004年，第11～64页。

② MacCannell, D. 1976. The Tourist: A New Theory of the Leisure Class. New York: Shocken.

③ Van den Berghe, Pierre L. and Charles F. Keyes. 1984. Introduction: Tourism and Re－Created Ethnicity. *Annals of Tourism Research*. 11 (3), Pp. 343－352.

的问题。[1] 陈昭妙所研究艺术中心的模型文化[2]，被塑造成剧场化的空间。展现的是“固定于时空中的一段文化记忆”，成为“国家认同”的“进步中”的民俗文化。在这里，“进步”和“高雅”的所谓传统艺术，在“后现代”的包装下重新以诠释者的身份进行知识的等级化输出。[3] 其次是消费社会中的族群认同。谢世忠[4]研究的台湾乌来泰雅族，在国家教育、儒家道德观、现代技术的侵袭下，已完全失去特有的文化传承。然而，他们却在旅游事业的刺激下，以“山胞公司”为新的族群文化象征，改造、重塑并操作文化传统展演，以挽救族群认同之危机。新的族群认同在很大程度上与建立在“山胞公司”的实体利益紧密联系在一起，并在符号的象征意义上，充当族群自我意识的重要标签。谢世忠在《山胞观光》一书中，对台湾众多的民俗文化村进行细致的田野调查。他指出，由于市场需求的不断刺激，台湾原住民居住地被改造成供展示的“舞台”，不断进行商业赢利式的文化展演。非原住民游客的旅游动机也呈现多样性。这些动机[5]包括，基于对“性”的想象，为了证明自己的“现代性”，还有的是基于休闲、放松，等等。这些动机不仅推动了民俗村旅游业的不断发展，而且重塑着民俗村原住民演员的族群和自我的认同。比如，九族文化村的歌舞演员将舞台表演与日常生活融合在一起，舞台上的展现“原始”文化已成为许多原住民社区宣传自我形象的重要依托。[6] 林恒丞研究的雾台部落，为迎合原始想象的需要，将原文化改成一种“观光文化”。其危险性在于被制造的“观光文化”逐渐替代真实文化，而成为当地人的新认同。[7]

---

① 黄正德，兰屿发展生态旅游的运作模式：国家与地方社会的研究取向：［硕士论文］，台北：世新大学，2005 年 7 月，第 19 页。

② 作者将九族文化村、一类的主题公园，看作是艺术中心展示民俗文化的一个分支机构。

③ 陈昭妙，台湾民俗文化的集中呈现：以国立传统艺术中心为例［硕士论文］，“国立”成功大学，2004 年 6 月，第 100 ~ 101 页。

④ 谢世忠，族群人类学的宏观探索——台湾原住民论集，台北：“国立”台湾大学出版中心，2004 年，第 175 ~ 191 页。

⑤ 谢世忠，山胞观光：当地山地文化呈现的人类学阐释，台北：自立晚报，2004 年，第 23 页；第 34 ~ 35 页；第 55 ~ 59 页。

⑥ 谢世忠，山胞观光：当地山地文化呈现的人类学阐释，台北：自立晚报，2004 年，第 132 ~ 138 页。

⑦ 林恒丞，雾台部落观光之真实性阐释：［硕士学位论文］，屏东：“国立”屏东科技大学，2004 年 7 月。

三、大陆学者的研究偏重

（一）博物馆：文化展现研究的二元分立

相对与台湾学者的研究，大陆学界针对博物馆的文化展现研究相对滞后。他们在向西方新博物馆学理论学习和借鉴之同时，却因目前的博物馆学现状而发生一定的脱节，呈现出二元分立的局面。这表现在：一方面是继续强调操作和技术层面的传统应用研究；另一方面，许多学者开始意识到主体性的重要性，开展有针对性的新博物馆学的实践。生态博物馆的国际合作就是一例。1998 年 10 月 31 日，中国第一座生态博物馆——贵州六枝梭嘎生态博物馆正式成立。此外，贵阳、花溪镇山、黔东南州黎平堂安，和锦屏隆里的生态博物馆，也在积极地建设当中。

新、旧知识之间的矛盾和冲突，直接影响了整体的博物馆理论也呈现出二元分立的状况。一是强调对知识权威的解构，却仍受制于自上而下的行政指导中。二是从观众的在场需要出发，考虑展现戏剧化、舞台化的设计变革。知识权威的展现设计一直是中国博物馆学的传统做法。它强调叙事的逻辑性、情节设计的思路，来安排整体的展陈品和参观动线。这一研究取向可以追溯到建国以来中国博物馆事业的“苏联模式”的广泛盛行。当时，以行政指令下发展的博物馆体系更是侧重如何全方位、系统地展示国家建设的整体性成就，以更好地服务于上层建筑的教育职能。① 这一模式虽然在当前学术研究中有所弱化，却形成许多中国博物馆学研究的一个重要传统：强调展示的系统性、科学性，并积极引入其它学科，特别是自然科学的技术成果，通过具体的展现技术和操作途径上，讨论知识传播的技术效率。这方面议题很广，大体涉及科技含量的提高②，展品的环境美学化③，新管理经验

---

① 李慧竹，中国博物馆学理论体系形成和发展研究：［博士学位论文］，济南：山东大学，2007 年 10 月：53 ~ 56。

② 比如，讨论多媒体技术应用。（马星，论多媒体艺术在博物馆展鉴中的应用：［硕士学位论文］，东华大学，2006 年 1 月。

③ 戏剧逻辑的引进到展览设计中。比如，庄元应用电影剧情的构思方法，探讨如何改革以往平铺直叙的展览叙述。（庄元，博物馆展示的情节设计：［硕士学位论文］，南京：南京艺术学院，2007 年 4 月）刘阳则讨论的是，如何在景观设计中借鉴舞台的美理论。（刘阳，应用舞台美术理论开展自然历史博物馆景观设计的研究：［硕士学位论文］，东北师范大学，2008 年 5 月。）

的借鉴[①]，等等。后者主要以问卷调查、新概念的阐述为研究方法，结合各种丰富的案例研究，从观众主体的角度探讨博物馆知识的传播和接受。主要包括以下议题：体验式设计[②]、认知心理的探讨[③]、市场化和遗产保护（旅游产业和生态博物馆），等等。但是，这一视角仍然侧重于知识的教育功能，导致在另一个方面上对观众主体性的相对忽视。

（二）主题公园：发展论和批评论的偏向

在主题公园的研究方面，目前中国大陆的学者多结合具体的案例研究，沿袭着西方学者的理论脉络。大致可分为发展论和批评论两个取向。

首先是发展论。这部分学者以建筑学、规划学、策划学为知识背景，分别从技术和操作层面对主题公园的整体性进行论述。保继刚[④]将中国开发的主题公园划分为两个阶段：第一阶段是80年代中兴建的纯游乐场，而到了80年代末期，以仿文化、民族文化为主题的主题公园开始兴起，比如深圳锦绣中华、民族文化村、北京中华民族园、无锡的吴文化公园、云南民族村等等。与前一时期围绕游客感官体验的进行技术引进、规划管理和市场探索的研究不同，后一时期的主题公园被更多将“人造”文化和景观看作是企业的文化资本。[⑤] 大陆学者大多“学以治用”，试图将文化改造和商品化纳入市场开发的资本体系当中，由此衍生出旅游产品设计[⑥]、生态旅游规划[⑦]、生态博物馆开发[⑧]、舞台化制作[⑨]等一类应用研究。不难看出，这些研究无非是将西方先进的技术与中国传统文化进行嫁接。文化策划者要么以微缩景观为“模仿”文化、艺术的表现手法、要么用高新科技“逼真地”

---

① 叶俊之，论我国博物馆发展的市场化趋势及其对策，中国博物馆，2000，(1)。

② 徐晶引入体验经济的概念，关注展示设计需要考虑观众的参观体验和精神满足。（徐晶，我国历史博物馆体验展示方式研究：[硕士学位论文]，南京：南京艺术学院，2006年5月。）

③ 比如，游蓉就以东莞科学技术博物馆为例，认为展览应从受教者的认知感受和心理出发进行科学化的设计。（游蓉，意识引导的教育：认知心理学在博物馆设计中的应用：[硕士学位论文]，武汉：华中科技大学，2005年4月。）

④ 保继刚，大型主题公园布局初步研究，地理研究，1994，(3)：83～89。

⑤ 王渝飞，创造召唤情感的主题构思，深圳大学学报，1991，(3)：100～103。

⑥ 陈燕娥，温泉旅游产品开发研究：[硕士学位论文]，中南林业科技大学，2006。

⑦ 黄烨勍，西双版纳傣族民俗文化生态旅游：[硕士学位论文]，昆明理工大学，2002。

⑧ 苏东海，建立和巩固，国生态博物馆发展的思考，中国博物馆，2005，(3)：12～13。

⑨ 张永安、苏黎，主题公园文艺表演产品层次探究——以深圳华侨城主题公园为例，江苏商论，2003，(12)：120～122。

再现所谓“文化传统”。特别是，当主题公园为遗产地公园的时候，传统保护与文化商品化如何结合的命题讨论，成为重要的议题。学者们希望知道，如何在市场需要，以及更广泛的政治、社会、大众文化的要求中处理好传统文化（文化真迹）保护和文化商品化——这一似乎对立而统一的矛盾体。

其次是批评论。针对上述文化传统保护和商品化之间形成的张力，学者将批评的矛头指对消费社会的思考。吴晓指出，主题公园、民俗村将民间艺术看作一种“展演文本”，通过符号的收集、技工和包装的舞台化过程，艺术在消费逻辑下被不断景观化，成为“去生活化”的旅游标识物（marker）。她认为，一方面特定族群文化生态不断遭受强行破坏，另一方面这一族群的主体性也在不对等的交换中被剥离。① 肖青提出“快餐式表演”的概念，以指称旅游经营企业（包括民族文化旅游村）的市场化运作。他认为，旅游的短期性决定企业进行符号化生产当地的文化。通过剪接表征为“特色”、“奇风异俗”的文化切片，制造富有艺术效果的所谓“真实”的民族形象进行展现。在文章中，肖青使用符号学的编码理论，批评传统文化的商业保障。“此时的民族歌舞艺术，其原生性的符号所指已经完全被消解，经过取舍、改装之后的再生性符号能指则成为民族文化旅游生产及消费的共同指向。”② 徐赣丽在广西省一处壮族的山寨（民俗文化村）③ 的考察中，发现旅游对民俗活动具有再造的功能。当地人自愿通过舞台化将日常生活改造成民俗产品，同时不断生产出未曾出现的“新的”民俗活动。④ 消费文化不仅是生产出“新的”民俗文化，而且对传统的民俗具有恢复和重塑的功能。秦红增、胡宝华对龙胜大寨红瑶村的考察中，发现传统文化并不是被动的受侵害，反而是借助“开发的商机”得以复兴。在这个意义上，游客、开发

---

① 吴晓、邹晓玲，民间艺术展演文本的文化修辞，学术探索，2007，(5)：142～144。

② 肖青，当代文化消费模式下民族歌舞艺术的符号化生产，当代文坛，2008，(6)：105～108。

③ 徐万邦、祁庆福认为，所谓的民族文化村是指展现在中国少数民族文化的实地村落或模型村落。(参见徐万邦、祁庆福，中国少数民族文化通论，北京：中央民族大学出版社，1996 年，第 365 页。) 实地展示型村落类似于展示地方民俗文化的“生态博物馆”，也可以叫做“民族村寨”、“风情园”、“民族村落”，等。而模型村落主要是指因经济目的而将民俗文化集中呈现的旅游景区。其特点是企业运作、市场经营。我将这两种主题公园看做是同一概念下的不同表现形态。

④ 徐赣丽，生活与舞台：关于民俗旅游歌舞表演的考察和思考，民俗研究，2004，(4)：134～148。

商和当地人在互动中形成对文化再建构的合力。① 荣莉的研究也说明，传统文化的表演使得文化生态村区分出自我和他者的两种表述方式，实践着村民对“现代性”的认同。② 同样，旅游业同样生产了展演者特殊的谋生技能。比如，徐建新从一个学者的体验视角，考察四川阿坝理县旅游村桃坪羌寨一家的生活。他的研究发现民俗表演已内化为村民所熟练的谋生技艺，成为游客到来后的一种必要展现的程式。③

四、大陆的主题公园、博物馆研究现状的反思

（一）博物馆：权威阐述的模式为主导，相对缺少观者的主体性

目前的博物馆展现研究，出现二元分立的状况。一方面是代表苏联模式的知识权威仍长期影响；另一方面是后现代思潮的不断冲击，以生态博物馆实践为特征的新博物馆学，不断被引进到大陆的博物馆学界。前者强调知识的权威性，忽视物品展示的情境性和历史偶然性含义。不难看成，知识权威性所强调的，正是源于一种孤立地将物品意义看作是封存文化，而忽视情景性和偶然性的内在含义。后者更具有反思和批评性，力图通过对话，对传统博物馆的知识展示进行意义解构。这部分学者包括陈锦丰的作为“后殖民主义”博物馆学④，安来顺的反思式博物馆的观点⑤，等等。就目前而言，二元化思路的并置恰好说明新、旧两股理论、模式的相互冲撞。认为知识是权威的博物馆学者，强调博物馆实物和操作层面。这部分观点目前仍占据研究的主导。而后者，新博物馆学的借鉴和探讨不多，有关符号学、话语和权力的分析也不多见。大陆的博物馆学研究多停留在操作层面，缺少理论提升和对话，其结果是相对忽视参观者的主体性，倾向于将参观者的观看实践看

① 秦红增、胡宝华，旅游与民俗文化的再建构——以龙胜大寨红瑶村为例，长江师范学院学报，2008，(5)：56～64。

② 荣莉，旅游场域中的“表演现代性”：云南省丘北县仙人洞村旅游表演的人类学分析，云南社会科学，2007，(6)：41～44。

③ 徐建新，开发中国：“民族旅游”与“旅游民族”的形成与影响——以“穿青人”、“银水寨”和“藏羌村”为案例的评述．西南民族学院学报（哲学社会科学版），2000，(7)：1～10。

④ 陈锦丰，博物馆的再现：后现代/后殖民博物馆学的观点，中国博物馆，2008，(2)：22～25。

⑤ 安来顺，现代社会对“主流”（传统）博物馆的反思，中国文物报 2001－11－2。

作是接受知识的、单方向的灌输过程。

西方新博物馆学理论的引入，正是对观众和博物馆之间关系的一种积极思考。后现代主义的新博物馆学认为，博物馆的建设不应该将展陈设计看作是自上而下的、等级性的知识诠释，而是知识的输出/输入的双向流动过程。换句话说，展陈的设计不应局限于知识的权威性塑造，而应将参观者的认知和接受放在一个重要的考虑内。无论从单纯依靠技术和操作，还是关注观众的信息反馈，都应将其一方置于论述的主体位置——那么强调博物馆赋予意义，那么关注观众的反馈。实际上，两者是一体两面、不可分割的有机体。因此，在本研究中，笔者尝试这样一个研究路径：将两者共置于一个对话、互动的博物馆空间中，以看待知识是如何传播。我试探通过案例研究回答，“演员”和“观众”在空间的观看实践中，知识话语是如何作用于两者？是否就是以往研究所说的单向流动，或是具有双向的交流？

（二）主题公园：偏重批评和反思消费社会，相对缺少话语和知识权力的分析

与博物馆理论出现二元分立的问题不同，主题公园的理论研究偏重对消费社会带来的消极影响。因此，主题公园、民俗文化村的相关研究多带有强烈的火药味道。在批评、反思之余，则是缺少对话语和知识权力的应有关注。

具体表现在：一方面，主题公园的大陆研究采用后现代主义的观点，对消费社会进行猛烈地批判或批评。我们不难看出，德波、鲍德里亚的消费社会理论对这部分学者的理论影响。相对于台湾学者的研究，主题公园的大陆学者讨论相对缺少对话语权力的理论关照。而且，在论述民俗村、民族文化村的相关讨论中，学者多将政府看作是“自上而下”的力量，相对忽视对主题公园在建构国家认同、历史记忆方面进行话语分析。另一方面，中国大陆研究偏重应用性。与博物馆理论对操作层面的关注问题类似，主题公园的应用研究几乎是将科学技术、知识建构放置在当然的预设位置，从而使城市规划的技术安排成为优先考虑之事。换句话说，学者回避知识“权力是建构”的话题讨论，热衷于先验的、客观化的科学实践。对次，勒菲夫尔（Henri Lefebvre）的空间批判的观点值得注意。他认为，空间是一种“政治工具”，是“某种权力”的工具，属于事先被安排的、规划好的某种“客观连续性”。[①] 这一连续性在于人们不断“对空间进行政治性的加工、塑造”。[②] 因此，知识权力和话语是先在于技术应用的讨论之前，却被目前的研究默认为“当然”的常识，而不得不到应有的关注。

在这个问题上，西方学者有关中国主题公园的政治表征的研究颇有启发意义。但问题是，多数观点多带有“西方本位”的理论视角，导致对非西方国家的观点有失中立。他们喜好套用“民族—国家”的研究范式，看待中国文化的多元一体格局。从批评的角度出发考察中国人的认同问题，多少有点“欧洲中心主义”的观念遗存。还有，对人造景观的批评多带有先入为主的意识存在。比如，安德训的“锦绣中华”研究，根据的大部分材料来自于报纸和媒体，缺少详细的田野资料进行理论建构的支撑。还有一些学者，比如沙因、欧挺木的观点，多少是基于将当代中国社会想象为“次发展”，或“未现代化”的预设状况。其结果将民族旅游市场化的在地实践，看成是向西方学习“现代化”的一个过程。

从这个意义上讲，我试图以反观本文化的方式，采用人类学研究他文化（other cultures）的眼光，看待本文化中的人造景观的展演。实际上，从遥远的异邦部落到现当代社会中自己社区的研究转向，成为后现代人类学的研究趋向。许多回归西方的本土学者用本土的、家乡的民族志成果，不断反省以异域研究为圭臬的人类学科本质。本书试图通过将家乡文化进行“陌生化”的策略，寻找本土学者研究人造景观的另一种叙述方式，以形成与西方学者对中国主题公园研究的一种学术对话。不可避免的是，回避了西方学者的“欧洲中心主义”的价值取向，我的研究也难免带入“先入为主”[③]的问题。因此，本研究并不回避写作者参与知识建构的现实，并通过“第一人称”的论述将“我”作为一个主体，带来田野研究的各种实践行动（包括写作实践）中。

---

① ［法］亨利·勒菲弗（Henri Lefebvre），空间与政治（第二版），李春译，上海：上海人民出版社，2008 年，第 29 ~ 31 页。

② ［法］亨利·勒菲弗（Henri Lefebvre），空间与政治（第二版），李春译，上海：上海人民出版社，2008 年，第 46 ~ 47 页。

③ 利奇（Leach，E.）认为，“研究与人类学本身没有距离的本土文化，必然导致人类学描述的不真实性，因为研究者必然是带着一定的价值观去谈论其所熟悉的文化，而且对自己的文化司空见惯而无法进行客观分析。”（转见：李一松，民族志及其实验趣向，学术探索，2000，（1）。）

总体来看，文化表演（展演）的理论不断发展，直到新近的人造景观的有关讨论，都始终围绕着表演的三个基本关系：演员、观众和脚本进行，并不断扩大理论的解释范围。这三组关系同样是本书所重点讨论的三个理论问题：演员和脚本的关系、演员和观众的关系、观众和脚本的关系。在以往研究中，三者的讨论被多被放置在过程论中进行，强调时间的变化对三者的影响。但是，这些讨论没有看到三元素的整体方面，即作为“三位一体”的互动关系。更多的情况是，三者关系的理论讨论被分块、分割进行。究其根本，在于以往研究多持客观主义的研究视野，而忽视观众的主体性。随着视觉文化研究的当代兴起，研究者逐渐发现可以通过观看方式的研究，能够有机地将演员、观众和脚本三者联系在一起。这样的视角转换不仅能关注演员的客体性，而且突出了视觉主体（观众）的主体性。特别是多少受斯图尔特·霍尔的编码/解码的理论启发，文化表演的研究先转向语言叙事，到后来符号层面的表征研究，三者的关系被进一步抽象化。那么，原有的演员和观众的二元分立是否需要重新划分？这点在以往研究中缺少直接的关注，而是本书需要回应的一个问题。接下来具体的人造景观的现状梳理，我们不难发现，视觉文化思潮带来的研究影响。诗学（符号学）和政治学成为学者将表演理论应用于景观展演的两个研究取向。但是，国外学者的相关研究仍是缺少对三者有机一体的复合讨论。诗学取向的研究关注符号编码和解码的过程，强调展品（类比演员）和参观者（类比观众）的之间的互动关系。而政治学取向强调的是有机体的另一个面向——知识、话语的权力作用。而这一点，即知识、话语的权力作用，我认为，是可以与表演理论中的文化脚本的概念联系起来。中国台湾学者的研究多少是西方理论在东方的延续，在此就不多作讨论。重点是中国大陆的有关研究存在一定的缺失：首先，在博物馆研究中将展品、场景，观众的关系（类比演员和观众的关系）看作是知识的单向流动，忽视两种之间可能的交流和融通关系。换句话说，有关展示的研究似乎将编码和解码看做是两个分立的过程，结果是间接导致对观众主体性的另一种忽视。其次，在主题公园的文化展演研究中，批评论和发展论则几乎占据这一领域的研究主流。在学者们热衷于引进西方消费文化理论进行案例讨论之时，有关话语层面的理论分析却关注不够。可以说，消费主义盛行下的经济力量被学者们批评有佳，却大多漠视政治话语本身具有的建构作用。这样研究大多视一种话语存在看作是先验的合法性，而这正是发展论进行技术、规划一类的应用研究中的理论前设。换句话说，在建造的主题公园这一空间时，政治、规划、技术被想象为当然的理论前提，而不被看作是知识权力之建构的一个过程。对此，本书的研究反其道而行之，力图将两者（经济层面和政治层面）共同置于知识话语的建构环境中加以讨论。

回到开篇"缘起"的三个问题讨论中，我们似乎可以将空间看作是一个"容器"，将三者有机地整合在一个框架中重新讨论。就这一点而言，在以往表演研究中，学者相对缺少系统性的讨论。鲍曼①将目前的文化展演讨论划分两个面向：一是显著和特殊的事件；二是作为特定的交流的事件和方式。前者关注仪式、庆典的过程研究。例如，密尔顿·辛格研究印度的仪式、节庆的表演现象，是将文化展演看成是一种"封装文化"的展现②。它通过不断表演在特定时空发生的文化事件，展现那些"封装的、值得关注的文化信息"，从而让人们（包括参与者和观看者）认识其中蕴涵的观念。后者所包含的内容更广泛，涉及社会生活的各种文化表象。就约翰·麦卡隆③（MacAloon，J. J.）而言，文化展演是在边界限定的时空内，通过象征性展示与其他社会性事件取得联系。所以，文化展演可被视为依托于特定的场所进行的戏剧化呈现。这一呈现方式不仅建构和联系人们对社会的自我进行反思，而且叙述他们如何理解特定的文化形态。如果说"有边界的场所"对文化展演的概念具有限定性，那么空间的概念可以成为理解文化展演如何发生、发展的一个重要媒介。

第五节　分析框架和章节安排

从几何学之父欧几里得（古希腊数学家）开始用点、线定位和测量距离时候，空间的研究就纳入学者的研究范围。一个有形物品的大小为人类所

---

① 鲍曼（Richard Bauman）；杨利慧译，美国民俗学和人类学领域中的"表演"观，民族文学研究，2005，（3）。

② Singer M. 1972. *When A Great Tradition Modernizes*. London：Pall Mall. P71.

③ MacAloon，J. J. Introduction：Cultural Performance，Culture Theory . In J. J. MacAloon（Ed），*Rite*，*Drama*，*Festival*，*Spectacle*. Philadelphia：Institute for the Study of Human Issues，1984. P. 1.

感知，首先是作为视觉形象的传播方式。通过一个三维平面的伸缩或扭曲，人的视觉可以把握着空间变化的整个过程，产生所谓的“空间感”。几世纪前的学者在达尔文进化论和启蒙运动思想的影响下，从事所谓探索事实真相的科学研究。他们将人的理性置于理解事物的核心地位，而各种感性的体验可以描绘出丰富的空间。亚里士多德（Aristotle）关注空间的实体性，而牛顿（Isaac Newton）视空间为力学的张力。康德则承认客体是作为感知者的想象产物而存在。① 他认为，只有当人们观察到他们占据不同空间时，它们才逐渐清晰起来。② 人们探索空间，利用地图描绘空间的平面化展现，是为了更好地让人感知形态。但是，地图从各种数字以代表真实、可信的理性思想，力图给空间永恒、不变的意义，其背后却为代表人类控制和把握空间提供一个幻想。这一幻想具有持续存在的合理性，直到空间概念从纯粹的物理事实引入到人与人关系缔结的、复合的社会当中。在人们开始思考地图描绘空间中，那些移不开人的意志作用的诸多因素。地图不再能“真实”而准确地再现空间，只能被承认是绘制者根据特定需要，选择、建构的一种真实映射或写照。

人们开始理解空间的不仅仅是有形之物，而且包括人类的活动，是人类设计和掌控的“舞台”。空间概念从原初的单义性走出来，成为“种种文化现象、政治现象和心理现象的化身”③。勒菲夫尔（Henri Lefebvre）在1974年出版的《空间的生产》④ 一书，提出空间的社会性，强调空间具有的多维性。他区分三种有机组合的空间概念：空间实践（spatial practice）、空间表述（representation of space）和空间再现（ representational space）。他认为这三个领域在“共同语言、共识和规范允许的条件下，可以建立一个连贯的整体”⑤。而随后的论述中，他对社会空间的理解，也是在这三个层面的划分的基础上。他认为，社会空间由感知空间（perceived）、理解空间（con-

---

① 冯雷，理解空间，北京：中央编译出版社，2008年，第30~33页。

② ［英］丹尼·卡瓦拉罗，文化理论关键词，张卫东、张生、赵顺宏译，南京：江苏人民出版社，2006年，第163页。

③ ［英］丹尼·卡瓦拉罗，文化理论关键词，张卫东、张生等译，南京：江苏人民出版社，2006年，第164页。

④ Lefebvre, H. 1974. The *Production of Space*, Oxford: Blackwell.

⑤ Lefebvre, H. 1974. *The Production of Space*, Oxford: Blackwell, P. 40 –41.

ceived）和实践空间（*lived*）组成。① 首先，感知空间指物质的、社会生产和经验的空间，是有边界，可以被测量和描述的形态；其次是理解空间，与人们设计、赋予意义有关。这与福柯思考话语形成的历史过程有类似之处。福柯提出的话语概念，赋予了权力、知识和主体之间磨不开的关联。米尔斯（Sara Mills）在《话语》② 一书中解释道："话语不是简单表述和陈述，而是由社会语境内有意义、权力和有效用的表述构成。"在这个意义上，我认为理解空间的划分，正是建立在知识、权力对主体发挥作用的特定社会情景和文化语境；并在此基础上，形成制度的合法性并进行再生产。最后是实践空间，"通过联系图像和象征"，以想象和寻找变化和调试的方式，居于其间的人积极地体验空间。在这个维度上，空间以身体在社会生活中的实践为根本，强调人的主体性（能动性）在既定的合法化制度中，有意和无意地表现出适应、调整，或抵抗的行为。

同样，文化展演的概念可据此分解为三个层面。一是感知空间的层面，可以是有边界、可测量和描述的展演方式。人们可以通过视觉和触觉为主的感知方式，认识文化展演的表述方式，解读背后的社会、文化和政治的意义。比如说，上述"显著事件"发生的场所就属于这一层面。二是理解空间。在勒菲夫尔看来，理解空间根基于想象和思考世界的方式。而人的世界观、价值观受话语的系统支配。在这一点上，福柯认为，话语的功能体现在"系统地建构他们所叙述的对象的实践活动"。③ 话语是一种陈述系统，通过它，社会现实为人们所知、应用和运作。④ 因此，话语不断建构、形塑着人们理解世界的各种方式。这些方式需要通过一些组织和机构得以实现，如学校、企业、社会服务机构。在这个意义上，话语所生产的知识构成一种权力，实施于那些需要认知的对象身上。本研究以主题公园和博物馆为主要场域，关注来自外界的各种机构，包括新闻媒体、企业、政府部门如何通过这

---

① Lefebvre, H. 1979. Space: social product and use value, in Critical Sociology: *European Perspectives* (ed.) JW Freiberg (Irvington Publishers, New York) Pp. 285 – 295.

② Mills, S. *Discourse*, London, Routledge. 2004.

③ Foucault, M. 1972. The Archaeology of Knowledge, trans. A. M. Sheridan Smith, London: Tavistock. 1969. P49.

④ 廖炳惠，关键词200，南京：江苏教育出版社，2006年，第76页。

一场域展演文化叙述内在的联系，并通过符号表征建构社会关系的各种维度。我将尝试分析这一叙述方式是如何在官方的知识建构、社会经济的权力和个人表述之间取得联系。这一层面的划分，类似鲍曼所说的“作为一种交流方式”的类别。所不同的是，文化展演的话语空间集中于特定机构、集体如何实践对特定文化的语言呈现，其概念的外延要相对于“交流方式”要小许多。三是实践空间的层面，围绕着身体在空间中的移动，而带来对展示的不断认知和解读的过程。本研究将这一身体移动看作是主体性与文化意义、既定的合法化制度之间对话和互动的过程。换句话说，人在物质空间中不是单向度的接受和感应信息和意义，而且通过各种方式表达不同的理解。如果说理解空间层面强调如何为事物编码的话，那么身体的实践空间则关注使用者如何对意义解码。这其中，主体的能动性被放置在一个互动的位置，是与编码形成的知识结构、合法性制度之间的相互关系——或接纳、或调整、或抵抗。在这点上，实践空间概念符合布尔迪厄的理论意图。他提出著名的实践结构理论：关注人的行为不仅仅被规范和支配，同时是有策略对制度做出回应。他将前者的行为归到“习性”① 的概念中，而后者就是“能动性”的概念。对于策略性的身体实践，戈夫曼的理论值得借鉴。他描述了文化规范如何作用于个人的“日常生活中的自我表达”，以及个人如何使用“面子”策略性表演，以符合社会规范的要求。

全书的研究覆盖上述概念的三个层面，但将重心移到后两者：理解空间和实践空间的讨论中。正如勒菲夫尔所说的那样，人在空间实践受社会规则的支配，不自觉地使社会空间碎片化。但同时，人又是能动的实践者，通过自己行动嵌入自己的空间实践中。这表现为：一是通过专业知识有意识地控制空间，以主题化或系统化的方式整合空间；二是通过社会成员的表征行为，揭示抽象化的日常生活空间，并把各种理想融入到现实的空间实践当中。在本研究中，我将“同根同源”作为一种展演的话语体系，即表征体系。文中的博物馆和主题公园是这一体系进行意指实践的社会空间。在这一

---

① 布尔迪厄认为，习性以行为身体为基础，强调人的创造性，以及习惯性的行为方式。（参见（参见斯沃茨（Swartz，D.），文化与符号权力——布尔迪厄社会学，上海：上海译文出版社，2006 年，第 117 页。）

社会空间中，社会的各种实践和关系通过人造景观而得到技术的物质安排、知识建构的表述，并在以视觉为主导的体验活动中得到协商。在这里，协商被看作是一种文化再生产的过程，取决于社会经济的权力和体系化的知识建构。本书中，我用消费文化指称社会经济的权力，而意识形态指称官方主导的专业知识体系。这两者（消费文化和意识形态）看作是特定话语体系的两个面向（经济维度和政治维度）；它们被统一在独特的社会历史的实践中，通过不断观演的方式得以运转。（如下图所示）需要说明的是，本书对这两个面向的文化展演研究，正是将列斐伏尔的"空间三维说"看作是本书的分析框架。①

全书的章节安排如下：

首先是绪论部分，简要介绍研究问题、相关理论回顾，主题公园、博物馆的研究现状，以及本书使用的研究方法和主要内容。

第一章是概述部分，概述主题公园和博物馆案例的基本情况，包括地理位置，城市规划的意图，以及建设人造景观的政治、经济的整个宏观背景。初步勾勒出"同根"话语作用下，不同社会历史背景、城市技术安排、官方话语导向而共同形塑的社会结构。

第二章、第三和第四章是本书的主体部分。第二章、第三章讨论人们是如何通过专业知识有意识地控制空间。第二章讨论主题公园和博物馆的作为一种建筑，是如何被建造成人造景观，以表征"同根同源"的社会空间。这一建造过程中，消费文化和意识形态是如何通过规划、建筑的专业化技术，将"同根同源"的话语附合在建筑的各种符号上。第三章则讨论展览品的视觉形象是如何在主题公园、博物馆的空间中得以系统化表述。笔墨将集中在"同根同源"的话语如何通过展览品的叙述，有条不紊地安排文字内容，以至形成一种贯彻前后、有序的交流文本，正如鲍曼定义为"作为交流方式"的展演文本那样。这一章讨论诸如企业故事、传说、陈列大纲等形式的文本，是如何经过"净化动机"的展示设计，让各种有不同符号

① 林晓珊认为，勒菲夫尔笔下的社会空间，不仅是意识形态的产物，而且是经济生产的中介和手段。所以，在一些学者看来，他的理论是一种对社会空间研究的政治经济学分析框架。（林晓珊，空间生产的逻辑，理论与现代化，2008，（2）：90～95。）

组合成的物品在新的场域中变成“同根同源”展演的一个组成部分。如果说第二章论述视觉物的建造技术，那么第三章论述的是，展示物的秩序化安排和系统化言说。第四章讨论“同根同源”表征体系的空间实践层面，围绕着观众、游客通过在空间中以身体移动、视觉凝视的活动，带来对符号解读这一个持续不断的认知过程。这其中，主体的能动性被放置在一个互动的位置，是与编码形成的知识结构、合法性制度之间的互动，最终在某种程度上达成意义的协商。（如下图所示）

最后是结论部分，归纳上述研究的要点，并对以往的理论研究做一点自己的思考。

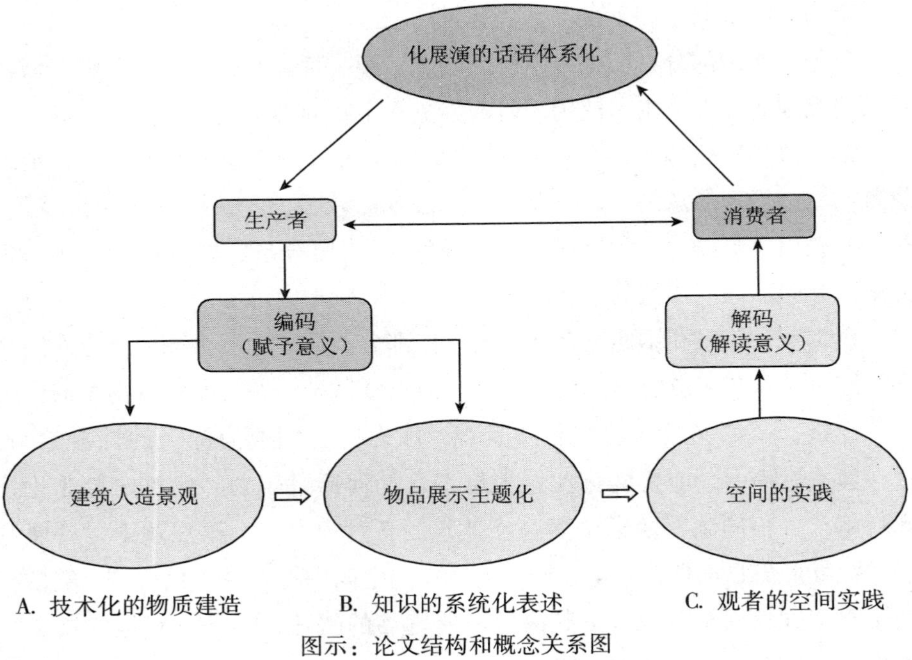

图示：论文结构和概念关系图

第一章 “同根同源”的两种展演
——博物馆和主题公园

本章简要介绍主题公园和博物馆的地理位置、城市规划的意图，以及和建设人造景观的政治、经济的整个宏观背景。其中，主题公园基于消费文化的导向，为经济维度；而博物馆基于意识形态的导向，为政治维度。这两个维度为接下来“同根”话语体系如何被编码、解码的进一步讨论做背景铺垫。一方面，国家对台政策的总体性逻辑，成为人造景观建造的宏观话语依托；另一方面，人造景观建造被合理地整合到地方的、具体的城市规划实践当中。在这里，国家和地方、宏观政策和地方定位，通过人造景观为媒介形成互动。这两节将集中讨论自上而下的对台政策导向，是如何作用于地方的城市规划，从而达成某种一致的契合，以至于自下而上的人造景观建造、展现和表述“同根”的话语体系成为空间塑造（包括技术和观念的塑造）的某种必然结果。

无论是经济维度，还是政治维度，表征“同根”的景观都体现了社会权力的相互关系，并在地方性的社会政治实践中展现各自的利益分配。这表现在：一是台商运用大陆提供的优惠政策，极力规划好企业的运营资本；二是地方的博物馆展陈机构借助国家的对台政策支持，让特定的，带有“乡土”符号的历史记忆、文物、遗存，得到有效的维护和保存。正是基于不同利益分配的不同实践过程，造就了“同根”话语作用于景观展示、空间塑造的不同面向。首先，厦门的城市定位是，以生态旅游、风景区为重心，以及吸引外资（包括台商投资）的方式推动城市第三产业的发展。台商积极迎合大陆的对台政策扶持，是通过对“一个中国”的官方话语的主动认同。台湾人黄景山创立的“旨在促进两岸文化交流”的台湾民俗村，正是这一特殊政治背景下衍生出大陆市场导向的台资企业。其次，泉州悠久的历史、文化在闽台关系的展演体系中处于重要的地位。这使得泉州有理由将开发"闽南文化"的物质、非物质文化保护作为城市规划和定位的重心。这样，博物馆的特定展示不仅成为涉台古迹、文物保护的有形场所，而且成为保存泉州人，乃至全体中国人对闽台关系之"历史记忆"的一个重要的社会空间。

第一节　经济的维度：厦门台湾民俗村

一、台商投资的热土：厦门经济特区

自1949年以后，台海之间长期处于军事对峙的状态。这一局面的僵持，直到1978年十一届三中全会召开后，才得到根本的改变。全会提出"以经济建设为中心、逐步改革开放"的政策，对台问题则提出"一国两制"的方针政策。从对台政策的"叶九条"到"邓六条"，对台政策转向承认"一个中国"为主体，两种制度并存的政治格局，希望通过谈判、交流的方式和平解决台湾问题。次年（1979年）元旦，厦门停止了自1958年以来对金门列岛的炮击活动，将政策重点转移向"台湾同胞"到大陆探亲、访问和进行各种生产活动。《告台湾同胞书》的发表也说明了大陆和台湾"贸易关系随之复苏"。① 自此，政策逐步放宽，中国大陆为后来的台商投资提供了越来越多的保障投资保障。厦门从"战地前沿"的阴影下走出来，于1980年率先建立第一个对台的经济特区，转身成为改革开发的"试验田"。

在大陆改革开放初期，台商以间接方式投资大陆市场。许多台商就以"侨胞"为名义，回福建祖籍地投资办厂。在20多年的发展历程中，台商多将目光集中于厦门。有学者指出，厦门不仅离台湾金门最近，仅"一水之隔"，而且厦门和台湾无论是语言、文字、习俗都相同，这成为台商偏好厦门投资的重要理由。② 有数据显示：厦门逐渐成为大陆台资最多、最集中的地区之一。比如，1988年，厦门市共批准外商投资金额1.44其中台资8219万美元，占全年外商投资总额的52.8%，到了1991年6月，引进台资

---

① 王建民，回眸崎岖路——两岸经贸关系20年，两岸关系，1999（2）。

② 林长华，厦门在促进厦台（金）旅游也中的地位和作用，见厦门市府台事办，厦门涉台调研课题汇编（2002年）（内部资料），厦门大学印刷厂，2003年，第141~165页。

项目达445项，引进台资金额突破10.4亿美元，分别约占大陆引进台资项目总数的1/8和引进台资总额的1/30。① 社会经济的发展，带动了一系列配套政策的跟进。1985年，国务院在《关于厦门经济特区实施方案的批复》中，明确厦门经济对台工作的定位。1989年5月，国务院进一步允许厦门经济特区在杏林、海沧、集美设立国家级台商投资区。随着改革深入，国家对台商给予更多优惠政策。比如，1984年11月的《通知》② 为台商减征、免征企业所得税和工商统一税。尤其对经济特区的台商进行扶持，除享受特区全部优惠外，对长期经营者（工农业项目）给予更多特惠；③ 同年，厦门特区向自由港口调整，特区生产的产品出口免征关税。特区内使用的生产设备和原材料进口，免征关税和进口产品税或增值税；1994年《厦门台湾同胞投资保障条例》颁布之后的台胞落地“办证”、“签注”、“试点直航”等一系列地方政策、法规的出台等，④ 都成为我国东南地区的经济发展，“加强对台工作，完成祖国统一大业做出的重要部署”。⑤ 这些外资扶持政策的颁布和实施，多以经济发展和“实现祖国统一大业”国家话语进行表述。⑥ 特别是党十六大提出，“完成祖国统一大业的决心”，有针对性地提出，“寄希望于台湾人民”和“以经济促政治”的对台工作方针，这为厦门特区点明了城市经济的发展方向。有学者撰文认为，厦门的“特”就在于作为

---

① 严正、蔡秀玲（主编），闽台经济合作研究，北京：中国社会科学出版社，2000年，第169页。

② “国务院关于经济特区和沿海十四个港口城市减征、免征企业所得税和工商统一税的暂行规定的通知”，1984年11月18日颁布。

③ 参见“国务院关于台湾同胞到经济特区投资的特别优惠办法”（1983年4月5日）。该办法实施范围限于经济特区。

④ 中共厦门市委理论学习中心组，厦门改革开放30年的实践与启示，厦门日报2008－10－7。

⑤ 《当代中国的经济管理》编辑部，中华人民共和国经济管理大事记，北京：中国经济出版社，1986年，第621～622页。

⑥ 比如，汇编中指出，“利用外资，发展同外国的经济技术合作关系，加强港澳和台湾同胞的经济往来，有利于团结反霸的斗争和实现包括台湾在内的祖国统一大业。（参见 中共中央书记处研究室经济组编：对外开放政策文献汇编（1979年7月－1985年4月）》，中共中央党校出版社出版，1985年，第406页。）2007年省第八次党代会再次明确提出“要继续发挥厦门经济特区先行先试的龙头和示范作用”，要求厦门努力为推进海峡西岸经济区建设和促进祖国统一大业做出历史性的贡献。（参见中共厦门市委理论学习中心组：厦门改革开放30年的实践与启示，厦门日报2008－10－7。）

“对台工作的先行区”。①

到了20世纪90年代上半叶，厦门逐渐成为大陆台商投资最为集中的沿海地区。目前，厦门已聚集了1200多家台资企业。② 80年代到90年代初，厦门的台商以劳动密集型为主，涉及轻工业、纺织等领域。到了1996年，转向资本密集型产业。第三产业也成为重要的领域，比如房地产、娱乐、餐饮、医疗、教育等服务事业有所增加。③ 这与厦门90年代的城市规划、产业布局的重大调整有关。

二、旅游经济成为城市发展的动力

作为台商在大陆投资的重点地区，厦门在90年代中期一直将第一、二产业作为城市经济发展的重点。结合地理和人文独特的风貌，厦门城市规划中一直以旅游业为主要的城市定位。1984年6月，厦门市提出“社会主义海港风景城市”的城市性质定位，希望以风景旅游为主，建设新时期特区经济。城市规划强调以厦门本岛为核心形成覆盖式的“六片一环”的环海布局。在随后的调整中，扩大了城市面积，将临近的集美、同安、杏林、灌口、海沧、刘五店纳入城市的新布局当中。规划调整为工业为中心，兼营旅游、商业、房地产业的综合性外向型的经济特区设计。到了1991年的规划修订中，将新建立的三个台商投资区建设，纳入城市总体规划的重点项目。2001年新的城市规划，重新明确城市发展目标，强调城市空间定位为“一心两环，一主四辅（八片）”④ 的组团式海湾城市⑤，希望2010年建成“亚太地区著名的国际性、生态型旅游城市”。

---

① 林其屏，“对台工作先行区”：厦门特区之“特”，厦门特区党校学报2005（2）：33～37。

② 林其屏，“对台工作先行区”：厦门特区之“特”，厦门特区党校学报2005（2）：34。

③ 张文生、孙云、李鹏：台商在厦门投资的进程、变动及评估（1984－2001），转见厦门市人民政府台湾事务办公室．厦门涉台调研课题汇编（2002年）（内部资料），厦门大学印刷厂2003：212。

④ 其中“一心”、“一主”都是强调以海岛为中心的扩展思路。而本岛的重点之一就是发展生态旅游。新规划后，旅游主题定位为：以“温馨厦门、休闲之都”，设立“山海绿岛、人文闽乡、闽台通道和商展之城”四个基本主题，打造“生态厦门、体闲厦门、人文厦门和商展厦门”四大城市品牌。（参见厦门市规划局：2004－2020厦门城市蓝图，厦门日报2005－6－30）

⑤ 参见厦门城市规划局网站（http：//www. xmgh. gov. cn/news_ Info. asp？MID＝62&NID＝1026）

厦门的旅游业成为一大产业支柱，可以用一组数字说明。2000 年，厦门市旅游总收入达 139.1 亿元，相当于全市 GDP 的 27.7%，占全省当年旅游总收入的 46%。[①] 厦门是旅游风景城市，并于 1999 年 1 月，厦门跨入首批“中国优秀旅游城市”行列。国务院在“关于厦门市城市总体规划的批复”中强调了厦门岛的海洋优势，“要充分利用山水相间、陆岛相望的自然条件，突出以水为中心的热带海滨城市的景观特色。”[②] 这样，城市空间的规划核心成为“以我国东南沿海和台海关系作为厦门城市的区域发展背景，以海湾型城市为建设发展目标，以港日风景旅游城市为核心拓展功能和产业”。[③] 随着城市定位的形成，生态旅游需要对环境进行保护，许多大型工业、厂房纷纷向岛外的集美、同安、杏林等地城区外迁。在这样的结构性调整下，外来投资商（包括台商）开始调整投资策略，将投资重点集中在高新技术和第三产业上面。其中，以航运物流、金融商贸、旅游会展、服务贸易为新一轮的投资热点。

三、潮流中：一个台商的民俗村投资案例

在中国大陆《告台湾同胞书》发表后的一段时间里，台湾方面保持猜测态度。到了 1987 年 9 月 16 日，台湾国民党中常会通过一项决议，取消实行了三十八年的大陆探亲禁令。决议指出有关赴大陆探亲问题的告。在原则上，同意除现役军人及现任公职人员外，凡在大陆有血亲、姻亲、三等亲以内的亲属者，可赴大陆探亲。每人每年一次为限，每次停留不得超过三个月。由此，形成了台湾同胞赴大陆进行各方面交流的热潮。这样两岸关系由此进入了新时期。在台湾当局决定开放探亲的当天，国务院有关负责人就台湾当局开放台湾同胞到大陆探亲一事发表谈话，指出台湾当局的举措“对两岸人民的交往是有利的”，并且“热情欢迎台湾同胞到大陆探亲、旅游”。当年 10 月，国务院公布关于台湾同胞来大陆探亲、旅游的具体接待办法。自此，台湾探亲、旅游团纷纷而至。这其中，就有后来的民俗村业主黄

① 导报讯，厦门目标：亚太地区著名旅游城市，海峡导报 2001－11－2。

② 参考国函〔2000〕113 号：国务院关于厦门市城市总体规划的批复 2000－11－1。

③ 林世雄，未来厦门：目标和战略，福建日报 2004－1－20。

景山。

说到业主黄景山先生，可以说是一位传奇式的人物。先前在台湾“中视”大乐队作吉他手，与音乐打交道已有23年之久。初中毕业的时候，才17岁的黄景山到台湾屏东看望母亲。路经乡田间时，一阵悠扬的吉他声把他深深吸引。就在一瞬间，他迷上音乐，并决心追寻音乐的步伐。同样在17岁那年，他前往台北学习音乐。他是如此刻苦，从学徒工、到令人羡慕的中视吉他手。他的成功是在一瞬间决定的。而且到了后来，他决定到厦门开办民俗村企业，同样也是这样。他信奉佛教，将经文作为自己的人生路标。和他的多次交谈中，你会感觉到中国人“缘”的情结给他的人生带来的重要影响：

1989年，台湾开放岛内民众赴大陆旅游。黄景山利用15天的工作假期，想到大陆4个经济特区看一看。当时，台湾旅游社建议他到厦门当作旅游的首站。这一年的2月22日，他第一次踏上厦门的土地。次日，他在厦门的南普陀山旅游之时，一位厦大工作的青年人建议他去看看黄厝。在当地向导的带领下，他爬上面对金门的黄厝金山后，被眼见的山海之景色所吸引，一股“暖流”从心中涌起。他当即决心投资厦门市场，开发自己的旅游事业。也许这就是他说的“缘分”吧。当时，他初步拟订公司的主题——山水有情、人间有爱，并于26日打电话从台北家汇款，3月1日就与厦门市政府签了租地承包的合同。第一块投资地原属驻厦某部队的营地，占地面积为1.8万平方米。

1989年，黄景山创办了“景州轻工业实业有限公司”，生产工艺美术品（主要是编篮）远销海内外。1991年，他投资600万美金，开始创办游乐主题的景州乐园。第一期2.2万平方米，为融艺术、教育、景观为一体的大型游乐园。① 1993年，公司计划开发旅游项目，并把原来工艺美术厂所在区域划到景区规划中，工厂迁移到没有正式手续、且属于市规划区内，结果为当地政府收回。民俗村正式动工开发，将主题明确为彰显闽台文化同源同根的中心思想。1993年，“台湾民俗村”工程动工修建。原计划投资面积为5万平方米，1995年开业后已经进行了“四次扩张”——于1993年、1997年、

① 叶秀文，四年之困，海峡导报2004－6－17。

1998年和2000年追加投资，公司占地由原来10万平方米，到1997年15万平方米，1998年20万平方米，2000年的30.84万平方米。① 1995年7月“台湾民俗村”正式对外营业。1997年景州乐园开始第二期的工程建设。1998年，“台湾民俗村”正式挂拍牌，公司注册为景州乐园，黄景山任民俗村的“村长”、公司董事长。开始的主要设施有金山松石景区，紧邻环岛路。民俗村内设有台湾山地歌舞馆、台湾蝴蝶馆、台湾历史馆、闽南艺术馆、台湾民居、仿日月潭景区及20多项游乐项目。②

就这样，黄景山将厦门与金门仅一水之隔的地理位置，将台湾民俗村的开发主题定为彰显闽台文化同源同根的理念。他决心把海峡两岸“曾经军事对峙、炮火硝烟弥漫最前沿的厦门台湾民俗村，建设成为两岸同胞沟通情谊、欢歌共舞的人间乐土”。③ 在一份针对民俗村的投资计划书中，民俗村企业将文化商品定位为“一个以闽南及台湾民俗文化为蓝本，兼休闲、娱乐、艺术、会议、美食等多功能的综合旅憩区”，并认为有良好的市场区分，是“厦门地区唯一的民俗主题的综合旅憩区”。企业的规划理念清楚划分为五个发展层次：文化传承、欢乐国度、度假天堂、丰盛美食、延伸事业。其中，文化传承是最基本的层次，围绕着“闽台文化的主题诉求，并以民族英雄郑成功为代表，将闽南地区及台湾地区特有的传统文化以生动的方式”，透过“展示、演出、街道、解说等方式，让游客寓教于乐，了解文化资产的珍贵，进而珍惜及永久的延续传承”。投资书不仅对市场进行了分析，包括立地条件、基地吸引力、目标市场、商品机能、经营目标，等等，而且突出厦门市政府对台商的各种优惠的扶持政策，以及厦门的旅游规划的目标定位。

然而，投资计划书是由民俗村企业邀请市场评估公司所作的市场调查书。多数内容的企划设计和预算，面向潜在的企业合作伙伴。但是，由于台湾当局逐渐向大陆开放旅游，到台湾本土看看所谓“台湾文化”已不象过去那么困难。那么展示台湾文化为主题的民俗村，就面临吸引力不足的市场

---

① 吴宗，十秒钟的决定，海峡导报2004－6－17。

② 陈泽辉，“台湾民俗村”在厦门建成，人民日报·海外版1998－08－10。

③ 郑名车，可以让更多人了解台商，海峡导报2005－4－9。

问题。特别是在1999年游客高峰期的过去之后，主题公园面临市场不断紧缩、资金周转不灵，等各种挑战。这些挑战，加上企业成本和费用的支出逐渐增加，都导致企业的效益日渐低下，最终导致一些计划书力图呈现的文化项目和设施的关闭，或中途停车。比如，园内的闽南四合院的建筑项目、地方民俗展演项目，都不得不因为经费问题而临时中止建设。在本书的田野调查期间，面向游客开放的文化展演项目大致包括台湾原住民的建筑景观、台湾商品陈列展，小剧场的舞蹈展演三个主要部分。下文将以此为重点讨论。

综上所述，对台湾民俗村的投资、建设是在特定的政治和经济背景下产生。以厦门经济特区对台"新行区"功能、旅游规划和发展这双重结构的视野下，台湾民俗村成为台商投资厦门市场的一个案例。不难看出，民俗村建立闽台文化的人造景观，是以"同根同源"话语为依托，供展演的企业空间。这一空间的运作强烈地依靠市场机制——从文化产品的选择、生产到消费的市场链中，以获得企业在市场中延续生存的价值。本书拟此为理解"同根同源"的表征体系的一个维度——经济维度。

第二节　政治维度：中国闽台缘博物馆

一、作为"闽南文化的核心区"：泉州古城

闽台缘博物馆坐落的泉州，属于闽南文化区的三大组成部分之一。泉州地处福建东南沿海的晋江下游，泉州是海外华侨、华裔、台港澳同胞的主要祖藉之一①。1982年2月8日国务院公布的第一批国家历史文化名城。从唐代至元朝，泉州"刺桐港"一直是中国主要对外贸易港口，享有古代"东方第一大港"盛誉。"海上丝绸之路"的起点，自古以来各种宗教兼容并存，东西文化交汇荟集。历史文物丰富、古迹遍布，包括清净寺、开元寺、洛阳桥、天后宫、老君岩造像、伊斯兰教圣墓等6处全国重点文物保护单位，还有泉州府文庙等12处省级文物保护单位及承天寺等119处市级文物

① 台湾有八百万人祖籍为泉州，约占台湾总人口44%。(参见林同华（主编），中华美学大词典，合肥：安徽教育出版社，2000年，第1373－1374页。)

保护单位。泉州还保存许多古老的传统艺术。戏曲艺术方面，有被誉为“晋唐古乐遗响”的地方音乐南音，以及以南音哇腔为基调的梨园戏和高甲戏、打城戏、提线木偶、等剧种；其中梨园戏被誉为“宋元南戏的活化石”。民间工艺方面，泉州的木偶头雕刻、刻纸、扎花等都带有浓厚的地方特色，蜚声海内外。

深厚的文化底蕴和历史厚重感，使得泉州在闽南文化区中有着特殊的位置。2007 年初，台盟中央调研组来到泉州考察时认为，“泉州作为台湾同胞的主要祖籍地之一，是闽南文化的主要发源地和主要保存地。”不仅如此，由于三次重要的赴台移民活动，大多以泉州为中心发生。加之“闽南文化以村落家族文化为基本载体，往往带有村落家族特点，并且随着人口向外迁徙，在海内外形成世代相续的亲情文化纽带”。这都说明了泉州是“闽南文化的核心区和富集区”。①

作为对台工作的“先行区”，泉州与台湾的纽带关系被官方系统化表述为“五缘”关系。按照原福建省委书记卢展工的概括，五缘是“地缘相近，血缘相亲，文缘相连，商缘相通，法缘相循”。其中，泉州在这方面的优势特别明显。张明和李元强认为：首先，泉州位于福建沿海中部，与台湾地缘的关系最近；其次，自元宋以来，泉州人移居台湾的人数最多，而且“举家而迁”，并“聚族而居”，在台湾有广泛的认同基础。在文化上，无论是方言、戏剧艺术、科教礼俗、宗教信仰，等等与“泉州当地如出一辙”。在商业往来上，海上贸易一直以泉州为中心，特别是蚶江与鹿港之间的对渡，台、泉两地的商贸往来甚密。可以说，泉州成了“海峡两岸交通和贸易的桥梁”。最后是行政隶属关系，“自宋朝在台湾设立行政机构，到清朝光绪 11 年即 1885 年台湾单独建省之前，台湾归福建管辖。”这些论述强调，台湾文化从属闽南文化，而闽南文化的“发祥地”和“核心区”就在泉州。

相对于厦门、漳州地区而言，泉州具有不可比拟的“闽南文化”遗产保护的优势。因此，陈正统在全国政协十届五次会议上正式提出“闽南文化保护区”的构想。他认为在当前形势下，充分挖掘闽南文化资源，对于

---

① 陈智勇，泉州是闽南文化的核心区和富集区，泉州晚报 2007－1－13。

挫败陈水扁当局的分裂图谋，“增进广大台湾民众对祖国大陆的认同感和向心力”，促进两岸关系展都具有重要的意义。① 胡锦涛总书记视察福建时，指出绝大部分的台湾居民祖籍福建，闽南文化深深地扎根在台湾民众精神生活中。对此，福建要运用这些丰富资源，在促进两岸交流合作中更好地发挥作用。② 从“统战”的角度讲，以政府为主导，保护好表征“闽南文化”的各种遗产，对“争取台湾同胞，促进祖国统一”有重要的政治意义。

目前，泉州拥有20处国家级重点文物保护单位、60处省级重点文物保护单位，11个首批国家级非物质文化遗产保护项目、20个省级非物质文化遗产保护项目，数量列省内各设区市之首。为了保护好这些闽南文化的遗产，市政府“下了不少力气”，特别表现在协调城市发展和文化保护的城市规划上。泉州市城市总体规划始于1957年，此后经历多次修编。城市性质定为“三城”：国家历史文化名城、著名侨乡和旅游城市、闽东南重要的工贸港口城市。在城市规划中，强调古城是“大力保护古城名胜，让古城的历史文脉得以延续”③。1994年的规划中，明确将古城保护规划纳入城市的总体规划中，形成保护规划体系。④ 在规划中，做大量的稽考工作，“使文物古迹浮现出来，成为规划设计的座标”。对一些逝去的重要遗址及建筑物，则考证后恢复旧观；把淹没在地下的历史景观恢复原貌。⑤ 其次，在保护古城风貌的同时，市政府还大力挖掘、继承、弘扬优秀的传统文化，兴建了海外交通史、华侨历史、闽台关系史、泉州占建筑、泉州戏曲、南少林武术等专题博物馆群，从不同方面展示泉州的历史文化。这些工作得到上级领导的好评。文化部副部长周和平认为，泉州的历史文化的保护工作，“取得了良好的成效与经验”，“为其他地方的保护工作提供了有益的借鉴作用”。⑥

这样，有着“五缘”闽台交往优势、厚重的历史底蕴，再加上近年来

---

① 陈智勇，闽南文化受全国“两会”关注，泉州晚报·海外版2007-3-20。

② 宋闽旺，设立闽南文化生态保护实验区的意义和作用，泉州晚报2007-7-19。

③ 许一鸣、陈亚山、王惠兵，泉州在保护中更新在建设中传承，新华每日电讯2004-3-9。

④ 林栋材，泉州历史文化名城保护探索之路，城乡建设，2003，(4)。

⑤ 刘桂庭，历史文化古城保护与更新的探索——以泉州古城为例，福建建筑，2005，(3)：129~133。

⑥ 陈智勇，周和平来泉考察 泉州闽南文化保护受肯定，泉州晚报2007-3-30。

地方政府在“闽南文化遗产”保护的独到之处，泉州一直在保护台湾“同胞”祖地文化，推动民间信仰交流，“吸引更多台胞来闽寻根谒祖、探亲访友，扩大民间往来，构建两岸命运共同体的精神文化纽带”起着重要作用。特别是在2007年中旬，第一个“闽南文化生态保护区”在泉州挂牌，不正说明泉州在表征闽台关系上所具有的重要地位。而后来，作为储存“两岸记忆”的闽台缘博物馆选址在泉州，也是在情理当中。

二、将“闽南文化”压缩：闽台缘博物馆的缘起

2008年3月，陈健鹰副馆长接受我的采访。当我问到“为什么我们要选择泉州作为闽台关系博物馆建立的地方?”的时候，陈副很肯定地说：“泉州古城在闽南文化保存方面做得很好。尤其是在20世纪的80年代，当时经济建设、现代化建设都没现在这么快的时候，不管是整个城市的空间格局、固化和活态的文化形态也好，泉州对历史的保存很好，确实可称得上一个典型的历史文化名城。”其二，“泉州是台湾同胞主要的祖居地”，而且“本身泉州富有许多对台、涉台的文化遗产（包括物质与非物质)。这成为泉州客观的一个优势。”①

接下来的问题，就变得有意义：“闽台缘博物馆是怎么来的呢?”陈副馆长带我进入那段建设初期的记忆当中：

（一）有关闽台关系史的展览

“应该是在88年的时侯，泉州市文化厅有一个报告，指出泉州市要搞一个闽台关系博物馆，然后请示省文化厅。省文化厅同意这一提议，并在泉州市政府成立一个边委边办（音)，地点初步选择在天后宫内。因为天后宫里面敬奉着妈祖，本身就是联系台湾和大陆的代表性信仰。”“当时，天后宫还是学校的泉州七中的校办工厂，所以没有什么展示空间和办公地点。所以当时闽台关系史博物馆就跟泉州市博物馆，两套人马两个牌子，就在泉州府文庙里。”天后宫成为现在闽台缘博物馆的前身，由于宫殿内敬奉妈祖为两岸代表性的信仰，是天后信仰“极为重要的传播中心”。每年从台湾到大陆奔赴来的香客团不下万人。当时开办的泉州闽台关系史博物馆，创建于

① 参见陈健鹰副馆长的访谈笔记，时间2008-3-4。

1989年10月，举办过“闽台缘”为主题的各种展览，比如“闽台民间艺术展”、“泉州古今字画展”、“闽台妈祖信仰源流展”和“闽台民俗风情摄影展”，等等。陈列主体包括一个基本陈列和艺术展现：《闽台缘》专题展览和《闽台民间艺术展》。这两者成为后来大型博物馆藏品和分类的重要依据。现在的闽台关系史博物馆，已更名为“文物保护管理处”，负责对泉州天后宫和德济门遗址的保护管理工作。①

（二）“要建一个国家级的专题博物馆”

虽然展览接待了许多人次，但是空间小、安全性低的问题逐渐暴露出来。陈副感慨道：“古建筑虽然是一个群落，但是里面的厢房、大殿、后殿这之间没有一个很自然的通道。”这样会影响游客参观的动线，“不是很连贯。”“另外，古建筑的展示会限制现代技术手段的发挥。比如那些声、光、电的手段在古建筑中运用，我们必须考虑安全问题。”最后一点是，“一些硬件上的东西，比如说土坯墙体和木质梁柱。”如此看来，古建筑保护工作和展览规模的发展形成张力，最终敦促市领导准备在其他地方另开一个展览的空间。

2004年11月24日，中央政治局常委李长春同志视察泉州，在参观“闽台关系史博物馆”之后，特指示要新建一座“中国闽台缘博物馆”。当时正值台海关系的紧张时期，这一提议被许多媒体称为：政府站在“加强对台工作的政治高度”，“根据当前台湾海峡两岸关系新形势，以及福建与台湾历史渊源关系做出的重要决策。”陈副回忆起当时领导视察的情景，“李长春同志来到闽台缘的展览。他觉得这很有意义，比较客观地反映两岸关系的历史。……在这个地方（泉州）做这个展览很意义。”“他提议说，可以不可以扩建一下；或者说在一个新的地方重新建一个现代化的、大型的博物馆。”② 这段领导的讲话，引起地方领导的高度重视。之后，各方的建设力量开始调动起来，一座“现代的”、“国家级”博物馆紧锣密鼓地在进行筹备和规划中。

（三）选址的讨论

在哪里建博物馆更合适呢？博物馆的选址问题，激起市委领导班子的热

---

① 参见 http：//www. fjta. com/FJTIS/VisitFJ/Destination/Scenery. aspx？type = 1&id = 660.

② 参见我对陈副的访谈笔记，时间2008 - 3 - 4。

烈讨论。第一次选址被定在天后宫附近，一个鲤城区的实验小学。市政府觉得“会影响天后宫周围的风貌”，因为现代建筑与传统建筑并置，显得十分不协调。从旅游景区的规划角度，新建设博物馆可以与“天后宫、德济门等形成与海丝、海峡两岸等悠久历史有关的新的旅游景区”。① 陈副补充说，“那个万寿路、聚宝街，以及鹿港郊公行、富美宫，以及一些王爷庙、角头庙都在那边。”这里面凝聚着“泉州人去台湾的街区记忆”。第二次选址与博物馆的规模有关。那时泉州进行古城保护的规划，大型的现代建筑容纳不下旧城区的体积，甚至可能影响周边的古迹保护和景观环境。“现在这个（西湖边的）位置，就是这个新馆的所在地。它属于泉州旧城稍微边缘的地带，但是与旧城的北门街、南门、天后宫这一片之间的距离短一点。其二，这地方位于清源山脚下、西湖畔边。所以比较适合作为一个大型的文化宫。当时这里是一片田地，所以我们要征地、基建各方面都方便点。”② 新馆址在旧城区郊外，没有遇到与古建筑保护和规划之间的问题。最重要的是地域开阔，能“给设计师有一个充分发挥的空间”。而且，周边的市博物馆和在建的闽南建筑博物馆可以与之联系起来，成为“形成集旅游观光、文化交流和对台宣传等功能为一体的新的文化旅游区”③。会议在几轮讨论后，最终将这座博物馆的选址落在清源山下、西湖畔。

（四）争“第一”：拟建博物馆的“政治和文化工程”

博物馆建设成为十分重要的政治和文化工程，中央、省、市各级领导都参与其中。李长春同志多次进行重要批示，关心博物馆建筑工程的进度。中央各级部门，如中宣部、发改委、财政部、文化部、国家文物局等部委，都给予博物馆的业务指导和资金支持。福建省的领导亲自审定主体建筑设计方案，市领导亲自下工地参与工程建设的指导，等等。最终，博物馆建筑在一年半中完成，创造“泉州速度”、“福建速度”。不仅如此，建筑的工程还确保高质量的规格，获得中国建筑最高奖——鲁班奖。闽台缘也博物馆成为中国最大的博物馆建筑。……在这里，从规划、设计到建设，以及几乎所有的

① 陈祥木，泉州拟建闽台缘博物馆计划投资上亿元，泉州晚报 2004－12－13。

② 陈祥木，泉州拟建闽台缘博物馆计划投资上亿元，泉州晚报 2004－12－13。

③ 郭冰德，省委、省政府听取汇报后认真研究决定闽台缘博物馆定址西湖，海峡导报 2004－12－17。

相关资源，都紧密围绕着“祖国统一”的大局而有条不紊地进行着。

作为反对台湾当局的“文化台独”的重要文化部门，博物馆展览机构充当两岸关系的重要“见证”。这一“政治和文化工程”直接受制于国家话语的建构作用，通过文化展演的方式叙述着两岸“同根同源”的“事实依据”。因而，在本研究中将博物馆理解“同根同源”表征体系的另一个维度：政治维度。

第二章　建造“同根”景观

——“高山族特色”和“闽南特色”的转义

在后现代建筑设计中，“传统”的符号在形式上常常被揉捏、移植和整合到“现代”的建筑空间中。在这一过程中，表征“地方特色”的建筑形态的设计被特征化为设计者筛选、萃取的“传统”要素。建筑者通过使用质感强的材料表现“传统”要素，建构出现代建筑的空间装饰（表皮），以演绎“现代”对“传统”的一脉相传。在景观建筑中，闽台缘博物馆和台湾民俗村的设计、建设经历了类似符号的移植、再生的过程。两者都力图在建筑的外型、表皮上呈现闽台两地“共同”的建筑意象。首先，在民俗村里，“高山族”的建筑形式是在市场需要、大众文化、意识形态的塑造，以及建筑工匠的具体实践多力量下的建筑再造。这一建筑“特色”的再造，不仅重构所谓台湾原住民建筑的“传统”图象，而且赋予当下的娱乐、休闲一类的“现代”功能。其次，博物馆的建筑设计将表征“闽南特色”的红砖厝建筑，作为一种“地方特色”的符号，进行碎片化处理，分散到建筑的各个角落。这不仅出现在建筑“表皮”，模拟场景设计，而且贯彻于展品系统化的安排当中。

第一节　再造：台湾少数民族的建筑符号

本节从厦门台湾民俗村的田野资料入手，考察民俗村引进台湾少数民族建筑艺术的整个过程，探讨代表台湾少数民族的建筑艺术如何在大陆语境中以“同根”的形象展现。

台湾民俗村展示文化的内容广泛，涉及台湾历史文化、建筑风格、民族风俗、乡音歌舞、工艺美食等等。其中，台湾原住民的建筑群是民俗村近年来重点开发的三大项目之一。园内多处建筑景观仿自台湾邵族、阿美族、排湾族等台湾原住民的建筑。按照建筑体与原型的接近程度，仿台湾原住民的建筑可分为两类：一是整体再现，即建筑整体的布局、材料、样式有复原、复古的味道；二是局部再现，即建筑局部具有可识别的族属特征。园内娜麓湾剧场、茅草亭和望楼属于前者；而土著楼、办公楼、娜麓湾剧场以及其他相当一部分建筑上的装饰、建筑内摆放的器物属于后者。公司负责人向我提供了两本台湾出版图志：一是《八十七年原住民木雕艺术创作奖专刊》① 和《台湾原味建筑》②。其中，《台湾原味建筑》是建筑整体再现的基本蓝本；而《八十七年原住民木雕艺术创作奖专刊》为局部再现的主要依据。

一、旅游市场的定位

市场经济条件下，商品交换的理念渗透到社会的方方面面，仿佛一切都需要通过精确的算计才可以进行下去。文化成为商品的生产和接受也纳入市场规律的商品运行轨道中。③ 文化转变了原来的面貌，披上了金钱的外衣，与现代社会产品生产和消费结合成为神圣同盟。同样，厦门台湾民俗村对建筑的景观化处理基于市场赢利的生存逻辑。台湾民俗村的产品定位是“一个以闽南及台湾民俗文化为蓝本，同时兼具休闲、娱乐、艺术等多功能的优质综合游憩区”，并将台湾民俗作为三大开发主题之一。在有关的宣传材料中，公司将改造文化的行为定义为“以生动活泼方式，透过展示、演出、街道、解说等形式，让游客在游乐中，体会传统文化的特质”。这都与公司整体性的市场化运营密切相关。

引进台湾原住民文化，同样考虑到厦门城市旅游区位优势。作为中国南方的经济特区，厦门政府一直以旅游业作为全市的重要产业之一，并希望在2010年建设成“现代化国际性港口风景旅游城市”。据了解，厦门已相继评为国家园林城市、全国环保模范城市、中国优秀旅游城市。各大风景区和独特的文化资源，比如反映殖民文化的鼓浪屿景区、归侨文化的集美嘉庚景区，还有民族英雄郑成功文化等等，都年年吸引者海内外的游客。那么作为

① 蔡东源（总编），八十七年原住民木雕艺术创作奖专刊，台北：屏东县文化中心，1996年6月。

② ［日］藤岛亥治朗，台湾原味建筑，赵芳如译，台北：原民文化，2000年。

③ 姜华，大众文化理论的后现代转向，北京：人民出版社，2006年，第23页。

台湾民俗为主题的民俗村，在市场中分得属于自己的一份羹，就需要找到文化呈现的独特性，树立具有文化底蕴的旅游品牌。民俗村的项目评估报告中，将到访厦门的游客预计为每年600万人次以上，全市由休闲旅游业的营业额估计为全年139亿元。报告也表达出民俗村产业的特色所在——“厦门地区唯一以民俗为主题”、“发展潜力巨大”、“商机惊人”等表述在报告中处于显著的位置，这都说明企业对在厦门开拓旅游业的前瞻眼光。

台湾少数民族建筑艺术的引进，符合企业打造文化品牌，形成旅游体验开发、生产和营销的全过程。作为民族观光的主要形式，台湾民俗建筑在大陆重建必然与本土化的市场经营达成一致。这里所说的民族观光，是指一种当地居民的文化奇异性和工艺品（服饰、建筑、剧场、音乐、舞蹈、雕塑艺术）之特色，作为吸引旅游之策略性活动。谢世忠对台湾乌来泰雅人成立“山胞公司”的研究，支持类似的观点：正是旅游业的经济刺激会对原文化的复苏具有积极意义，并赋予文化形态的市场化改造合法性。同样，厦门民俗村将“具有台湾特色”的少数民族建筑视为发掘文化资源的优势之一，目的是成就企业吸引游客大众的、“独有”的文化资本。

那么文化资本如何转化为经济资本呢？思罗斯将这一转化描述为，以财富形式具体表现的文化价值的累积，并成为物品和服务的流动，形成具有价值属性的经济形式。① 从这一角度讲，一方面台湾少数民族文化在厦门旅游业中的位置相对独立，具有市场的稀缺性；另一方面，台湾商人的特殊身份也赋予拥有和经营台湾文化资源的“天然”合法性。少数民族建筑在异地重建，成为吸引八方游客欣赏、把玩的文化景观。而游客来到民俗村参观包括“台湾原住民特色”建筑在内的一系列标定文化，必然带来旅游服务产业的一系列消费和支出，最终成为文化资本转化为经济资本的关键性因素。

二、移植：从台湾到大陆的“同根”文化

园内建设景观的展示最具特色的，当属娜麓湾剧场，茅草亭两处建筑。两处（如图2－1）的原型取自于邵人的会所建筑，而望楼仿自于泰雅人的望楼建筑。会所和望楼都可以划分到干栏式建筑的支系中。干栏式建筑广泛

① ［澳］戴维·思罗斯比，什么是文化资本，潘飞编译，马克思主义与现实，2004，（1）。

分布于大陆南方的少数民族和汉人的聚居地，同样在台湾少数民族的民居建筑中十分常见。就其特点而言，干栏式建筑为离地而建的房屋，其上部以竹木为支柱架空，房屋主体置于底架上，居住抬离地面。[①] 建筑具有防潮、防水的功能，与台湾岛高温高湿的气候条件十分匹配。

图 2－1　茅草亭的干栏结构（拍摄于 2007－5－2）

“干栏”一词最早出现在《魏书》中，“依树积木，以居起上，名曰干兰”。[②] 许多地方也称其为“阁栏”、“高栏”等，都有楼房的意思。最早的“干栏”为“架立屋舍于栈格上，似楼状”，干栏建筑多系竹木建筑，也为桩上住屋——屋面离地若干尺，出入需梯架。《临海水土志》[③] 中就将浙江沿海一带的先民与台湾土著的家居建筑看作是相似的。曾思奇进一步说明，“干栏”在清代就出现于台湾南、北各处。[④] 清朝赴台官员所撰书当中，都对台湾原住民的干栏建筑有所记载。比如，《台海使槎录》中“状如覆舟……前廊竹木铺额如桥，俯栏亦致；凿木板为阶梯……”。而陈淑均的

① 李先逵，干栏式苗居建筑，北京：中国建筑工业出版社，2005 年，第 17 页。

② 魏书·僚传，卷 101，北京：中华书局，1974 年。

③ 《临海水土志》云，“安家之民，悉依深山，架立屋舍于建格上，似楼状。居住、饮食……与夷州民相似。”其中，“安家之民”是指浙江沿海一带的先民，而“夷州民”指当时的台湾岛土著。

④ 曾思奇，台湾南岛语民族文化概论，北京：民族出版社，2005 年，第 364～365 页。

《噶玛兰厅志》也记载了台湾北部、东北部地区噶玛兰人（平埔）的民居具有“上下贴茅，撑以竹木”的“覆舟”式的房屋。通过比较闽、粤移民的建筑，以及大陆南方民族的上居人、下为“豕栏鸡栖”的建筑类型之后，曾思奇进一步认为，台湾少数民族的干栏建筑形式（比如“土墩式”房屋），极可能是吸纳、融合汉族及其它民族建筑特点的改进型的“干栏”建筑。① 其他学者多支持这一观点。

除干栏式建筑之外，台湾少数民族的建筑不乏独特、奇异的建筑风格和再现形式。台湾雅美人建于地面2米以下的半穴式住房，排湾人和鲁凯人以灰黑色板岩铺地、砌墙、盖顶的石板屋等②，都具有艺术整体再现的参考价值。那么，为什么选择台湾少数民族的会所和望楼建筑，作为台湾少数民族建筑的艺术代表呢？民俗村的解释是，干栏式建筑与海峡两岸“同根同缘”的文化存在密切联系。园区的导游员是这样介绍茅草亭的：“这样的高脚楼③确实在云南少数民族中也有存在，可见海峡两岸的同胞有着同根同源、同文同俗不可切断的密切关系。”可以说，民俗村建设文化同质性的建筑景观：一方面告诉游客台湾与大陆存在诸多地缘文化的共通性；另一方面也是对构建“祖国一家亲”主流意识的一种内化结果。企业主黄景山祖籍福建省漳莆县，创建民俗村的初衷多与深怀的两岸“中国人情结”有关。④ 在媒体报道中，他反复强调台湾民俗村要成为“两岸文化交流的小舞台”，并希望“增加同胞之间的了解和情感交流”。⑤ 为此，自开业以来，厦门台湾民俗村就多次配合当地政府举办海峡两岸的联谊活动，如“福建华夏游”、“两岸教育文化交流联谊活动”、“海峡两岸文化艺术联谊活动”等等。

那么，台湾少数民族与大陆存在着怎样的联系呢？在“同根”话语的知识建构中，“干栏”建筑是古越人（也称闽越族）家居的基本建筑形式。学者卢美松、陈龙认为，“干”是古越人的自称，而“栏”在越语中是

① 同上所引。
② 辛克靖，台湾地区少数民族艺术，长江建设，2002，(3)。
③ 干栏式建筑的别称。
④ 吴建忠、吴宗，台商黄景山的自责，海峡导报2004-6-17。
⑤ 吴宗，沉寂三年多，海峡导报2004-6-17。

“家”的意思。[①] 在历史学的文献、文物考证中，许多学者相信大约在周秦时期，古越人渡海到了台湾，成为现代台湾少数民族的重要组成部分。[②] 这是流行于学界有关“高山族”族源的“西来说”——以凌纯声[③]、卫惠林[④]为代表的一批中国学者，相信台湾高山族主要来源于大陆的古越族。在考古学发现中，干栏建筑被追溯到7000年前的河姆渡文化。在其遗址发现的长放形大屋的屋基和构件说明，古越人最早发明和使用这一建筑类型。[⑤] 我认为，考古的发现与曾思奇的比较研究结果形成相互关照：都认为中国大陆是干栏建筑的“源”，而台湾的原住民建筑为其中的一个“流”。

综上所述，选择何种类型的建筑整体作为文化景观，同样会受“同根同源”主流话语的影响。在台商纷纷从岛内转向大陆开创事业的大潮流中[⑥]，主流意识作为中国绝大多数民意的代言人，在某种程度上影响着企业主在民俗村展现文化的主要方式。换言之，身怀赤子之心的台湾商人，通过媒介展现、社会宣传等具象方式接受国家价值观和行为准则，并将这一观念潜移默化到对台湾少数民族文化的主动选择当中。在“同根”话语的知识建构中，干栏建筑表征着两岸建筑的源流关系，具有中国文化多元一体格局的共通性，成为一种历史“真实”。而台商的选择表达了市场经营与“同根”话语之间的协商——干栏建筑的景观化展示成为台商具备从事“两岸文化交流”的经营合法性。这可以表现为两个层面：在观念层面上，以视觉物传递台湾人对“统一”话语的主动认同；在经济层面上，成为企业在大陆经营“台湾少数民族”文化的符号资本。

三、大众文化的形塑：扎根大陆的建筑改造

如果说台湾少数民族的建筑文化从原产地台湾引介到大陆当下的旅游市

---

① 卢美松、陈龙，闽台先民文化探源，福州：福建人民出版社，2005（第2版），第244－245页。

② 姚同发，台湾历史文化渊源，北京：九州出版社，2006（第2版），第59～68页。

③ 凌纯声，古代闽越人与台湾土著族，台湾文化论集一，台北：中华文化出版事业委员会，1954年，第27页。

④ 卫惠林，台湾土著族的源流与分类，台湾文化论集一，台北：中华文化出版事业委员会，1954年，第36页。

⑤ 姚同发，台湾历史文化渊源，北京：九州出版社，2006（第2版），第66页。

⑥ 石正方，台湾企业集团大陆投资现况与策略研究，台湾研究集刊，2006，(2)。

场中，使得表征“传统”、“原始”的民居建筑借助当下的经济利益与主流价值观契合作为媒介的话，那么适合的文化改造和重塑就成为“台湾原住民”建筑艺术如何在大陆市场更好呈现自我的一个重要问题。这涉及台胞企业实施本土化战略，以更好地扎根大陆土壤。为此，台湾民俗村对目标市场的战略性适应，需要考虑如何贴近在地市场的需求，即符合审美、实用以及猎奇心理的需要。

八方游客来到台湾民俗村认识和体验台湾文化，必然带来“异文化”如何解读的问题。这意味着台湾建筑艺术不仅需要从复杂、费解的文化高台上走下来，融入到当地社会的文化当中，更见需要调整自己的意义解释以迎合大众文化的简单化需要。这一需要是在企业市场化战略中首先考虑的问题。而什么是大众标准，旅游的普遍口味就成为民俗村改造建筑艺术的动机之一。

首先，民族形象具体化和清晰化。据了解，娜麓湾剧场、土著楼以及办公楼一类建筑的檐饰、壁饰上，使用男女间隔头像的印模雕塑（如图2－2）——图像色彩鲜艳、人物表情清晰，族群身份明确。这与台湾排湾人的木雕、独石雕、立柱刻的艺术风格大相径庭。对这一艺术化的改动，工程部经理表现得很自然。他说：“说实在话，游客和我们一样——多为汉族。所以我们的审美感觉，与少数民族的粗犷感不太一样。他们有自己独特的思维方式，很难为我们汉族人所理解。我们设计的时候，只是根据它的图像进行改变，希望有点‘汉化’的味道在里面。重要在线条表现上显得那么流畅、美观，就可以了。我们设计的图案没有它那么随意、粗犷，我们表现得更工整，体现少数民族艺术的汉化色彩。你看这些面目、表情就没那么抽象。”

图2－2　剧场附属建筑的檐雕饰

在民俗村的建造者看来，台湾少数民族的雕刻艺术是以排湾人为主要代表。但是，“高山族”的艺术表现过于抽象化，还达不到大陆游客的审美要求，而且看上去太简单、“原始”。通过艺术化的改造赋予了原始艺术“新生命”，让游客立即明白人物所指清的台湾少数民族的族属——男子是布农人、而女子是阿美人。

其次，成为旅游消费的招幌和门面修饰两类。这类装饰用的雕刻可分两种：一是巨型木雕刻，为男女形象；二是檐桁排列的人头与百步蛇纹饰。在台湾民俗村内的土著楼墙面上，左右对称、两层楼高的男女人像木雕刻（如图2－3）。这是模仿排湾人的石板、立柱雕刻的人物形象。在排湾人社会，雕刻这一类石柱（或独石）以立于族长、头人家屋前，成为尊贵身份的系统符号，是社会等级制度的一种反映。雕刻的人像大多表征族人的祖先，还包括部落的英雄与勇士。排湾人透过禁忌或举行祭仪，以寻求祖灵的

图2－3　人像柱子装饰

帮助、施恩或护佑。① 接下来，檐桁排列的人头纹与百步蛇纹饰同样具有宗教祭祀意义。同样，排湾社会头人与贵族在檐桁楣、门户外的石板上雕刻的内容，与祖灵信仰和百步蛇崇拜有关——抽象的人物外形、简单化的手脚比例具有宗教祭拜的功能。不仅如此，重复排列的人头雕也折射台湾排湾人社会已远久消失的猎头遗风——头人为记录勇士功绩的书写符号。另外，蛇纹饰以台湾原住民共同崇拜的百步蛇为主题，雕刻用三角形为蛇首，蛇身卷曲盘成云纹，蛇皮用菱形间隔黑白纹表现。图案都用浮雕的方式表现，并且漆上红、黑、白的颜色。色彩鲜艳的建筑文饰改造，突出了游客的猎奇需要。因为装饰奇特的符号会增加许多游客的好奇询问，唤起对所谓台湾“原始”社会的连续联想，进而吸引游客入内寻找、购买带有“民族风情”的多种旅游工艺品、饰件。

最后，建筑整体的功能转移和重组。除了建筑装饰之外，民俗村内的茅草亭和娜麓湾剧场也是经过特意改造。据工程部经理介绍，建筑原型取自台湾少数民族诸部落的青年会所。（如图2－3）在台湾，会所是社的活动场所。社为少数民族部落的基层组织。社首领包括头目（领袖）、祭司（或巫师）和长老会，是社的最高权力机构，一切公共事务在社的支配下。会所不仅作为社的活动中心，同时为男性年龄组教育和训练的场所。在台湾少数民族社会，凡部落男性都要归入相应的年龄等级，担负一定的社会分工，从事狩猎、耕战方面的技能训练。在会所中，年长者会传授如何制造渔猎工具、武器，并带领年龄组参加狩猎活动，学习投石、角力、奔跑、标枪、射箭和搏杀等。而且，他们还传授部落的起源、传说及勇士故事。在对阿里山邵人的研究中，学者王嵩山指出会所的性别禁忌功能——女性是严禁进入会所。② 在1949年国民党赴台以前，台湾少数民族的会所建筑多为茅草覆顶、桧木的大柱子、箭竹或竹子的墙壁，内供年龄组训练和生活之场所。随着现代台湾族群运动开展，多元文化观念开始流行，许多当地的会所建造已经脱离住所功能，只留原集体活动中心一项。换句话说，在现代社会，族人在建造新会所之时，会将原本四面的排竹壁省去而单建茅草顶。在厦门台湾民俗

① 刘其伟，台湾原住民文化艺术，台北：雄狮图书公司，2004年。

② 王嵩山，台湾原住民的社会与文化，台北：联经出版事业公司，2001年，第78～80页。

村里，会所建筑引入大陆的旅游市场中，进一步改变原有的功能并赋了新的意义：一是茅草亭建筑，转移为游客休憩、把玩的凉亭；二是与舞台格局衔接，重组为供游客观看的户外小剧场。

图 2－3　书本上的阿里山邵人会所影像

这样，抽象的祖先形象变成具体人物、人头纹和蛇纹雕刻成为商品店的门楣壁装饰，封闭、集体训练的会所转变为歌舞升平的小剧场，亦为游人休憩、把玩的凉亭；这都是在大众需求下的艺术重塑，真实主体在商业者的改造中，成为具有现实功用的艺术场所。原住民的本体建筑在现实世界中，被切换、搅乱、倒置而成为重新编排的组合体。仿民俗建筑更多迎合大众具象化、色彩鲜艳的口味需要，暗中指引公司改造建筑的市场导向——最终使得游客体验的所谓“异文化”变得如此熟悉而易于理解。总之，民俗村建筑者在一定程度上使用大众审美标准，改造台湾少数民族的民俗艺术的建构表征，却没能细究、体认作为他文化的组成元素在特定场景中的功能和意义。

四、建造实践：从照片到实体的文化杂糅

黄景山是台湾人。他不仅将大量含有照片、图片的书籍从台湾携回厦门，而且公司组建了自己的施工队——包括木工班、水泥班和美工的一套完整的建筑系统。但问题是，公司的建筑队伍没有去过台湾，对台湾少数民族

文化和民俗建筑了解不多，导致在转译黄景山的艺术意象和创作思路之同时，经常带入自己的理解。工程部经理解释说，台湾少数民族的建筑是这些民间汉族工匠首次遇到的新课题，对它们所体现的文化象征和意义十分陌生，只好“跟黄先生的背后”、“边学边做”。从这个角度看，建造者的具体实践让照片成为实物多少失去“原汁原味”①。为了更好说明这一过程，我试举剧场建造为例：

娜麓湾剧场是经过两次翻建而成的。在公司开业前一年，黄景山就开始组织人着手建筑娜麓湾剧场和其它相关的建筑。第一次是1995年，建设地点在现在和平广场上的卡拉OK舞台。座位安排的不多，只保证300多人同时观看。由于客流量增加的原因，他们就把在后面重新搭台，建设成现在的娜麓湾剧场。座位量得到进一步扩充。一次可容纳成人800人左右、学生可达到1000人。这大概是1997年或是1998年重建新的剧场。

首次建筑的娜麓湾剧场——材料、外观、布局几乎与台湾阿里山邵人的会所保持一致。屋顶是山墙式，用硕大的茅草捆扎做大坡，几乎占建筑体积的二分之一，可以使屋内空间加高，利于热空气上升，这在湿热的大陆南方气候中具有很好的隔热避阳功效。但是基于对厦门台风多发、阴雨连连的天气考虑，加上市场增容——观众人数的不断增加，那么改建矮小、精致的会所向高大、牢固的新剧场就成为企业重新规划的必然选择。第二次建娜麓湾剧场（如图2－4）独立分出观景台和舞台两部分。观景台采用现代的观众席和传统的高山族建筑格调相杂糅的方式建筑而成。观景台的檐、壁都是由直立男女形象、百步蛇纹、鹿纹、牛纹，百合花和陶壶纹的纹饰复合排列构成。观景台呈梯型——前宽后窄。台阶是建筑工匠就地取材，用花岗岩打成的长石条，一级级累加上去。最前排台石条大都是6米，而后排只有3米。虽然舞台的主体形式延用阿里山邵人的会所格局，但两侧添加了剧场要求的辅助建筑。左边是音响间，右边是更衣室。舞台布景后面还设计了独立房间，作为演员专用的化装间。

---

① 其实，娜麓湾剧场的建造不仅参考《台湾原味建筑》上会所的建筑风格，而且借鉴台湾九族文化村的剧场设计。在这个意义上，建筑设计者所追求的“原汁原味”有点台湾制造（made in Taiwan）的感觉，本身也是多种“现代”和“传统”符号叠加、拼接的结果。

图 2－4　第二次建造的娜麓湾剧场外观

第一次建设的小娜麓湾剧场，完全借鉴邵人的会所格局。建筑主体用四根木柱做支撑，上披了很厚的茅草做屋顶。屋顶用十字编竹①成排，这与茅草亭的屋顶构架基本相同。第二次建设的剧场（包括观景台和舞台）则改为钢架结构，屋顶用细木条排成平面，再用钢架固定。两侧的四根柱子是剧场的主体支撑。撤去原木的“传统”使用，在柱子内安上空心钢管，表面用整片杉木皮钉上，再用油漆粉刷。还有，原建筑干栏结构中木桩乘重的部分，用石条和水泥填充成平台；而且衔接上下的木梯则为平整的石阶所代替。舞台的布景也是新添的部分——泥水匠先在舞台后侧砌面墙，然后由美工彩绘图景。

舞台和观景台上檐、壁装饰是由美工张师傅，事先雕刻好木印模，后在檐、壁上浇水泥机械复制而成。舞台内各种器物的制作，比如祖灵图形的排湾人木板画、雅美人的拼板木舟，还有少数民族的木鼓、双连杯、舂米臼等，也是张师傅按照片的原样，根据上面器物的比例放大后出图，再由木工班按样打制出来。但是，这只是保留“形似”而选材、外观、功用根据当下的考虑。比如，檐、壁装饰将少数民族各分系的吉祥符号混同使用，这只

① 工程部经理告诉我，十字编竹法来源于书本上的一副平埔人民居插图。但是，书本上并没有介绍如何捆扎。就算是用麻绳捆扎，虽然这样做能保持“原始”的味道，但并不能牢固而维持长久。结果，麻绳捆扎是只作为建筑装饰的形式，木头之间的衔接还是采用“现代”铆钉扎牢固。

能是机械复制产品而鲜有人工雕琢的精美；排湾人的木板画用光彩艳丽的油漆绘制，而非原木的雕刻纹理美感；雅美人的木舟缺少精巧的木板拼接和凹凸雕纹而直接上漆彩绘；木鼓为适合表演需要而制成附铁架、车轮的活动式乐器。

不难看出，娜麓湾剧场的实际功用是首先考虑的问题，其次是门面如何“土著化”，顺应企业主的创作意图，最后是解读建筑所在文化场景中的意义之所在。一方面，建筑艺术希望重建游客对台湾少数民族建筑的“原始”、“简单”的想象，希望与“在那边”的实际建筑的意向相互衔接；另一方面却在企业场域中，强调艺术的当下实用性考虑。在这对矛盾的相互抗争中，工匠的建筑实践的作用不可忽视，囿于自身对台湾文化的认识有限，民俗村的建筑艺术成为有意识的现代工艺与传统样式在时空轴上的有机契合，整合的是原始的“粗犷”与现代的“实用”、民间“技艺”与机械“复制”、以及书本影像与可触实物的统一体。另外，在地的气候因素、市场增容、建筑材料的变化，同时对剧场建设的二次改造带来重要的影响。作为民俗村的展演的“核心产品”，娜麓湾剧场从“原味”书籍的照片、“原始”造型建筑、再到现在表征“台湾少数民族”的建筑符号成为二次改造建筑的装饰材料，我们看到建筑实践者旨趣的变迁——从“原始”的艺术设计转向吸引游客到来的“奇异”符号转变。

总之，作为迎接旅游大潮的台湾民俗村企业，消费文化、大众文化以及意识形态中的主流价值观，协同具体的建筑者解读，都会对少数民族建筑的当下情景本土化具有直接的影响。如上所述，文化的选择和改造中各种力量并不是孤立地起作用；它们相互扭结、共生、合力于台湾少数民族的建筑艺术再现。可以说，现代社会已无法按原样重建和再造那些所谓“原始的”、“简单的”少数民族艺术，不仅材料、质地、格调无法趋同，而且外观、构造上也难以吻合。在建筑师力图将“传统”、“原始”的仿台湾原住民建筑再现于大陆市场当中，却基于各种考虑选择和再现了部分元素（如干栏结构、雕刻外行、装饰花纹），保留了现实取向的建筑功能（如剧场、凉亭、办公楼）。在经济利益、“同根话语”和历史的建筑实践的共同协商下，仿台湾少数民族的建筑，仅仅是“同根”建筑符号的一种转义。在消费主义盛行的后现代社会中，建筑实体逐渐走向本义的蜕变，转而顺从当下建造中的各种实际考虑。历史“真实”、大众审美价值、经济利益和建筑实践成为隐藏在“同根”符号背后的各种存在，而让影像的虚构、模仿、复制建构新的整合体，为迎合现实的各种需要而赋予新的建筑意义。

第二节　再生产：“闽南红砖厝”的建筑符号

与台湾民俗村建筑的“高山族特色”不同，闽台缘博物馆综合了许多“闽南特色”的建筑元素。从整体看，博物馆建筑经历了复杂构思过程，从设计方案的确定，到红砖厝建筑成为一种“同根”符号，嫁接到后现代建筑中而成为建筑“表皮”、博物馆展陈的模拟场景、展品安排的各个面向当中。那么，“同根”的博物馆建筑是如何确定“闽南特色”为设计方案的呢？日常生活中的红砖厝建筑是如何被解构、碎片化为表征“闽南特色”的建筑符号？

一、寻找“同根”建筑的依据

闽台缘博物馆的主体建筑方案是如何确定闽南特色的呢？早在2004年12月23日，福建省建筑设计研究院原院长、首席总建筑师黄汉民就在汇报会上提出四个方案，突出主体建筑要能体现中国传统建筑的对称性和闽南建筑的特色。① 在“缘”、“圆”和“源”的设计理念中，表征两岸同根同源被放在首要考虑的思路中。方案一是以球面构思建筑主体，主体展馆容在圆弧内；方案二是展馆前面有一大段圆弧横空飞架，设计为从圆弧的圆心位置直接进入展馆，给人一种非常大气的感觉；方案三是将主体展馆设计成圆柱体，两道圆弧对称分割，彰显中国传统建筑的风格；方案四是由两道圆弧建筑为展馆主建筑，将闽南弯翘的屋檐等传统民居建筑风格注入闽台缘博物馆的设计中。来自台湾的登琨艳设计师，提出两个方案：一是主张将闽台缘博物馆的建筑分散开来，按大陆与台湾有关的地缘、血缘、法缘、史缘、文缘、俗缘、神缘等方面分成多个展馆，再由过道、直廊将这些展馆串联起

① 陈智勇，闽台缘博物馆将建成建筑典范，泉州晚报2004－12－28。

来；二是将展馆集中起来设计，正面以闽南建筑及现代建筑为主，并引进福建非常有特色的土楼建筑，融合在一个建筑物里。① 他认为，台湾的建筑风格与闽南传统民居“非常一致”，特别是“1985 年以前的民居还保持这一风格”。上述方案的设计思路表明，设计师们希望寻找建筑风格中的“同源”依据，逐渐聚焦到闽南传统民居的特色如何展现的问题当中。

这些方案经过基层领导的认真筛选，于 2004 年 12 月底选择三套报送到中宣部。其中，方案一的球面设计得到“来自中央、省、市领导各方一致的认同”，认为是“已初具闽台两岸建筑典范的气势”，初步被确定为建筑方案。除了“整体建筑与周边环境的协调和配制”等优点外，上级领导还强调了方案一“充分体现泉州红砖白石建筑风格”。于是，博物馆的建筑初步进行，并预计于 2005 年底全部完工。媒体各方希望这一建筑将成为“泉州标志性的建筑”。

建筑方案虽然得到认可，但是两位设计师与其他专家仍在不断将方案细化。他们慎重地思考和分析，围绕“源”、“缘”、“圆”的理念在方案上做文章，希望“深入挖掘闽台传统建筑的地域特色，及深刻文化内涵”。② 省建筑设计研究院所在撰写的“方案设计说明”一文提出，方案设计要在建筑细部处理上，充分融入了“闽台两地传统民居特有的建筑元素”，从而“体现了民族特征和强烈的时代风貌”。不仅如此，设计师着力将中国传统的文化意象，如天圆地方、坛祭、桥梁、泉、莲花等文化象征，都融入到建筑设计当中，从而体现“闽台两岸同根同源深厚历史”的建筑风格。③ 在这过程中，专家和设计师不断探询打上“地方文化”烙印的建筑符号，以更好地融入整体设计方案中。因此，方案不断修改和讨论，直到次年 2 月份，经过 20 次修改④后的方案最终通过会审，确立了最后的建筑方案。特别是，闽南民居的特色成为博物馆建筑的表象而得到重点关照。例如，顶景台做成

---

① 陈智勇，闽台缘博物馆将建成建筑典范，泉州晚报 2004－12－28。

② 黄乐颖、黄汉民，源·缘·圆——中国闽台缘博物馆创作，城市建筑 2006，（2）：21～24。

③ 陈智勇，闽台缘博物馆：建筑与文化完美结合，泉州晚报 2005－1－4。

④ 参见 中国闽台缘博物馆建设情汇报（内部资料），泉州市委 2005－6－13。

传统建筑的大红屋顶①，象征海峡两岸“同一屋檐下，本是一家人”的血脉根源。还有，主体建筑前的大型广场充分体现了闽南建筑的特色，以红色为基本色调，充分利用天然石板材的白色，分隔出醒目的图案。② 等等。（如图2－5）

图2－5　主体建筑和广场俯视图

不仅在主体建筑是设计上力图体现“同根同源”，而且博物馆的展陈设计力也有所突出。从建筑模型到场景布置，台湾拍摄的照片到泉州民间征集的实物，表征闽南特色的民居被分解为独立的建筑符号，分散到各种展品空间中重新展现。展览设计希望为参观者营造“闽南文化”的整体氛围。在到来者视线可及的绝大部分范围里，包括仰视（主体建筑）、透视（内部的场景布置），到凝视（特定的建筑装饰符号、展览物品），都无不一再叙述着两岸的“同根同源”的一个主题。

① 例如，在2005年5月12日的工作汇报中，主体建筑设计方案将“屋面左右两边的楼梯“人”字形修改成“弧形”，就属于将闽南建筑风格不断细化、具体化的一个方面。（参见政府文件：贯彻省委常委会议精神工作汇报，（内部资料）泉州市委2005－5－12。）

② 陈智勇，中国闽台缘博物馆主体建筑方案敲定，泉州晚报2005－06－15。

那么，什么是表征闽南特色的民居形式呢？这样的民居形态是如何被碎片化，分解为独立的符号，成为主体建筑、展品设计上的各种空间表征？

二、红砖厝作为“闽南特色”建筑的代表

为了更好回答上述问题，我们先看看闽南民居独特的建筑——“红砖厝”。这里的闽南地区包括当地福建的厦、漳、泉三地。在民国以前，闽南地区则包括漳州、泉州两府所管辖的地区。在闽南，当地人称呼村落、住房、大家第宅为“厝”。其中，“厝”与《汉书·地理志》中的“五方杂厝”为同一个意思。《闽南方言语古汉语同源词典》一书中，“厝”字作“整座的房子”的解释。“厝”也可以指局部的房子，如“祖厝”即“祖屋”；“护厝”是指位于主厝建筑两侧的附属部分。在南方地名中，“厝”前面往往加上姓氏，如“肖厝”即泉州泉港。因此，“厝”的基本义就是“房屋”，而“村落”、“大型宅邸”等为“房屋”的引申义。① 闽南地区东南沿海，土壤中主要含有红砖材料所需的红壤土，经过烧制而成的各种类型的红砖、红瓦，在民居建筑中广泛使用。这样，这类民居以砖红色为主色调，采用红砖、红瓦为主建筑材料，就是所谓的“红砖厝”。

为什么要选择福建闽南的建筑形式作为闽台渊源关系的代表，以展现“同根同源”的主题思想呢？林从华认为，福建传统建筑是以方言为特征的七大建筑支系，而台湾汉族移民在与当地高山族同胞的融合中也呈现出以方言为特征的四种建筑类型。其中，联系最为密切的当属福建闽南建筑与台湾的闽南建筑类型。这种历史渊源关系取决于台湾汉族移民中大部分属于闽南泉州、漳州人；早期传统建筑的营建工作也多仰赖闽南匠师和来自福建的建材。② 移居台湾的闽南人占绝大多数③，因此，闽南民居建筑成为台湾民居建筑的主要风格。这在第二部分“血脉相连”的展厅内的照片中得到印证。这是一组反映移民祖籍地宗祠和祖厝的18张照片。其中，15处房屋的祖籍

---

① 关瑞明、陈力，泉州官式大厝的词源及读音释义辨析，福建建筑2006，(1)：20～22。

② 林从华、林兆武、于苏建、薛小敏，闽台传统建筑类型及其文化特征，重庆建筑大学学报2006（5）：75～78。

③ 对此，副馆长曾介绍说：“泉州是台湾同胞主要的祖居地，这有统计数据说明，占了44.8%②。”（参见访谈资料，时间2008－3－4。）

地属于闽南地区：泉州（惠安、晋江、平和、厦门①）、漳州（南靖、漳浦），还有3处是闽中的三明和龙岩。台湾修建的宗庙与古厝照片有15张，文字叙述强调这些建筑的所祭拜的祖先，多来自闽粤两省。其中，有12张照片明确指出宗庙与古厝的祖先为福建地区：2处泉州、8处漳州、2处三明。8张照片详细记录了入台的年份，大致在清中后期（康熙、乾隆、嘉庆），现在都成为台湾当地的望族。照片的对比，说明汉人移民祖先源于福建，而后代流于台湾。可以说，台湾的宗祠、祖厝的建筑基本继承了闽南红砖厝的风格。无论是宗祠、祖厝，还是宗庙、古厝，建筑多以红砖、红瓦、白石作为基主色；以斜坡顶、燕尾脊为屋顶格调；以中轴线对称，多层次进深为布局特点的红砖厝样式。比如，从台中南屯黄氏的四美堂、台北陈氏德星堂的祠堂正身照，到台北淡水忠寮李宅的红砖厝聚落照，"红砖、白石、燕尾脊"的特点都十分明显。对于闽台两地的建筑渊源，"建筑同风"的文版有这样一段说明："二十世纪五十年代以前，台湾民居完全继承了福建漳泉民居的建筑风格。其建筑所用的杉木大多来自闽江上游，称'福杉'，砖瓦石料来自漳泉，大型住宅的建设特聘福建师傅入台设计和施工，俗称'唐山师傅'。"不难看出，除了建筑外型上的相似性，连台湾的红砖厝不仅建筑用材多取自福建的闽南地区，而且移民初期的建筑工匠也多来自闽南的漳州和泉州，基本形成了台湾民居的祖籍与建筑风格互为对应的关系。"文缘部分"的实物和照片的比对，也证明也这样的材料关系。实物为清福建民居的瓦当，上方的照片摄于台湾鹿港龙山寺使用的瓦片。瓦片上的印章隐约铭刻："泉州阮协兴砖厂制"。另一张照片拍摄于台湾寺庙南瑶宫，文字注解为"厦门泉兴石厂所督造"。结合照片对比和文字的说明，红砖厝成为闽台两地的建筑表征确实是在情理之中。

那么，红砖厝的建筑特色是什么呢？有几种说法。一种看法着重建筑装饰的细节组成。比如，弯曲的屋面、高翘的燕尾、花枝招展的剪粘、堆砌的水车堵、色彩斑斓的镜面墙，以及白色花岗石衬托的鲜红烟炙砖。另一种看法认为，红砖厝特色可以从传统工艺和表现形式两方面上表现。在传统工艺

① 在清代，厦门属同安县，为泉州府的管辖范围。到了民国，厦门和金门从泉州府的行政范围内独立出来。

上，突出“红砖”、“石雕”、“出砖入石”等技法；在表现形式上，强调“坡屋顶”、“骑楼”、“燕尾脊”等的标志性符号。黄金良先生的概括比较全面，即“红砖白石双波曲、出砖入石燕尾脊、雕梁画栋皇宫式”。①

这些说法都有道理，但缺少系统性。相对而言，关瑞明教授对建筑要素的分类值得借鉴。他认为，中国传统建筑中，构成建筑形式表征的“三要素”是屋顶、墙身和台基。每一个要素中，均包括若干具体的子项之中，如色彩、材料、规模、形式等，此外，屋顶、墙身与台基的一些细部也是建筑形式表征的重要组成部分。② 同样，我们借此将建筑特色分为四个有机组成：色彩、造型、布局和技法。从色彩上看，闽南红砖厝将红色（红砖、红瓦）作为主基调，白石为基座，间砌白石的“出砖人石”墙面独特形式，构成了一道“红砖白石”的风景线。从造型上看，红砖厝的屋顶以两端上翘“燕尾脊”和曲形的“马背山墙”为主要的造型形态，呈现房屋错落有序、层层叠叠、凌空欲飞的轮廓线。在布局上，红砖厝按中轴线对称排列，多层次进深、前后左右有机衔接的形式呈现。红砖厝以三间张双落厝、两落一院，平面为口字形的四合院为基本型，由此向纵横两个方向扩展而逐渐形成聚落。③ 如果说色彩、造型、布局是整体效果，那么技法需要从建筑构件的细部中加以体现。红砖厝的装饰综合运用圆雕、透雕、平雕等，并使用剪粘、彩绘的技术处理局部装饰的人物、花草，以及其他吉祥的纹饰符号。在以下的叙述中，我将以色彩、造型、布局和技法为四个切入点，分析代表“闽南建筑特色”的红砖厝如何被设计者碎片化，分解为各自独立的符号，再拼接和重组为主体建筑、展品设计上的各种空间表征。

三、红砖厝符号的空间再生产

（一）“红砖白石”：红砖厝墙面的艺术表达

红砖厝的墙面表现以红色为主色调，配合墙基石的白色，形成独特的“红砖、白石文化”。众所周知，闽南地区多为红壤土，经窑烧制的砖、瓦

① 林祥聪，“漫话泉州古民居”，侨乡科技报 2005－5－26。

② 关瑞明：泉州的红砖文化，见 http：//www. qzwb. com/gb/content/2003 －02/23/content_765861. htm

③ 王家和，泉州沿海石厝民居初探：［硕士学位论文］，泉州：华侨大学，2006 年 6 月：40。

等建筑材料在当地统称为“红料”。而泉州人视红色象征吉祥、顺利与兴旺，象征幸福、欢快和安全，因此，建筑墙体多用红砖，屋面多用红瓦，檐墙多用红色，门、柱等也一律用朱色，即使地面也用红地砖。这与中国传统建筑历来运用的灰砖、灰瓦形成色彩鲜明的对比。① 为此，设计师主动将红色元素融入到模型的创作中。比如在台湾诗社建筑的手绘草图上，设计师旁注了这样一段话：“建筑色彩和家具以红木为调子——它有时代和稳重感；墙裙和地面又回到了闽南最有特色的红砖上来，地面铺六角砖。”②

闽台缘博物馆的主体建筑中，整座建筑都充分利用红砖、白石作为装饰材料。在博物馆的中庭、走廊、客厅回廊等建筑墙面上，我们都可以看到不同的红砖砌筑和砖石搭配的装饰技术。步入五缘展厅，一些建筑模型和模拟场景也从不同侧面反映这样的文化偏好。

首先是红砖砌筑的表征。一是错缝叠砌法表现，是指上下层砖块在重叠时沿水平方向上有一定的错位，形成墙面竖向砖缝的错位，而形成黑红相间的燕翅纹。这些在屋面斜阶的入口，主体建筑的入口，中庭、走廊、客厅、回廊等墙面上都有体现。还有展厅内的部分模型，比如抬轿拐角场景的墙面装饰。二是凹凸砌筑的表现，是利用扁平方砖（地砖）本身的长、短面，在砌筑时将单块砖退入墙体表面，而形成有规律的凹凸变化，产生了丰富的肌理和光影效果。③ 我们可以在建筑正面墙体上看出来。三是顺丁砌筑的白石墙裙，这在“科举考棚”场景中的考棚建筑中有所体现。

其次是砖石搭配的装饰技术，在闽南地区被称为“出砖入石”。“出砖入石”又称“金包银”——白石比喻为“银”，而红砖比喻为“金”。“出砖入石”工艺可以追述到于明万历年间。当时泉州发生过特大地震，民众在废墟上重建家园。为了节约和省工，民众将塌落的残砖碎石重新砌筑墙面，结果创造出极具视觉效果的砌筑工艺。④ “出砖入石”不仅广泛地分布

① 林从华，闽南与台湾传统建筑匠艺探析，福建工程学院学报 2003，（2）：10～18。

② 中国闽台缘博物馆二层展陈设计：场景手绘图（内部资料），上海创超展示设计有限公司．第13页。

③ 陈林，闽南红砖厝传统建筑材料艺术表现力研究：［硕士学位论文］，2006年，华中科技大学，第28～30页。

④ 陈林，闽南红砖厝传统建筑材料艺术表现力研究：［硕士学位论文］，2006年，华中科技大学．第55～56页。

图2－6　大厅墙面的“出砖入石”

于主体建筑屋面、中庭、走廊、客厅、回廊的墙面上，展示的摸拟场景也使用这一技艺，比如抬轿场景的建筑模型，元宵节母女围汤圆场景。为了让传统工艺能在现代建筑中更好展现，设计师使用砖红色福半砖与闽南盛产的花岗石搭配使用，照搬“出砖入石”的形式，改成湿挂贴面作为博物馆内外各处的墙面装饰。①

在元宵节母女围坐吃汤圆场景中，设计师为了突出红砖和白石在“角房”墙面上的视觉“真实感”，特别是采用原石、原砖的本色做模型的贴面修饰。② 总之，设计者强调红白相间的“金包银”的色彩的“真实感”，透露出一种“残缺之美”，以象征闽南地区自强不息的“民族性格”。

① 黄乐颖、黄汉民，源·缘·圆——中国闽台缘博物馆创作，城市建筑，2006，（2）：21～24。

② 中国闽台缘博物馆二层展陈设计：场景手绘图（内部资料），上海创超展示设计有限公司，第25页。

（二）曲与翘：屋顶的造型符号

正如黄庄巍所说的的那样，“燕尾屋脊”和“马背山墙”所构成的屋顶形象，是闽南系建筑的标志性符号之一。① 红砖厝的造型最能出屋脊的修饰中得以体现。民间工匠使用主要使用红料装饰屋顶：红瓦铺面；而红砖主用于构造屋脊。红砖厝的屋脊可分为燕尾脊和马鞍脊两种，呈现飞翘和弯曲的两种截然不同的屋顶造型。红砖厝的聚落空间中，居于中的主厝（祖厝）通常在主屋脊上修饰飞翘的燕尾脊；而相邻横向的大房、二房之主脊上使用低一级的燕尾修饰；两旁的护厝（护龙），即附属房屋，使用弯曲的马鞍脊的屋顶造型。这样高低错落、首尾相连的“飞燕”在蓝天白云的衬托下，形成了红砖厝建筑特有的轮廓线。

燕尾屋脊原是庙宇建筑的特有装饰，代表神圣不可侵犯的意义。刚开始，汉人民间用燕尾造屋脊，也是做官或中举人家显示社会等级的标志，到了后来，有钱人家纷纷效法，再没什么讲究和限制可言。除了采用燕尾屋脊的建筑，其余闽南系建筑的山墙而因形如马背弓起，故通称为“马背山墙”。马背形式多样，造型依风水五行分为：金（形圆）、木（形直）、水（形曲）、火（形锐）、土（形方）。既然各种马背细部根据地域差异而略不同，也是可以归到在这五行的变化之中。②

主体建筑采用斜坡屋顶和燕尾脊的视觉形象，做夸大、复制和拼接的符号化处理。通向观景天台四道半弧型的屋面斜阶（如图2－7），为模仿传统大厝的斜坡屋顶的形制而作。传统建筑的燕尾脊也被简化，抽象成两端翘起的弯月形态，分散到主体建筑的四斜阶入口的大门、中庭的天花板（如图2－8）各处，展现几分“汲古”传承的味道。一方面，大厝的两坡屋顶被夸张、放大为建筑的四道斜面表征，删减去砖、瓦片的铺设和细节装饰；另一方面，燕尾脊符号省略原有的细节装饰，只留弯月样式做造型修饰。这样，传统符号的扩展成为建筑构件的表皮，极力在形式上保留“闽南特色”的符号意向；在内涵上表现“传统”建筑那种庄重、飘逸和大气。

---

① 黄庄巍，闽南与台湾现代地域建筑屋顶造型手法研究，山西建筑2007，（9）。

② 陈林，闽南红砖厝传统建筑材料艺术表现力研究：［硕士学位论文］，2006年，华中科技大学，第54页。

图 2－7　屋面斜阶入口边门的“燕尾脊”装饰

图 2－8　中庭天花顶上的“燕尾脊”装饰

在展厅内，科举考棚的模型最能体现燕尾脊和马背山墙的有机结合。考棚建筑位于“文缘部分”孔庙模型的后侧，展示的是两岸在明清时期儒学体制上的一致性。科举考棚在举行乡试的时候，要被分隔成数间独立的号舍。而模型模拟的正是一号舍的截面。这是红瓦屋顶、红柱、红砖青石墙、屋内白粉墙合围的三维空间。红砖考棚屋高 3.8 米，格间正面宽 1.7 米；山墙截面宽 4 米、高 5 米。山墙截面为“燕尾脊”和“马背山墙”符号的组合体。山墙呈曲脊，形似马背弓起；有三道弯曲——中间大、两边小，属五行中的“水”。① 而垂脊的两端采用往上起翘的样式，且末端分叉，形如燕尾。

（三）精致的技法：雕刻和“剪粘”

闽南红砖厝的雕刻可分为木雕、石雕和砖雕三种。其中，木雕为主要装饰技术之一，这一点可以在展陈中占有相当大的比例。众所周知，红砖厝使用“红料”（砖、瓦）装饰房屋外观，主要作为建筑的大构件使用。建筑多采用“穿斗抬梁式”的木架构作法，这为木雕技艺提供了良好的物质媒介。据学者调查，大厝的木雕工艺绝大多数集中于檐下和室内，如梁枋、雀替、斗拱、花筒、斜撑、隔扇、窗棂、花罩、挂落等构件上。② 雕刻根据技法不同，分为线雕、浮雕、透雕三种基本技法；而圆雕、嵌雕、贴雕是基本技法的综合和延伸。这些都在展示实物，以及建筑模型中有所体现。

首先，在红砖厝的梁架的高远处，大多采用圆雕法，外观表现简朴粗犷，敦厚沉穆。比如分展览入口的门厅模型和台南孔庙大成殿的模型，檐下的有雀替和吊筒，饰有飞凤纹和倒垂莲的圆雕。祖屋神龛的场景采用方型木构架，吊筒和雀替都雕刻样式：上有倒立莲花和花鸟松鹤的吉祥图案，托木则为螭龙和草花的组合圆雕。其次，在门窗、隔扇等处则常用浮雕或镂雕，尽显精细、妍丽，以裨近视。除夕场景和祖屋神龛的场景，都有门窗、隔扇的木雕展示——红底金漆的镂空雕件。神龛模型是小木作③的精华：以花罩为割离形式，漏空的木雕为门洞样式而构成的小空间。六面屏风④的窗棂为金钱纹饰，镂雕透空，堵头为花草飞禽的浮雕，皆以金粉漆之。最后，在厅

---

① 陈林，闽南红砖厝传统建筑材料艺术表现力研究：［硕士学位论文］，2006 年，华中科技大学，第 31 ~ 33 页。

② 宁小卓，闽南蔡氏古民居建筑装饰意义的研究：［硕士学位论文］，西安建筑科技大学，2005 年 6 月，第 98 页。

③ 中国传统建筑以木构造为主，皆属于木雕，可分为大木作与小木作。前者位于指建筑结构体，用于承重处理，如柱梁构架及其构件（瓜筒、斗拱、雀替、垂花，等）；后者作为建筑的局部装饰，分为外檐装修（露在屋外）与内檐装修（安置室内的格扇、花罩、屏风、神龛、家具、匾联等）两种。

④ 屏风，或为门扇。厅堂前后的门扇是可以自由拆卸，使各厅堂（上厅、中厅、下厅）连成一体，形成可通可隔、可拆可卸的半封闭、半开敞的空间，以满足家族举行大型活动的需要。（参见戴志坚．闽台民居建筑的渊源与形态．福建人民出版社，2005 年，第 86 ~ 88 页。）

堂三面的围合隔扇处为木排堵的雕件，成为参观者视觉集中重点观赏点，所以雕刻的细节就更加精致精细。这可以从“文缘部分”展厅的实物展示中可见一斑。实物展示将木排堵（如图2－9）拆解为独立切面展示。内容以清代的花板雕为代表，多为人物、花鸟主题，兼有麒麟纹、竹纹、博古纹。

图2－9　红底金漆的木排堵

“传统”窗棂的纹饰是如此精致、令人惊叹，以至于设计师使用夸张的艺术手法，仿照窗棂透雕的形象制作几个二层楼高的庞大白色的装饰构件，依附于博物馆大厅内二、三层的楼面上。这样的纹饰被抽象、放大上百倍，形成夸张艺术构成的“传统”符号的镜像，对参观者无疑造成了强烈地视觉冲击。正如瓦尔特·本雅明（Walter Benjamin）曾对机械复制作品的评价那样，以原作为摹本的现代艺术创作，运用高科技的手法无形中导致传统的审美观消失，取则代之的是一种“震惊”的视觉效果①。参观者行走于二、三层的楼道上，四面是夸大的透雕窗棂的符号形成强烈的视觉震慑和冲击，不难想象自己正步入三面围合隔扇的“古厝空间”之中。

① 本雅明，机械复制时代的艺术作品，王才勇译，杭州：浙江摄影出版社，1993年，第35页。

图2－10 展示人物故事的雕塑

石雕的展示品则突出福建惠安石雕技艺，分为大木作和小木作两种。技法也反映浮雕、透雕和圆雕。展示品中，大木作构件有柱（六角形、圆柱）、尾鸥（鲤鱼化龙）；而小木作包括门簪（“三英战吕布”、“神笔马良”镂雕①）、窗（石漏窗）、石珠（石狮座）、立像（“福禄寿”三星、“和合”二仙）。惠安石雕技艺也在序厅的升天龙柱浮雕和博物馆正门前巨大的浮雕绘像中得以表现。其中，正门前巨大的浮雕绘像分左右两面：左边的石雕群上分别刻有东西塔、开元寺、崇武古城、惠安女、南音表演、提线木偶、老君岩、石狮蚶江等，以表征闽南地区；而右边的石雕群上则刻有妈祖、台湾

① 如图2－10。

高山族、鹿港、阿里山、日月潭等，以表征台湾地区。通过两地标志性人和物的雕画呈现，叙述闽台两地“剪不断”的渊源关系。

砖雕技艺充分体现在几组台湾照片和大陆实物的对比当中。特别是，墙上张贴两张摄于台湾的建筑照片：一是八卦狮首辟邪，二是八卦太极辟邪。正下方展示实物对应为，从民间征集来的福建民居砖雕垂珠，为屋瓦构件。不难看出，砖雕件在类型、色泽、样式、比例方面都相当一致。（如图2－11；图2－12）

图2－11　金漆花卉板

图2－12　石雕工艺的展示

除了雕刻技法外，闽南红砖厝的陶瓷的“剪粘”技法也是闽台缘博物馆展示的重点。“剪粘”技法主要有两种：一是“剪”，利用瓷、碗片或玻璃上的色泽、形式以及弧度剪裁出适当的形状；二为“粘”，将剪好的瓷片粘接到塑好的坯体上，因此也称“嵌瓷”。陶瓷的“剪粘”装饰常出现在红砖厝中最显眼的位置，如屋脊，门堵等上面。嵌瓷材料多取自废弃的瓷碗或瓷杯碎片。作为一种富于表现力的闽南民间的镶嵌艺术，“剪粘”装饰广泛应用于闽台两地的庙宇和大厝的建筑当中。设计师将这一古老的做法引用到广场的彩柱和主体建筑门厅的装饰上。比如彩柱的做法，是用彩色的景德镇碎瓷片拼贴成色版，形成多组“闽台缘”的字样，粘贴在数十根成列的灯柱上。展陈设计者希望这些灯柱的展现，“烘托博物馆的庄重气氛和鲜明的闽台特色，彰显闽台的亲缘关系”。①

（四）布局“移植”和房间零碎化

如果说技艺是从建筑局部中把握细节，那么布局就需要从房与房的整体配置中体现。红砖厝建筑一般具有按中轴线对称排列，多层次进深、前后左右有机衔接的特点。三间张两落是大厝最基本的一个平面形制。② 两落指房屋为两进，由“上落”、“下落”两部份组成。三间张指有居中的一个厅堂，配上左右厢房③。三间张两落是典型的“中庭型”平面形制，类似中国传统的九宫格图示：正中央为庭院（天井），四正为厅堂，四维为正房，形成十字对称的布局形式。（如图2－13）

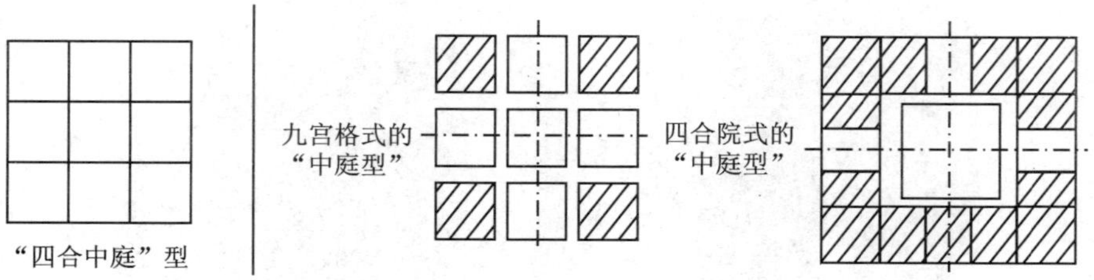

图2－13 “四合中庭”型④

① 黄乐颖、黄汉民，源·缘·圆——中国闽台缘博物馆创作，城市建筑，2006，（2）：21～24。

② 赵鹏，泉州官式大厝与北京四合院：典型模式的比较研究华侨大学，2004年7月。

③ 在闽南地区，厢房又被称为榉头间。

④ 参见戴志坚，闽台民居建筑的渊源与形态，福州：福建人民出版社，2005年，第93页。

闽台缘博物馆的整体布局同样借鉴传统建筑的布局，形成以中庭为中心，上下左右四厅相向的十字轴的空间结构。如图 2－14 所示，中庭为室内的主要采光处，类似红厝平面的天井。不同于厝的厅房对空间的分割，设计者将上下左右四厅的空间全部打通，形成参观动线。而参观者由正门入口进入中庭，如同从“下落”门厅进入天井一般。不难看出，展示的建筑布局是对三间张两落的平面形制的一种借鉴和“移植”。

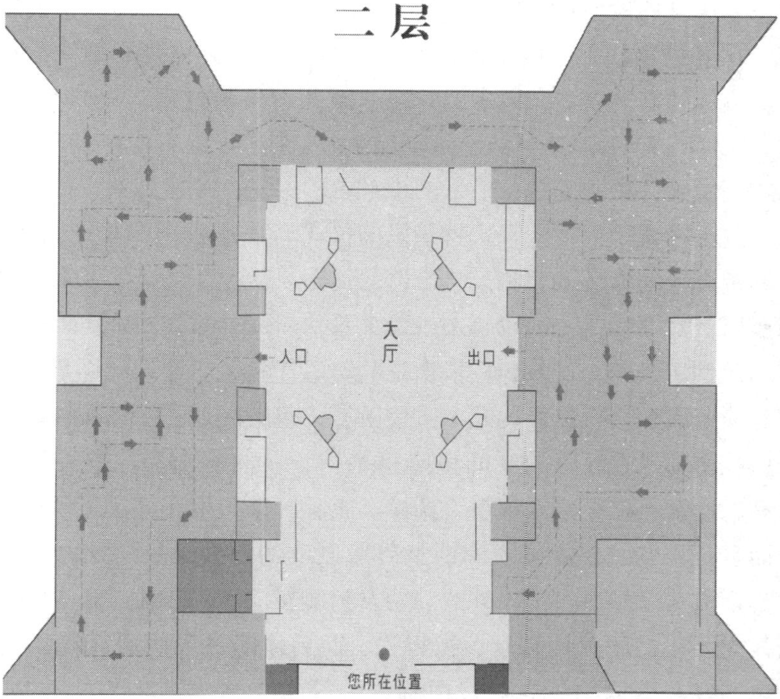

图 2－14 “闽台缘”参观导览图（二层平面）

说明：蓝色部分为五缘展览厅；红线为参观动线；白色部分为中庭，或大厅；正下方红点位置为主入口。

再来说说房屋空间的传统功能。如上所示，处于“四正”方位的四个厅堂，分别是北面的“上厅”，一般是家饲，设有祖宗牌位；南面与上大厅相对应的是“下厅”，也是门厅，是临时待客之处。“上厅”、天井、“下厅”由上而下排列，形成红砖厝的中轴线。在轴线两边的东西厢房，称“榉头间”，是主人和亲戚日常活动、休闲的场所。由两厢和厅堂构成的主厝两旁，还可以配上两条护厝作为房屋空间的横向延伸。护厝内的房屋被称为“边房”（边间）；属于生活用房，包括杜脚间①、柴房。在闽台缘的展厅内，设计者将红砖厝的厅堂、“榉头间”和“边间”展示作两方面的处理：一是组合成聚落，反映三者的“真实”的空间配置；二是根据主题不同的安排，而零碎化为各自独立的模型场景。

红砖厝的组合聚落展示有两处：一是位于“血脉相亲”部分的1949年前闽台祭祖场景的模型箱；二是位于“风俗相通”部分的人生礼仪场景之模型箱。在祭祖场景中，展示的建筑模型从左到右分别是祠堂、门厅、牌坊。幻影成像的剧情表演，展示的是一个家族的祭祀过程。我们可以看到，在祠堂、门厅、牌坊的成员站位依据“内外有别、长幼有序”的伦理道德。首先站在祠堂内，离神龛牌位最近的带红花的男子，一般是家族贵人，比如中举、中进士之人。由他们来主持祭祖的仪式。之后是堂亲的男性同胞。祠堂外立着带男孩的男性亲属和敲打乐器的道士。从门厅外开始都属于家族的女性亲属以及女性后代——也是按亲疏关系从门厅外站列到牌坊外侧。在人生礼仪的模型场景中，从右到左依次是厢房、厅堂、门厅。同样是幻影成像的剧情表演，展示人生礼仪的几个重要阶段，包括诞育礼、成人礼和婚庆礼等。这些礼俗都是在厅堂的空间里隆重举行，在厢房内和门户外结束、收尾。还有，厅堂不仅是家族议事、婚嫁、丧葬、祭祀祖先等仪式举行的重要场所，而且是家族内在凝聚力和严整等级制度的重要象征。比如孩子出生时，父母亲戚在厅堂内等待，外戚和朋友只能在门厅外守候。还有婚嫁的时候，新人先要在祖厅内拜高堂、祀祖先，而后才能进入洞房（榉头间）休憩。总之，红砖厝的整体布局以中轴线的厅堂为主，展示了“居中为尊”的周孔礼教，左右配置的房屋空间（包括“榉头间”和边房），则处于等级相对低的位置。

红砖厝的零碎场景也是按家庭等级的高低，划分为厅堂、“榉头间”、边房空间展示。首先是厅堂的展示，表现为门厅和祖厅的模型。门厅模型位于在“血脉相亲”部分的入口处；祖厅模型位于“风俗相通”的除夕夜和中秋团圆这两处场景。祖厅位于聚落空间的中轴线上，规模最宏大、空间最

① 闽南语称呼，指厨房。

高敞、等级最高贵的空间。装饰最为奢侈和集中，这可以从上文中对祖屋神龛场景描述中可见一斑。其次是“榉头间”的展示，榉头间一般为主人起居的场所。这可以在洞房摆设的场景中看出几分。洞房摆设的场景位于“风俗部分”，承接于人生礼俗的一系列实物和照片的展示之中。洞房摆设包括有十八堵床、花格扇屏①、面盆架、五斗柜和梳妆台等木雕华丽的家具。最后是“边房”的展示，体现在抬轿处的柴房和母女围汤圆的角房这两处建筑模型中。在红砖厝的生活中，边房（包括柴房和角房）是妇女工作和活动的主要空间，内设有厨房、饭厅、杂间。母女围汤圆的场景展示的是：元宵节晚上，两位女性（母女）在角房外的过水廊吃汤圆的景象。那时候的大家闺秀一般很少上厅堂，其行动路线也有限制——前为厢房边门、过水廊上下；后经后房、后轩。抬轿处的柴房、边门场景说明，妇女出入要坐于抬轿内，以避开众人视线。这都透露出礼教等级中“男尊女卑”的含义。

总之，这些建筑符号从完整的空间布局中分离出来，零碎化为一个个独立的场景。独立场景将闽台两地在居住空间的相似性作为论述重点，却折射出乡土社会积淀的礼教等级。从功能的角度上讲，红砖厝作为“地方特色”而使用夸张、仿真的修辞手法建构一个地方的场所感，唤起民众的“生于斯、长于斯”的乡土记忆。这一记忆表现为两岸参观者力图寻找的旧厝记忆、情感依托和乡土归属感。对于多数福建本地人和祖籍福建的台湾人而言，年少时居住于红砖厝的体验是他们共同的乡土记忆，使得红砖厝的符号成为唤醒闽台共同记忆的文化线索。因此，主体建筑和展品彰显的不仅仅是红砖厝体现的“红砖文化”，而是一种“饮水思源”的共鸣情感之表征。建筑外观、场景模型、照片等等展示物，选取红砖厝的“地方特色”的各种符号，指引观众对闽台两地民众生活在其同一空间、环境的移情联想，从而建立起对建筑符号的认知媒介。

建筑物的空间通过两种方式被人接受：使用它和对它的感知，或者更确

① 大房的门前一般设有屏步间，外围用花格窗扇隔离，用于妇女在房内的活动空间。

切地说，是通过触觉和视觉的方式被感知。① 因此，建筑正是一种体验的艺术。其中，空间、色彩、质感都是为人所体验的。这种体验取决于参观者的感知能力，而视觉无疑是最主要的感知方式。在闽台缘展厅，设计者拼接、复制、具象、仿真而形成一个个参观者记忆中的“生活场景”，让参观者在游历、环顾四周的视觉行动中，体验建筑切片不断被重组、建构的原乡情怀。置身于“闽南特色”的建筑空间中，“红白相间”的色彩、“形与曲”的建筑造型、精细的雕刻和“剪粘”工艺，以及轴线对称的房屋布局都被放置于视觉观赏的中心，最易为参观者的游历体验所直接感知。这样，人们在精心设计、布局、展示的建筑空间中环视，在建筑、实物、照片、模型中仔细品位“建筑同风”的文化喻意，不难理解设计者所传达的“闽南特色”的建筑语言。

---

① 瓦尔特·本雅明，摄影小史、机械时代的艺术作品，王才勇译，江苏人民出版社，2006年，第96页。

第三章　展示物的表述

——意识形态和消费文化的形塑

本章讨论展览品的视觉形象是如何在主题公园、博物馆的空间中得以系统化表述。笔墨将集中在“同根同源”的话语如何通过展览品的叙述，有条不紊地表述而成为一种贯彻前后的，有序的交流文本。正如鲍曼所说的“作为交流方式”的文化展演，这一章讨论诸如企业故事、传说、陈列大纲等形式的文本，是如何经要“净化动机”的展示设计，让各种有不同符号组合成的物品在新的场域中变成“同根同源”展演的一个组成部分。

第一节　直接表述：“缘”的物品分类

本节以闽台缘博物馆的主题创作实践为中心，讨论“缘”是成为博物馆的展陈主题的过程，并分析陈列大纲的编写和具体到物品的实践组合中。这从两方面入手，一是源自佛教术语的“缘”如何经过词语转义、再创造的过程而成为闽台关系的重要表征；二是大纲编撰专家、陈列设计师和博物馆工作人员是如何将“缘”字，加以系统化，贯彻于博物馆的物品组合的空间中，以直接、明了的方式讲述闽台两地“同根同源”的各种关系。

一、“缘”成为展示主题

《中国百科大辞典》中对陈列的定义①是，运用不同的文物、标本，按一定的程序排列组合，并从不同角度给予科学的解释，从而达到揭示主题、教育观众的目的。王宏均在《中国博物馆学基础》中认为，“陈列是按一定主题、序列和陈列形式组合而成，进行直观教育和传播信息的展品群体”。

① 袁世全、冯涛（主编），中国百科大辞典，北京：华厦出版社，1990 年，第 428 页。

这里，“程序”是依照“一定主题”而进行的有指向性组合。因此，主题思想就成为贯穿陈列设计的核心线索。进一步说，主题思想是陈列内容构思、创作，确定风格和总体要求的重要依据。①

（一）一次争论：“缘”还是“源”？

一个博物馆的名称几乎决定了基本陈列的核心主题。因此，如何命名表征两岸关系的博物馆，成为更好概括展陈主旨的一项重要内容。博物馆名为“中国闽台缘博物馆”，是延用了其前身“闽台关系史博物馆”中“闽台缘”专题展的名称。但是，有些学者提出不同的看法，基本分歧在使用“源”和“缘”，作为陈列主题和博物馆名上更为恰当。在厦门大学的教授组承接陈列大纲编写的课题之后，于2005年1月22日到23日会议中提出“八缘”的初步陈列分类，即“史前渊源”、“血缘相亲”、“隶属与共”、“外侮共御”、“农工商缘”、“文脉相承”、“神缘传承”、“俗缘相通”。本次会议规模盛大，集中了省委宣传部、省文物局、省博物院、省社科院、上海历史博物馆、厦门市文化局、厦门大学、浙江大学、华侨大学等部门和单位的48位专家、学者。② 专家们各抒己见，集中讨论陈列设计如何更好分类，以呈现闽台的纽带关系。学者庄邵冰提出用“源”替代“缘”的建议，引起与会专家的思考。他认为，“缘”的词义与闽台间“同源、同祖、同根”之间存在一定差距。理由大致有三点：一是“缘”为“某种原因”导致的机遇，有联系的“可能性”。那么，用“缘”来指称两岸关系，似乎有“不确定”之嫌。二是在习惯法中，“缘”不用于表述“起源”的意义。三是台湾的言论中，多使用“源”来表述台湾社会、文化等“来源于”大陆。因此，馆名应变更为“中国闽台源博物馆”。而且“馆内的八个缘”中，“个别的是不能用缘字”，建议“作修改”。③

最终，这一讨论还是回到原点。学者们继续沿用“缘”字作为陈列主题。原因主要是：一方面，“缘”作为闽台关系的重要表征，具备了难以更替的词汇意义。另一方面，针对“缘”字是否合适的讨论，在建筑设计中

---

① 中国博物馆学会、国家文物局，博物馆陈列艺术，北京：文物出版社，1997年，第2页。

② 郭冰德，闽台缘博物馆要建啥样？海峡导报2005-1-27。

③ 参见2005年1月23日会议讨论的文字记录。

得到进一步的调和。总建筑师黄汉民①在建设方案中，将“缘”与“源”和“圆”并置，力图以谐音的方式融通三者在词汇意义的独特性。首先是“源”的体现，使用“水源”的基本义。建筑师设计利用浅水池、建筑玻璃顶上设置的“天池”。另外，龙柱浮雕、透雕者群龙，象征“两岸人民同是炎黄子孙、龙的传人”。这是取“源”的引申义。其次是“缘”，分亲缘和地缘两个面向：一是使用桥的设计，表征两岸的“亲缘关系”；二是使用红砖、白石作为建筑装饰，和“出砖入石”的闽台建筑工艺，表现“两地建筑的相似性”，为地缘关系。最后是“圆”，具有两种含义：一是“团圆”、“圆满”，体现中国世俗文化中最美好的追求；二是“天圆地方”中的“圆”，体现中国传统的宇宙观。比如，建筑中心制高点有一个圆盘设计，中庭开一个圆形天窗。还有，地板方砖由圆形图案拼组而成。总之，通过谐音的方式，建筑师设计师找到了如何解读“缘”字，并这一主题思想融汇到建筑表意当中的合宜途径。因此，在某种意义上“缘”字融会了“源”和“圆”的两重意义，间接摆脱了“缘”字的使用可能被误读的困境。

（二）“缘”的本意和表征

如此看来，“缘”字成为陈列主题，在理论上具有难以替代的作用，甚至能指称闽台两地“同根”话语的相关表征，如“圆”和“源”。那么，“缘”的本意为何呢？在谷衍奎主编的《汉字源流字典》② 中，“缘”字来自于篆＊＊，表示与丝絮布帛有关。其本意就是衣服的饰边，如“边缘”。“缘”的引申意有二：一是缘分、因缘；二是原因、原故。在表征关系、联结一类的意义时，“缘”字多取引申义，如“缘分”、“缘故”。其中，“缘分”在表述事物联系时候，在古往今来中的文本中用得最多、最广。从物的“边缘”到关系的“缘分”，这与佛教里的“缘起”说有着必然的联系。在佛教经典中，“缘起”是指世界万物均处于因果联系之中，并依一定的条件产生变化。佛教以此来解释世界、社会和人生的各种现象，及其产生的根源。而“缘分”被认为是万物都由因果关系联系着，具有“命中注定、不

① 参见黄乐颖、黄汉民，源·缘·圆——中国闽台缘博物馆创作，城市建筑，2006，（2）：21～24。

② 谷衍奎，汉字源流字典，北京：华夏出版社，2003年，第736页。

可违背”的宿命论味道。[①] 这样，“缘分”多被用在机遇上，存在某种必然联系的机会和可能性。在《辞海》中，缘的翻译词，经常与“因”（原因）合在一起用而成为“因缘”，与上面的机遇同义。由此得出，“缘分”是佛学说在中国文化中的一种应用。它代表更多的是人际交往中的关系缔结。而这种缔结建立在“某种必然存在的相遇的机会和可能”基础上。在中国传统文化里，人们经常相遇，被看作一种“有缘”。而这种“有缘”是“天注定”的。“缘分”不仅局限于人与人的关系，而且被进一步引申为“交换”的意义。比如，学术上的交流、情感的交换。

“缘”又是如何成为联系闽台关系的表征呢？这要从“缘分”的词源作为追溯的一个重要突破口。首先，“缘分”具有宿命论的色彩，相信关系的缔结是“命中注定”的。这不仅来源于佛教的思想，而且与汉人的稻作文化有关。在福建到台湾的早期移民当中，他们先是将农业耕作技术和生产方式移植到对台湾岛屿的开拓中。随着移民数量的渐增，包括社会组织、宗教信仰、商贸经营、文教体制等等，一并带到台湾中。“缘分”的观念迅速根植到大陆和台湾、中原文化和岛屿文化之间的互动当中。这就具备“缘分”的第二层意义，即“必然存在相遇的机会”。之后，清朝中后期的几次移民潮的大规模涌入，代表汉文化的各种要素也不断冲击、融合到台湾社会当中，呈现出两岸文化的诸多相似性。而这一种相似性，都被认同是来源于大陆，“根在中华”。

最近一次大规模的移民活动，可以追溯到中华人民共和国成立前后。当时，国民党军队携家属一并“逃逸”到台湾。在之后很长一段时间里，两岸呈现对峙的政局。可以说，当时的台湾和大陆包括在经济、文化、商贸等方面的交流，基本上处于停滞状态。这一不利状况的持续，直到中国改革开放的时代到来才明显改观。这一时期被称为“邓小平主政”的新时期，开始将“一国两制，统一中国”作为解决两岸问题的基本方针。随后几年，中国政府开放台湾“同胞”到“大陆探亲”的政策，台湾民众逐渐崛起一股到大陆“寻亲”、“认祖”的热潮。与之相对应的是，台湾文学界出现了

---

① 黄霖（主编），金瓶梅大辞典，成都：巴蜀书社，1991 年，第 825 ~826 页。

“寻根文学”① 的叙事转向，以至成为一种弥漫着悠悠乡愁的写作关怀。基于对现实素材的发掘和整理，他们将笔墨集中于两岸亲人“思亲”、“寻亲”，和“认亲”的各种文本创作当中。与此同时，大陆学者也采用类似的笔调，描述大陆和台湾间的亲人联系。姚韫在“同根异脉、同名异质”② 一文认为，台湾的“寻根”文学继承了“汉文化的遗传”，表达对“远在大陆”亲人的深深眷念。这样，亲人联系成为“缘分”的又一个引申义，产生了“亲缘”的新概念。

基于闽台两地文化、经济等更多方面的相似性，“缘分”的引申义也不断被学术界生产着。比如，表征台湾人共同来自于大陆，具有共同的居住习惯，被称为“地缘”；表征台湾人从福建带去大量民间宗教和信仰，被称为“神缘”；而“风俗”对应的是“俗缘”，等等。以此类推。正如上海创超公司撰写的“内容设计思路”③ 一文，是在更广泛的相似性中看待两岸的“缘”关系。首先是“福建是台湾同胞主要祖籍地”，为“血缘”关系。他们到台湾后，进行的是“复制家乡熟悉的生活空间”，为“地缘”关系。在“开发建设台湾”的同时，传播中华文化，带去“故里崇拜的神明”——“神缘”、早已习惯的民情风俗——俗缘；同时还延伸了大陆商业贸易活动范围——“物缘”、“商缘”。还有，就是政治局常委李长春同志在视察原闽台关系史博物馆时提出的“法缘”关系，表征大陆和台湾的行政隶属关系。

（三）“缘”的融通

“缘”作为主题思想得到来自专家、学者的认同，焦点转移到在如何分类和表述“缘”上面。2005 年 7 月 18 日举行的专家会议，集合了 30 多位省内外学者的共同磋商。就在 11 月 2 日这次大型研讨会上，与会者初步确定了中国闽台缘博物馆陈列大纲，并将博物馆的大纲编写思路改为“五缘”，主题凸显“台湾自古是中国的领土，闽台同属中华一统”。这与福建

① 台湾的“寻根文学”最早可追述到日据时代。由于殖民困境，让台湾人产生“孤儿”意识，融入到抗日作家的笔下。而到了台湾光复后，长期累积的漂泊心理，逐渐聚合成对“故土”的思乡笔墨。20 世纪 70 年代，作家余光中的《乡愁》，崛起文学界的再一次寻根创作的热潮。

② 姚韫，同根异脉、同名异质，沈阳教育学院学报，2005，（4）：9 ~ 13。

③ 参见中国闽台缘博物馆（编），第七届全国博物十大陈列展览精品参评材料（2005 – 2006）（上册），中国闽台缘博物馆，2007 年，第 53 ~ 56 页。

省针对海西提出的“五缘六求”的政策方针保持前后的一致性。福建省委卢展工提出的“五缘”，即“地缘[1]相近、血缘相亲、法缘相循、商缘相连、文缘相承”五个部分。实际上，2005 年 1 月 23 日的会议中，就曾针对原先的“八缘”改为卢书记提出的“五缘”，进行过多次讨论。这表现在：一是将“隶属与共”和“外侮共御”合并到“法缘”中；二是把“文脉相承”、“神缘传承”、“俗缘相通”三部分合并为“文缘相承”一个部分。

另一方面的问题，是如何将陈列大纲的文字转化为可视化的艺术场景。这主要由上海创超公司的设计师与博物馆筹建处的工作人员共同组织和负责。他们将一起到现场勘察，并磋商如何将“缘”的主题思想，融化到物品展现的具体实践当中。这其中，筹建处工作人员主要负责文物、实物的上架和摆放；而公司的设计师集中于场景、模型一类的人造景观的艺术创作上。在申报“第七届全国博物十大陈列展览精品”中，设计师就这样写道：“本陈列坚持科学性、学术性、真实性与艺术性相统一，突出‘根’与‘缘’一脉关系，在‘共’与‘同’上做出文章。”

具体说，这一“根”和“缘”的主题思想可以分为七个部分[2]：第一部分“远古家园”，使用沙盘再现远古时期海峡的陆桥相连。这是从地理学上呈现大陆与台湾的联系。第二部分“血脉相亲”，重点展现“唐山过台海”、宗祠模拟建筑、1949 年祭祖幻影成像等，展现汉人移民过海到台湾开放的历史真实，突显台湾的汉人移民与大陆汉人之间的血缘纽带。第三部分为“隶属与共”，使用“黄色琉璃顶、红色宫墙、青石墙基组成”的建筑模型，“象征历史上中央政权对台湾的统辖”。在后半部分通过录像资料、剧场表演的动态形式，展现“可歌可泣的英雄业绩”。这两条线构成历时轴线上，台湾和大陆“中央政权”的行政联系。第四部分为“开发同功”的场景关注真实建筑物的再现，强调“乡土耕作”和“商贸往来”，展现两岸在物资流动上，大陆和台湾的双向“商缘关系”。“文脉相承”和“诸神同祀”分别塑造儒家文教和宗教朝拜的不同氛围，以文教、礼仪、信仰“根”

① 这里的地缘与前面共同居住的概念不同：意指在远古时代台湾和大陆曾有过陆桥作为地理学上的连接。

② 参考中国闽台缘博物馆的参评材料（PPT 演示材料）。

在大陆，“流”在台湾为主题叙述。最后一部分“风俗相通”，采用观众参与性极强的方式，“在娱乐和参与中体味两地的亲近”。这部分虽然叙述的是“俗缘”，却融合了“神缘”、“血缘”的各种“缘”的因素。特别最后一个模拟建筑空间①，“突出‘闹’、‘喜’的氛围”。将“各种团聚喜庆节日，共同组合在圆型穹顶之下”，以期盼两地“亲人早日团圆，共同振兴中华”。这寓意闽台两地民众“共同生活”在同一片蓝天下，具有脱不开的“缘”的关系。

二、陈列设计的分类实践

博物馆确定陈列主题以后，对陈列目标和效果都有某种设想，比如陈列规模、类型、格调、样式等。那么，如何将设想转变为现实，就需要实践设计过程的全方位介入，包括设计图的绘制，以及对人员调度、陈列效果、工艺技术、时间安排，等方面的综合评估。

（一）任务分派

确定陈列艺术设计方案的依据是陈列大纲。而闽台缘博物馆的陈列大纲是将“缘”的主题思想和闽台渊源关系的呈现，“具体化”为文字叙述当中。这种“具体化”依照一定的“逻辑关系，时代顺序、地域方位”进行排列。大纲的主题和陈述的事件、人物、形象都具有内在的联系性，通过直观表现的方式展现在所有参观者面前。

博物馆学者赵春贵认为，陈列大纲的成熟与否影响到艺术设计的思路。可见大纲对博物馆展示的重要性。闽台缘博物馆的大纲编写②十分慎重，特别邀请厦门大学台湾研究院的台湾史学专家参与。其中，林仁川教授、黄福才教授负责此项课题。课题组成员包括颜章炮教授、邓孔昭教授、杨彦杰研究员、林忠干副研究员等人。课题组于 2004 年 12 月 22 日与原筹建处进行接洽，当月 24 日编写报告书。在这篇报告书中，陈列规划任务被分成五个阶段：

---

① 本文称为结束厅。

② 参见林仁川、黄福才，关于承担泉州市“闽台缘博物馆”展览内容规划任务的报告（内部资料），中国闽台缘博物馆 2005－1－2。

第一阶段，拟定 2005 年 1 月 15 日完成，提交供座谈会[①]讨论的展览纲目；

第二阶段，拟定 2005 年 3 月底完成，作面上调查摸底、征集文物并拟出赴台调查的计划；

第三阶段，拟定 2005 年 4 月份完成，编写具体的展览内容、陈列细纲；

第四阶段，拟定 2005 年 6 月底完成，在筹建处、有关专家意见的基础上修改细纲，使之更具有操作性。

第五阶段，拟订从 2005 年 7 月到开馆前完成，任务是与展览技术人员（设计师）一起，参与指导展览内容、效果的实践任务。

由于中国闽台缘博物馆定于 2006 年中国春节正式开馆，并要求要达到“一流国家级博物馆”的水平，有关部门决定将陈列艺术的设计与博物馆大纲编写过程同步进行。在一份项目委托书里，上海创超公司承担了主要的历史陈列的设计项目。项目负责人为总设计师费钦生研究员，而副总设计师蔡筱明，高级设计师胡小兵两人负责具体的陈列设计工作。委托书拟订于 2005 年 5 月和 7 月份，两次提交陈列设计文件：一是初步设计文件，包括平面图、观众参观流线图、展示效果图、设计理念说明文本、演示光碟；二是深化陈列设计文件（每一展厅、展墙、展板、展柜的布展平、立面图）。最后，委托书还拟定于 2005 年 9 月 25 日前，组织有关人员对深化陈列设计进行评审、确认。

上述两份文件详细记录了陈列大纲设计和陈列艺术设计的各种计划和安排，但限于工程紧、任务重、内容多等各方面的原因，专家、领导、工作人员一起全力参与到大纲编写和艺术呈现设计中，各股力量都在为塑造好“同根同源”的文化展演都经历着各种考验。

（二）分类的实践

1. 陈列大纲：“修改、再修改”

在 2005 年 1 月 23 日，编写课题提供了“中国闽台缘博物馆”的初步陈列大纲，作为研讨会讨论的主要议题。会议上，全国政协港澳台侨委副主任何少川希望，下一步的建设中“要充分依靠集体、群众的智慧，各方继续

① 研讨会于 2005 年 1 月 23 日～24 日召开。

共同努力，把各项工作做得更加完善”，最终目标是建立一个“现代的、高水平的、有特色的博物馆”。[①] 博物馆筹备处也组织台湾史研究专家，到福建省内各地、市调研，并到北京国家第一、第二历史档案馆、中国抗日战争历史纪念馆等地，查阅资料并复制文物，同时到台湾进行相关的考察和调研。陈列大纲不断被修改，达到20余稿。最后的定稿被报送到福建省委宣传部进行审查，并上报中共中央宣传部。最后的稿件汇集中共中央台湾工作办公室（宣传局）、国家文物局博物馆司、中国社会科学院办公厅等单位的意见，最后以福建省委宣传部正式文件的形式[②]，转发回泉州市委宣传部。课题组根据以上部、司局意见再进行认真修改，最后经审查后交由形式设计单位布展。开馆之前再由中宣部宣教局与国台办、国家文物局和中国社科院等部门的有关领导和专家组成审定组到泉州，对中国闽台缘博物馆的建设、展览内容与布展进行审定。[③]

闽台缘博物馆的设计与修建倾注了包括政府和社会各界的全部心血，20多名专家教授历经8个多月时间，20次修改完成。这也是台湾史专家将多年研究成果进行物化的重要体现。陈列稿修改次数很多，变动比较大包括前后两次，但都紧紧围绕着如何将“缘”字系统化为陈列纲目。第一次，初步陈列大纲提出“八缘”的划分，依次为“史前渊源”、“血脉相亲”、“隶属与共”、“外侮共御”、“农工商缘”、“神缘传承”、“俗缘相通”、“风俗相通”。整个展览分为基本陈列和专题陈列。其中，基本陈列包括中华源和闽台缘：中华源讲述两岸关系的历史和现状，还包括对法缘部分的权威性概述；闽台缘讲述上面的“八缘”关系。专题陈列则包括郑成功与施琅、雾峰林家的故事、台湾闽人故里与宗谱查询、当代闽台的经济文化交流四部分。这次的修改是在2005年11月2日，陈列大纲已被确定，整个博物馆大纲编写思路根据卢展工书记的提出的“五缘”关系（地缘相近、血缘相亲、法缘相循、商缘相连、文缘相承）划分。分为七个部分二十一单元，主题则“凸显台湾自古是中国的领土，闽台同属中华一统”。前四缘（既地缘、

① 专家建议博物馆建设应遵循六原则，泉州晚报2005－1－24。

② 参阅官方文件，闽委宣函［2005］46号。

③ 第七届全国博物十大陈列展览精品参评材料——闽台缘博物馆（2005－2006），中国闽台缘博物馆，2007年1月。

血缘、法缘、商缘）单独各作一部分，即“陆桥相连、血脉相亲、隶属与共、开发同功”。文缘内涵较多，分设三个部分：文脉相承、诸神同祀、风俗相通。将前面“中华源”分解为“序厅”和“结束语”两个篇章，强调“台湾是中国领土一部分”，以及两岸人们风雨同舟，“有唇齿相依之感”的主题思想。最重要的是，根据中央领导下达的指示，“祖国大陆人民和台湾同胞抗日的关系，日本殖民统治台湾，‘台独’势力与日本军国主义的关系”这三部分被特意强调出来。筹建部门按照这一精神对大纲再修改：在第三部分“法缘”（隶属与共）中增加一个单元，以“强调坚决反对台独，维护祖国统一。”①

不难看出，陈列大纲的修改倾注了领导、专家和学者多方面的智慧。“缘”的主题思想经过多次融通的方式：最初的几次修改力图强调故事的情节叙述，分类按照“八缘”的方式安排。具体的物品分类和陈列实践中，表现文缘部分的物品收集量最多，因此统一到卢展工书记所提出的“文缘相承”部分。法缘部分最初是被分解为“隶属与共”、“外侮共御”两部分。由于意指、立场不明确等原因，也被统一到政治话语中“法缘”的划分。正如陈副馆长所介绍的那样，二层展厅命名为“闽台缘”代表了官方的的“大传统”，余下的民间故事的情节叙事属于“百姓”的“小传统”。这些表征小传统的展览品，需要另外化归到三层的“乡土闽台”特展②中。总之，陈列大纲的修改过程，无处不渗透着话语的权力。知识的表述方式、途径以及逻辑，都集中被一再安排、分割和重组，直到两者在各个方面上达到一致的契合。

2. 展陈设计：思想与创作的统一

在陈列大纲定稿后，接下来的工作包括三部分：一是以实物和模拟场景，表现陈列大纲的内容；二是编写标题、题版、展品的文字说明；三是征集文物，寻找对应陈列大纲的相关文物、实物。其中，文物征集主要有筹建处的领导和厦门大学台湾史专家共同完成，并通过“泉州晚报”和有关电

---

① 陈智勇，中国闽台缘博物馆陈列分七部分，泉州晚报 2005－11－3。

② 在我的调查期间，“乡土闽台”特展一直不对公众开放。所以，本文没有涉及这部分的专门讨论。

视台、网络信息向泉州市民发布征集物件的信息。原因是，有关文缘方面的实物很多，特别缺少反映地缘、血缘、法缘方面的原物。对此，原筹建处的孙老师告诉我，“我们工艺品收集的最多，你可以去看一看。我们通过一个部分来叙述两岸的关系，相对系统些。工艺品部分文物多，而其他部分相对少。许多是复制品和照片，没有真品。”在征集工作中，专家和学者普遍感觉到，在民间征集专项的涉台文物不多。更重要的是，根据大纲规划，“我们的文物必须要能说明一个问题。”当一个对台问题没有与之配套的实物展示时候，要么“用复制品代替”，要么就设计一个模拟场景。

对于复制品替代的问题，筹建处的孙主任表达了这样的遗憾：“一是大纲里许多照片中的物件在许多博物馆、档案馆里查不到，二是从台湾采集的展品数目不多。”就第二点而言，模拟场景的设计主要由上海创超设计公司承担项目。他们在设计中，基于忠实主题的原则上，综合展品、文字、模型、场景、音像等多元性展示手法，充分将声、光、电等各种高科技手段介入，塑造意实结合，动静相宜的氛围。在一篇“关于中国闽台缘博物馆展览大纲布展内容和布展形式的参考意见”中，设计者将“缘”作为核心思想，着重分析了艺术呈现的五种方式：

（1）对比方法：将台湾和大陆闽南的文物（包括生产工具、戏曲乐器、民俗用品、所敬奉神佛等）和两岸民俗活动、寺庙等照片进行展示对比。从对比中鲜明感受到两岸同宗同根同源。这个方法，可主要体现血缘、文缘、俗缘、神缘，等内容的表现上。

（2）实物展示方法：使用文物、文献、生产工具、宗庙、神佛、工艺品、旧照片等来展示所表达的主题，作为文字说明的证物。

（3）造景展示方法①：就是可以按一定比例塑造大陆与台湾的地形图，或者在展馆建一个真实大小的古代台湾或闽南的旧街或旧村；用仿真人物、真实的家具、生产工具、服装民间工艺品、戏台等再现闽台相同的民间家庭有关婚、丧、喜、庆等民俗活动风情。或者塑造一个郑成功收复台湾、荷兰投降，施琅统一台湾海战的实景等来表现主题。

① 即本文所说的模拟场景，包括自然环境的模拟和人工建筑物的模拟。

（4）声、光、电演示展示方法[①]：在各主题、专题展馆除了用文字、图片、实物展示外，可用现代科技手段，结合造景做一些激光“三维”的活动人物或重大历史事件的再现图像，用电视、电影、电脑演示，表现各个展馆、实物文字难以完全表现的内容，提高展示效果。

（5）与参观者互动的展示方法：可安排一些能让观众参与活动[②]的内容。比如，木偶戏台、南音演奏、茶艺表演、制茶工艺、陶瓷工艺、踩水车等等，既能满足参观需要，又能让观众参与活动，从中体会到乐趣。

这些艺术化的展陈设计力图通过高科技的手段，形象、生动地塑造“缘”[③] 的景观，使用更贴近人性的方式，如模拟生活环境、制造真实感强的声、光、电演示，目的是让台湾同胞和大陆民众形成情感共鸣。正如庄能顺在接受记者采访时所说的那样，为的是“两岸参观者感同身受，从而产生内心的情感互动”[④]。

3. “泉州速度”、“福建速度”

陈列设计计划在2005年5月中旬完成博物馆内部装饰方案，而文物征预计集合在6月底基本完成。2005年9月初正式布馆，12月底竣工开馆。前后建设时间只有一年半的时候，同时布展设计、文物征集和上架都在同时举行。许多媒体[⑤]都惊叹，这是“中国博物馆建筑史的一个奇迹”。根据专家学者的经验，一般的博物馆建设至少花费3~8年的时间。但中国闽台缘博物馆从2004年11月24日中央领导提出建馆意见，到次年5月27日竣工开馆，只用了一年半的时间。不仅如此，许多专家组、评估团到博物馆视察，都认为这是“奇迹”，勘称“泉州速度”、“福建速度”。有意思的是，许多媒体甚至认为，建筑和陈列奇迹的发生是由泉州人“爱拼敢赢”的性

---

① 比如幻影成像。

② 这一部分只留“逛花灯”的互动节目，其他的互动设计放在三楼的“乡土闽台”的专题展厅内。由于该展厅一般不对外开放，所以不作为本文的讨论主题。

③ 公司总经理李俊杰说过，布展的关键是怎样才能将历史性、艺术性和可观赏性完美结合，而这主题就是一个“缘”字。

④ 引自记者对宣传部副部长庄能顺的采访。参见“参与闽台缘建设为人生幸事”，泉州晚报2005-9-20。

⑤ 比如，香港大公报，2006-5-31（特刊）；福建日报（参见阮锡桂、方承，闽台情缘、血脉相连，2006-5-26）。

格决定的。

可以用两只手来概括“速度”，即“一手抓场馆建设，一手抓文物征集、整理、展馆设计。”不仅建筑要奔国家最高奖“鲁班奖”，而且布置也按“国家一流”的设计进行。然而，在“高速”建筑的宏观背景下，陈列设计不免有遗憾之处。上海创超公司总经理李俊杰就认为，设计“一直在抢进度”，整个展示设计“才花了4个月”①。陈主任②回忆起当时的情景：“……时间很赶，那天开馆剪彩的时候，我们有许多东西还在调整。你想，一年半的时候，工程还没完全结束。（博物馆）外面还在装修，（展厅）里头就开始在做陈列柜。”陈列、装修和建设并行，导致一些问题的出现。一方面，陈列品许多是文物，上架之前临时停留在大厅内；另一方面，装修工作的工人经常出入，那极有可能发生物品丢失的事情。不仅如此，由于工程紧张，许多地方就不能尽善尽美，只好留到开馆后再慢慢调整、完善。对此，陈主任举了一个例子：“有的东西从设计到最后确定摆放位置，只是在最后一个月临开馆前。还有没有找到实物对比照片，只得临时凑合。另外，有的遗憾留到了开馆以后才发现。”比如，物品“摆放的次序出现问题”，或者“出现争议”，陈列设计和具体展陈只得再根据上级的意见做灵活的调整。

三、物品摆放的“纯洁化”叙事

总之，各种物品以围绕共同主题“缘”的方式呈现自我，是在替代、取消与主旨相冲突的其他解释之基础上达成的一种契合。换句话说，所有物品以相同的意义合力呈现“闽台文化”的同质性，通过美学的设计思路赋予“科学”的内涵，最终是为了重新整合成一个“同根”的符号系统。这一系统为“一个中国”的国家话语所形塑，并影响和引导着与展品安排有关的各种实践活动。

从陈列大纲设计到物品的具体放置，都依照“同根同源”的两岸关系作为线索，紧紧围绕着“缘”的主体思想。闽台缘博物馆正是以权威的叙

① 报讯，“千人涌入闽台缘博物馆”，东南快报2006－5－28。

② 为尊重访谈者的意见，此为化名。

事方式和叙述逻辑赋予物品组合意义。从外观到内部、从序厅到结语部分，所有的物品按一定的线索组成，成为目的性极强的叙事文本。然后，通过文字、声音、光线等一系列手段作为视觉呈现的技术衬托，遵循即定的观念和分类原则，不断生产着物品的特定意义。本博物馆实践中，所有的文本生产者，包括规划师、展陈设计者、文物摆放者、协调工作者，等等，都被卷入到巴特斯（Roland Barthes）所称的“神话”制造过程。这些生产者的编码形态，渗透着自上而下的知识权力和技术安排。在这一点上，与亨利埃塔·利奇对大英国博物馆的分部“天堂”展的陈列研究有几分相似之处。他认为，“天堂”的陈列不是无序地摆放物品，而是高度建构的事件。其目的是表征瓦解人的现实，确是在控制和改变中将之“自然化”。[①] 这类物品的陈列方式，与其说是反映客观世界，倒不如说是设计者有意识地调动过去、当前世界的各种表象。在本研究中，闽台缘博物馆努力用声、光、电等现代化技术手法再现有关台湾和福建之间的历史。这就需要不断调整物品摆放，从而再编排展演文本。比如“再时空化”的过程，就是将不同历史时期的物品根据主题思想的需要进行跨时空的对比。据此，设计者才能打破时间的束缚，艺术化地在当下呈现两个区域文化之间的有机联系。这一重新编排的方法，主要体现在闽台缘博物馆的两种实践中：一是收集和展示真实存在的历史文献和文物，作为演说“事实”的“物证”；二是利用仿制材料模拟当时、当地的环境、人物和物品，以演绎的方式再现“过去的事件”。无论以何种途径，其背后折射的是意识形态对“祖国大一统”的政治诉求，自然成为博物馆叙述叙述两地存在千丝万缕联系的展演符号。

当物品单独陈列的时候，它的意义并不能直接构成完备的叙事体系。但是，当许多具有同质性的物品，按照既定的逻辑方式排列时候，零星的符号集合将汇集成一整套合乎理性的论述结构。这正是巴特斯（Roland Barthes）的神话学理论[②]的精髓所在。编排物品的次序，放在主题感很强的博物馆环境中，是为了让展品赋予“纯净”、“永恒”的语境中，自然化为“物证”

---

① 亨利埃塔·利奇，他种文化展览中的诗学和政治学，见斯图尔特编，表征，徐亮、陆兴华译，北京：商务印书馆，2003 年，第 179 ~ 182 页。

② 参阅巴特斯（Roland Barthes），今日神话，见巴特斯、让·鲍德里亚等著，形象的修辞，吴琼、杜予编，北京：中国人民大学出版社，2005 年，第 1 ~ 35 页。

符号的表征体系。① 在本研究中，新的论述结构不仅密切地依附于主流意识形态，而且使用一种大众悦纳②的方式向参观者展演传播台湾文化，特别是台湾与福建“同根”的源流关系。物品的论述结构强调“物证”叙述历史记忆的确然性，加上展览场景仿制和再现“过去”的场景，以情景化的手段共同建构国家秩序和社会伦理在闽台两地的一体化的图景。这些还原历史场景的目的，正是文本叙述展演化的重要途径，是人为地通过当下空间与过去“事实”进行的跨时间联结，以激活一组同类型的共同观念。这一组同类型的观念正是通过视觉展演的可见方式，向参观者传递不可见观念蕴涵的各种意义。

第二节　含蓄表述：“正宗”商品的“同根”展览

每个到台湾民俗村的游客，在购买门票的时候，都会收到一份购物中心的宣传单。上面的几个墨字十分显眼：“花钱就要买真货”，在右上角有一个棕红色的章印，上书“正宗”二字。那么，什么是正宗呢？

刘扬忠在《宋词大辞典》③ 中注释有：“正宗，本是佛教禅宗用语，特指初祖达摩所传的嫡系宗派。后用来泛指学业技艺的嫡传正派。”《温病条辨·王章忠序》写道：“二千余年之差谬，至此而得其正宗，六始非苍生之福也。”宋代的陈师道在《清岩化禅师疏》写道：“绍云门之正宗，入慧林之半座。”其中的“正宗”一词，都为的嫡传正派，师承一脉。范正宇进一步说明了现代社会如何理解“正宗”。他注释道，“正宗观念对中国文化的影响甚深。至今，无论商家的名牌工程，还是消费者购买商品，均极重视工艺、品牌的正宗性。”④ 同时，在英汉对译中，“正宗”也被翻译成 authen-

① 在巴特斯看来，神话并不是谎言和告解，而是一种符号意义间的转换，让历史变成自然之物，而暂时之物成为一种“永恒”。（见巴特斯（Roland Barthes），今日神话，见巴特斯、让·鲍德里亚等著，形象的修辞，吴琼、杜予编，北京：中国人民大学出版社，2005 年，第 23 页。）

② 这体现在“缘”、缘分的观念为两地民众所熟知和接受。

③ 王兆鹏，刘尊明（主编），宋词大辞典，南京：凤凰出版社，2003 年，第 833 ~ 834 页。

④ 冯天瑜（主编），中华文化辞典，武昌：武汉大学出版社，2001 年，第 30 页。

tic，强调事物的本真性，值得信赖。可以看出，“正宗”一词有两层含义：一是“正统”，强调技艺、学术的嫡传正派；二是与“真实性”一词类似，强调商品产地、工艺、质量等方面的信息真实。

由于闽台两地在工艺传承方面，基本师承一脉，属于“嫡系宗派”。那么，台湾商家在推广、展演所谓台湾“正宗”商品的同时，通过建构商品的传奇故事，叙述工艺过程，是在直接或间接地承认产品是“源于大陆”这样的历史事实。在这个意义上，台湾商人正努力赋予商品“正宗”概念和背后的文化意义。同时，从展示的商品的各种文本，包括说明书、企业传奇，产品来源考正的分析上，都无不以含蓄意指的方式表述着“同根同源”的主题思想。

本节的讨论将围绕展览策划者如何以“正宗”理念，进行符号编码的意指实践。首先叙述策划者是如何选择供展览的商品，以及背后的用意；其次，讨论商品的“舞台化”设计思路，包括外围张贴海报的第一印象，以及内部商品构建空间安排的主题思路；再次，讨论商品说明书、企业传奇，展示设计这些文本在表述“正宗”的同时，叙述“同根同源”的历史记忆。最后，我将指出含蓄意指的实践背后，是企业主对在地市场的一种策略性考虑。

一、采购：选择“熟知”的商品

担任购物中心策划的黄经理①，也负责台湾商品入厦的采购项目。可以说黄经理是这里的项目负责人，包揽了从商品的选择，联系厂家、分销商，直到商品搬运到民俗村购物中心展出的整个流程。他在谈到任何选择展示的商品时，黄经理很坦诚，“我们是台湾人，所以晓得金门三宝，就是菜刀、贡糖和高粱酒。相信这在大陆也是家喻户晓的特产。我们在金门多方了解，看看哪些适合做旅游产品。”② 之后，他又做了补充，“……是根据（中心）的主题选择有关的商家和商品。我们本身不是买这些东西的专家，请他们这些专家来买比较好啦。但是，产品选择必须以我们村的主题为准。”不难看

---

① 本节所称黄经理为企业主黄景山的儿子。

② 参见对黄经理的访谈笔记，时间 2007 - 7 - 16。

出，这个商品选择的主题就是商品要“家喻户晓”和被在地市场所“熟悉”。因此，“熟悉”是民俗村展示台湾商品的重要交换符号。在后现代社会，人们消费的不仅仅是物质本身，更是在消费物品背后的符号。正如鲍德里亚（Jean Baudrillard）对后现代消费所定义的那样，“有意义的消费是一种符号操作行为”。①

作为经常往来与厦门和金门两地的黄经理，深知商品熟悉度的重要性。从台中太阳饼、一条根到金门三宝，都是厦门消费者熟悉的商品。台湾的商家已经借助电视、海报、电影、名人促销、上门服务，等等的各种传媒途径，向广大的大陆消费群体推介和塑造了所谓“台湾商品”的整体形象。传媒的影响是巨大的。一时间，“金门三宝——菜刀、高粱酒、贡糖”、“机器猫爱吃铜罗烧饼”成为厦门孩童日日联唱的顺口流。台湾商品充满了大街小巷，形成各种“台湾风味”、“台湾特色”为招牌的商业一条街、旅游步行街。在导游的怂恿下，每个来厦门的游客都知道要买“正宗”的台湾商品，而到厦门是目前最可靠的途径。就这样，大陆消费群体已经为台湾民俗村预备好“台湾商品”坚实的市场感知基础。

面对目前品目繁多的台湾商品，黄经理感到很有压力。表现在以下两点：一是将自己的商品与大陆其他的“台湾商品”做明确的市场区分；二是和民俗村的文化主题“促进两岸文化交流”进行合理的联结。就前者而言，黄经理的定位很明确。他指着宣传单上的小海报对我说，“这些产品和海报与金门当地卖的一模一样，给游客的印象就是真实。”② 在他看来，这一商品的“真实性”建立在原产地台湾生产，并直接运到厦门进行销售的供销流程当中。对此，他进一步解释说，“第一点，我们（到台湾）实地拍摄一起相关的产品信息，然后带到民俗村来。”这些文字、图像资料可以为游客提供一种“真实”原产地的想象。第二点，“到金门当地做考察，那里金门的导游会先给游客介绍一些金门的景点和特色商品，然后（把当地的商品）直接带到这些购物店里面。”从这一点来看，黄经理的言语中关注身

---

① 让·鲍德里亚，物的体系，见马克·波斯特（编），让·博德里亚文选，加利福尼亚：斯坦福大学出版社，1988 年，第 21 ~22 页。

② 参见对黄经理的访谈，时间 2007 -7 -16。

体实践的证明方式。即通过“到过现场”和“眼见为实”的“见证”方式，强调商品的在地属性。他还补充说，购物中心的录放设备在不断更新当中，陆陆续续会补充更多的“现场产品的制作展示”。公司希望到访的每个游客，通过观看“在那边”现场制作商品的流程，直接用视觉和听觉甄别“这些（展览品）是否正宗”。就后者而言，他清楚意识到商品也是“文化交流”的一种重要形式。所以，他反对市面上充斥的假货。在谈到金门贡糖时，黄经理很认真地告诉我，“……所以你可以看到（产品）在金门业主中多元化发展，导致原本来自厦门、福建的贡糖在金门会比较畅销。基本上，许多旅游业会推出金门贡糖，但是在外边许多店家都是厦门产的。你可以到（厦门的）和平码头上找到许多家。”他还强调，“你知道，这些东西（特产）真正在市场上看到的，难听点的说法就是‘假冒’、‘仿冒’的产品。”

总之，黄经理的现身说法，以及带来的对原产地的各种文本资料，无不在叙述着一个词“正宗”。而“正宗”的商品选择，首要建立在地市场对台湾特产的“熟悉”的市场感知上面。接下来，为商品的“正宗”叙述创造一个戏剧化的语境，营造商品展览的视觉空间，就成为必要的环节。

二、商品的“舞台”

购物中心原来是闽台根雕展览馆。黄经理来厦门台湾民俗村后，觉得可以用这一空间作为台湾商品的卖场①。展示设计突出主题，是通过展览品和空间环境的各种表述手法向参观者进行传递。对卖场的设计和装修可分为室外空间和室内空间。室外的设计强调台湾的文化图景②对观众的眼前吸引，以建立消费关系的第一印象。而室内的装饰，包括场景布置、商品系列的安排，是以“亲和力”为主题制作室内空间的主要氛围。在人类学家玛丽·道格拉斯（Mary Douglas）看来，现代社会的物品消费好比是不断确认“公共意义”的仪式活动。这其中，所有的社会范畴和规则被确定下来，并不

---

① 台湾的习惯称谓，用以指那些展览、销售商品的空间实体。

② 这里的“台湾想象”是一个视觉复合体，由大陆游客所熟知的形象集合而成，涉及台湾的明星、台湾岛地图，台湾特产各种表征台湾的消费符号。这些符号通过各种媒介机构经选择、改装后传播，再通过特定受众的观看观点、消费实践而得以认知。

断再生产。[①] 在民俗村中，购物中心的环境的塑造以“亲和力”为主题，正是设计者力图为参观者营造的“家”感觉。那么，参观者挑选物品的消费行动，也就成为对“正宗”符号的“公共意义”之体认，共同参与到隐含其中的“同根”话语的解读实践当中。

（一）吸引眼球的外围：台湾购物中心的第一印象

先从我在2006年7月份在田野调查时对购物中心的第一印象说起。以下内容取自于田野笔记：

> 从娜麓湾剧场观看完表演出来，我信步于田间。突然，我想到“台湾日月潭”看看，在兴奋之余安享“台湾”风光片刻。没走几步，不远处一座圆穹型建筑深深地吸引我。这是一座带有塔式屋顶，八面白灰墙围合的独立建筑。白墙上贴满了形形色色的宣传画，而其中“台湾特产购物中心”的隶书字额外醒目。我环行于建筑外围，发现宣传画使用格调一致的绘图背景——大范围的淡蓝色铺面，并绘上台湾岛立面俯视图，仿佛在叙述着“海那一边”的故事。各种台湾商品、商家、名人推荐的影像被均匀地安排在画面中，展示出丰富、多彩的台湾商品，包括金门“风狮爷”、高山族手工艺、闽台油画、台湾少数民族的木雕刻，等等。走到圆穹型建筑的面前，才感觉到于这与台湾少数民族的会所建筑有几分相似。后来，听建筑工程部的人介绍：屋顶由细木条排列而成，有几份高山族建筑的风格。

再一次到来这里的时候，是在黄经理的陪同下。他指着外围的名人海报说，“这些海报……里面都是产家、商家和台湾影视圈明星的合影”。“像刘德华、莫文蔚、吴宗宪这些大牌明星都给他们的产品做过推介。”[②] 许多像我这样的年青人，一开始就注意到上面的明星照片——真的是再熟悉不过了。看着这些电视剧、电影里反复露面的“大腕”，我总有股冲动，想探究是什么样的商品这么吸引人。

（二）“亲合力”的制作：空间内布局的主题思路

建筑有两处入口。入口出的门楣上悬挂着中心的招牌。这是用红白间隔

---

① 玛丽·道格拉斯、贝伦·伊舍伍德，物品的用途，见罗钢、王中忱，消费文化读本，北京：中国社会科学出版社，2003年，第51~66页。

② 参见对黄经理的访谈笔记，时间2007-7-16。

的菱形图案饰边，上绘满“高山族”生活起居图景的木版画。不难分辨，菱形图案正是表征高山族部落所敬拜的百步蛇。居于招牌正中，以繁体字书写“正宗台湾特产购物中心”——橘黄色的字体清晰醒目、笔法刚劲有力，仿佛在叙述着所展示物品的“台湾身份”。（如图 3－1 所示）

图 3－1　入口处的展示墙板（摄于 2007－7－15）

1. 基本布局的安排

步入右侧入口的仿古木门，便进入购物中心的内部。这个中心分两个空间，三处商品陈列区。如图所示，建筑者将室内空间分隔出两个同心圆：内心为 B 区①，外心由两侧门区分出 A 区和 C 区。A 区陈列的主要陈列金门特产，和一个闽台花轿的展品；B 区有转侧入口进去，主要展出闽台油画和台湾小点、药材和茶叶；C 区与 B 区相互贯通，只是朝向不同，展示主题为“台湾高山族”手工艺，还包括一些大陆生产的“民族工艺品”。（如图 3－2 所示）本节主要讨论各种来自原产道的台湾商品如何被传达“正宗”的产品理念，并以含蓄意指的方式叙述。其中，高山族的商品多在剧场中以人员推销的方式进行，在此就不做累述。

B 区入口处，一面展示墙板设计新奇，有点博物馆的序厅设计的格调。四条漆黑木柱连接天花板和地面的空间。展板有五块原木拼接而成。居中木版上题有墨绿色的中心招牌；两侧分别左右对称，由木偶、抽象画、旧剪

① A、B、C 区的划分为作者所加。

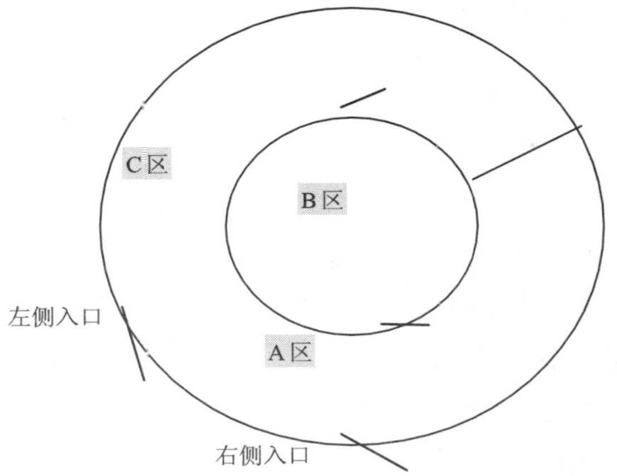

图 3－2　购物中心室内大体布局

报、解放前照片、油画等组成。看似大杂烩的物品堆砌，却预示了总括展厅大部分商品。如同是一般目录，或是文章的摘要，引起参观者想“掏一掏”的好奇心。

2. 环形的中心：闽台婚庆场景

闽台婚庆场景（如图 3－3）设置于大厅开放式的空间中．为参观者提

图 3－3　闽台婚庆场景中的消费者（摄于 2007－5－2）

供一个自由拍照、留影的场所。整个场景以中国人喜爱的红色为主基调，陈列品包括花轿、彩礼担、新人服饰、彩幡顶，等。花轿的样式来自明清时期流行于闽台地区的花轿原型。共三副：两副新人花轿和一副媒婆花轿。前两副花轿高约 1.5 米、宽约 1 米，轿杆杆长约 5 米。花轿以红漆木为主色，上装饰有精细的透雕金粉堵件，包括花鸟人物、民间故事等内容，以及各种纹饰，如金钱纹、回字纹、云字纹。媒婆花轿相对简单，以蓝漆木为主色，只有几处的漏雕饰件。彩幡顶以大红丝绸为料，上刺绣有八仙人物，并饰有五彩穗花。除花轿和彩幡被原地固定之外，其它展品都可以自由移动。这为消费大众提供一个参与、互动和角色扮演的机会。有的参观者滑稽地穿上新人服、戴上凤冠，或官帽，扮演起“新郎”，或“新娘”。还有的人挑起彩礼担，当起“挑夫”。对此，民俗村工作人员并不介意。黄经理解释说，这正是希望主办方和消费者之间的互动效果。“我不希望这里（购物中心）给消费者一个纯粹交换的地方，而是让游客感觉到丰富文化的气质和内涵。”在他看来，花轿场景给消费者带来自然、亲切的感觉。特别是福建与台湾两岸拥有诸多共通的风俗事项，其中婚庆习俗颇具代表性。大红色渲染出热情、亲切的气氛，给台湾商品的布置增添了一道绚丽的风景线。正如黄经理所强调的，让消费者知道购物中心“不仅有买的东西，而且是让大家了解台湾文化的地方。”所以，从内在的设计意图出发，策划者希望创造历史、文化的韵味，以冲淡了商业味很重的压抑感。据了解，大部分消费者来自福建本土的游客。为此，设计者希望通过展现两岸“共同”的婚庆用具，塑造一种两岸“一家亲”的气氛，让消费者在“熟悉”的环境中自由选购所需的台湾商品。

三、“正宗”中的“同根同源”

双环形的空间布局，使得中心的物品意义显得特别突出。而作为表征“同根同源”的婚庆场景被特意安置在圆点位置，所有的商品陈列围绕这一中心展开布置。如此，主题的寓意不言而明。下面讨论中心之外的展览安排：一是“大杂汇”，集合小吃、油画、土产等商品，分主题的意义不明显；二是金门特产的专题展，主要以金门三宝为重点的商品展览。

（一）“大杂汇”中的两岸联想

A 区的内容可谓是大杂烩。这部分区域包括三方面内容：一是台湾小点，特别是非金门地区的特色小点；二是闽台油画，实际上是厦门当地的油画作品；三是台湾土产，如蓝香子、金门一条根、台湾高山荼。首先，映入眼帘的是小吃工艺作坊，由玻璃贩卖柜、海报、待客泡茶的桌椅组成。最引人注目的是海报，著名的日本动漫剧主角——小叮当出现在海报的主体位置，一般的文字说明店主的名字和小吃“铜锣烧”。海报记录了铜锣烧来源地日本，以及如何进入台湾千家万户，而成为“台湾美食”的代表之一。工艺作坊布置简洁，蛮有几分台湾街巷摊买的随意味道。老板看到我手携 DV 摄影机，赶忙递上名片。在问及是厦门人的时候，他主动与用台湾话和我攀谈。他是一个经常往返于两地的金门商人，主要销售的台湾小吃集中在旅游黄金时段。平日里客源少的时候，他就到村外的店铺帮忙；一到黄金周，他又会出现在民俗村的作坊里面。

聊完后，往里走。紧挨着作坊的是一处玻璃展柜。里面陈列的是台湾“金门一条根”。一旁的说明书简要地介绍了“一条根”的来源、形态和药用价值。“一条根”属于阔叶大豆科，种植三年后才可采摘，根部可深入地下达 50 公分。由于这种植物只有一条主根直伸入土，并少有支根，或须根而得名。在张贴的一份材料中，一条根的珍贵之处，使得采用展柜方式陈列变得合乎情理。“金门流传一句话：‘金门一条根，胜过韩国高丽参’，因为同样一市斤，一条根的价格比高丽参还贵，足见金门一条根的珍贵。”有意思的是，材料介绍还突出一条根与大陆的关系。“根据金门文献记载，明末郑成功驻金时，就已发现金门一条根的特殊疗效，具有祛风除湿、去窒化淤的功效……”由于金门对大陆开放旅游后，真品数量日渐稀少，所以材料也提醒消费者如何甄别“金门一条根”的真假与好坏。

在往里走，建筑者设计了几处凹凸起伏的展示墙，上面悬挂的正是闽台油画。黄经理介绍说，这些油画来自厦门乌石埔画家村的画商。那里的大陆艺术家以台湾阿里山、日月潭、高山族等，台湾风情为主题而特定创作的油画作品。这些“闽台油画”的篇幅大多在半公分之内，构图相对简单，且价格不贵——百元左右。但大多到访的游客以参观、欣赏居多，鲜有购买之意。展示艺术品的空间相对安静许多，灯光也别特意调暗，整体塑造出一种

“高雅”艺术的欣赏氛围。

原路折回，你便可以站在进入B区的入口处。左侧有一张长形桌子，用红锦布做垫，上摆着“兰香子”系列产品，包括颗粒装包装、易拉罐和盒装三种。系列产品的品牌为“黑金沙”，以“品”字形叠放。产品下方陈列着两份黄白“官方”文件：一是由“经济部智慧财产局”蔡练生签发的商标注册证明；一是代理县长签发的“台北县政府营利事业登记证”。我不由得想起黄经理的一句话，“我们这里兜售的全是正宗的台湾货，许多甚至有资格认证。”依据产品说明，“兰香子为一年生草本植物，直立生长、茎部呈四角型，在台湾是家喻户晓的保健食品”。说到兰香子，从台湾师傅吆喝口中，便可以知道两岸的纽带关系：“一二三四五，青菜煮豆腐；二二三四五，福州到澎湖，要吃到爽口”。不难看出，闽台两地中许多饮食店里的“随手杯”，基本带有兰香子的配料，甚至包括浸泡在米酒、果汁、饮料、珍珠奶茶中。这是两岸民众广泛饮用的“绿色”保健品。产品还强调兰香子的安全性，“责任险高达1000万台币”。

右侧的长桌陈列的“台中太阳饼”系列。黄经理曾介绍说，“这是可能是台湾独创的一种饼”。实际上，太阳饼的工艺同样来源于大陆。这可以追述到制饼流派中的昆派，属于丰原制饼老字号的代表。① 当时林振芳为地方上的知名人物，林家也为地方望族。林家人的日常三餐不仅就厨师料理，而且讲究饮食的制作过程。时常出任林家总铺师叫张林犁，与林家共同研发各种制饼的技术。到了后来，林氏族人中“昆”字辈者分出来，自行创业、专门制饼，并将店名改称为“昆派”。再后来，“昆派”传人林能水先生，从店铺式经营发展到台湾的台中市。从此，在台湾自立门户。他制作了许多饼品，以太阳饼口碑最好，后发展为现在的“台中太阳饼”。在商品展示桌的正面墙壁，张贴着巨型产品宣传单。许多台湾政界名人、影视明星，都有与太阳饼的经纪人合过影、留过相。其中，现任台湾“总统”的马英九格外引人注目。他早年担任台北市长，就曾做过“台中太阳饼”的品牌推广人。实际上，太阳饼的主要原料是麦芽糖。这与闽南地区流行的“老婆

---

① 参考见“太阳饼故事系列”，引自 http：//easy. sina. com. tw/scenic/article. php？content_ id =262

饼”、“马蹄酥”有异曲同工之处。那么，为什么改名叫“太阳饼”呢？宣传册中详尽介绍了“昆派”传人的三种传说：“第一传说是：相传在中国古老的南方地区，民心纯朴，民智未开，有一天突然天昏地暗，民众以为触怒了天神，派天狗吞噬太阳，正当民心惶惶之际，有人提议集合所有妇女，以面粉、麦芽制造糕饼，祭拜天地，让天狗饱食，不再吞噬太阳，在全民赞同之下，于是制造许多糕饼祭拜，果然太阳复明，因此相沿成俗，而所制造的糕饼，遂被命名为太阳饼。第二种传说是：清朝末年，制造糕饼非常著名的贺日升，有女初长成，贺日升的弟子陈维民看见小姐花容月貌，依其容颜制成太阳饼，以纯正麦芽糖做心，表达甜蜜思慕之情，在招亲会上大获贺师传的青睐，遂将爱女许配给他。此后，贺师传还以陈维明所做的太阳饼当作喜饼，分赠给亲友，深获好评，所以太阳饼又有千金饼的美名。第三种传说，太阳饼的形状浑圆，中间盖有红色的店记，形似太阳，数十年前不知谁取名为太阳饼，就此流传下来。”无论是神话传说，还是历史真实，这三种文本至今没有定论。倒是让“来自台湾”的太阳饼多了几分厚重的历史感。通过商家对传奇故事的“文化”渲染，消费者对商品有了一个“百年老字号”的品牌定位。由此带来的是，消费者购买的不再限于简单的口味和包装美观的物品效用，而是对背后的“正宗”、真实性的价值认同。

（二）金门特产的“同根”故事

从外环A区步入内环B区中，氛围顿时柔和了许多。从色彩上看，外围空间多用白帜灯做照明，而内环采用暖色调制造温馨的气氛。如果说前面的商品并不十分鲜明地表达闽台关系，那么这里的展品和模拟场景的制作，都在不断强调着台湾和福建的纽带关系。陈列商品以“金门三宝”、“风狮爷”为主，配合两处场景的模拟：闽台婚庆和“金合利”制刀作坊。

从右手边起，这一处空间集中呈现了金门地区的特产。比如，金门三宝（炮弹钢刀、贡糖、高粱酒）、浯州陶艺、明信片、邮票等。其中，金门的炮弹钢刀、金门贡糖和浯州陶艺为商品展示的重点。

1. 炮弹钢刀

炮弹钢刀以“金和利”、“金永利”品牌为主，展演内容分为两部分：宣传画和实物。一是张贴的宣传画，展示商品的来源、工艺流程、名人推荐照和媒介报道。二是实物，包括工艺作坊的模拟场景（熔炉展示），以及待兜售的钢刀和作为“道具”展示的炮弹原材料、半成品和成品。

首先是，张贴的宣传画（如图 3 – 4 所示）。其中，一位中年工匠正在用电镐切割弹片。这是正是永利制刀老铺的负责人林世安先生。一旁的文字介绍了他和金永利品牌的来历：“1958 年，在飞弹如雨的夜晚一名阿兵哥，为了克服炮弹轰炸的恐惧记忆，抱着捡来的‘炮弹钢片’要求当时的金门打铁少年林世安替他锻制钢刀。就这么一个期望，替金门人抹去‘恐惧记忆’的单纯想法，林世安展开了自己六十年与鼓风厮混和铿锵敲打声为伍的淬火生命，也因为这份纯真，金门‘手工制刀’的失传绝技能再江湖重现。”同时，“金合利”的产品记录了闽台在工艺上的师承关系：“在清光绪年间，刀业祖吴宗山习艺于厦门”，到了传人“吴熙君”于公元 1937 年到现在的金门县“金城吴厝”。由于金门缺少铁矿，遂“采集炮弹碎片”为原料，后在“八二三炮战”中取得“用之不尽之材”，使得技艺得以流传，并“推向国际舞台”。另外，在一份从厦门市政府网站上摘录的宣传材料中，设计者特意用红线注释了刀具制材——这是来自“中共的八二三炮弹”。材料强调“金合利制刀厂”是“炮弹菜刀的研发者”，是“最老字号”的“刀厂”。这些都说明钢刀制造的“正宗性”。还有几张照片，描绘了其它工

图 3 – 4　钢刀的“传奇故事”张贴画（摄于 2007 – 4 – 13）

匠在车间里打、敲、铸、磨的工作场景。另一方面，宣传说明文字间，叙述了制刀者对“八二三炮战”的独特记忆。“对于中共炮弹，金门人犹有余存，而林世安的财富，却恰好是天上掉下来的中共炮弹，将‘炮弹’变成‘钢铁菜刀’。这一块铁招牌，就是独门绝活。”综合这些材料，我们不难发现：商家对炮弹的描述使用的不是“恐怖”、“灾难”和“死亡”带贬义的语汇，而采用“累计47万多发的炮弹”、“纯钢”、“上乘原料”等的褒义修辞作为原材料的炮弹。其意图，一方面证明是“正宗”的台湾钢刀，有其历史的“真实根据”；另一方面，所谓的台湾钢刀也是“源”于大陆，是早先两岸对峙时期从大陆打来的“榴弹”和“宣传弹”。一处展墙有一张堆积满炮弹原材料的画面，在上面又张贴的两张老照片。据说，这是在打过去的“宣传弹”里发现的。老照片以物证的方式记录了炮战历史的真实性：一张标题为“美丽可爱的祖国”的剪照，试图唤起台湾民众的思乡之情；另一张标题为“为蒋介石卖命白送死、为人民投降得幸福”的剪照，上面两位“投降”者面露喜悦之情。

接下来是工艺作坊的模拟场景，并配以科普图示。商家不仅着力介绍钢刀的历史背景，还在展示墙上张贴制刀技术的分解图示。另一方面，黄经理还设计了DV录像播发。原因是大陆游客“许多不相信炮弹可以制造成钢刀”。整个过程先是将炮弹熔铸，然后再经过淬炼、锻造、塑胚、抛光，最后成形。图像中还展示了从20世纪20年代到现代整个制作技术和机器的更新情况，说明现在的钢刀是“台湾正宗”，从工厂的历史记录中可见一斑。在科普宣传画的正下方，是一个仿煅烧炉的实景模拟设计。炉内的“熊熊炭火”是灯光照明的效果。而炉外的红砖砌筑采用水泥塑型，再贴红砖饰面的办法。炉台（如图3－5）由左到右陈列着以下真品：切割后的炮弹片、刀胚、半成品刀、成品刀，和包装好的商品。消费者可以将这些真品放在眼前，自由鉴赏和辨认。左边陈列桌上摆满了各式各样的钢刀商品，包括切菜刀、水果刀、剁骨刀、镰刀，及各式工艺刀。黄经理对这些钣刀产品很有信心。他说，“本身‘金和利钢刀’的产品售后服务就不错。如果刀片损坏，你可以邮寄回（金门的）公司。他们会有专人补修。”现场做营销的“阿姨”告诉我，“这些商品的质量可以放心——正宗的台湾货。你看照片上，和林世安合过影的有许多台湾明星。还有，这位是非洲冈比亚的总统。”①听她那么介绍，我心存疑惑：“如果炮弹用完呢?”“阿姨”不紧不慢地指着商品告诉我：一是“当时炮战的时候，留下来的炮弹很多。”二是一枚炮弹可以被分解为数片，这“至少可以做40~50把刀”。

图3-5　钢刀模拟场景（摄于2007-4-13）

总之，炮弹钢刀引用厦金两地曾发生“八二三炮战”的历史事实，作为商品来源的背景叙述。这实际上是在传递商品“正宗”符号之同时，间接地叙述着两岸在工艺技术、师承关系等方面的“同根”话语。从这个意义上讲，“八二三炮战”也不那么“痛苦”，而是钢刀“享誉中外”的历史条件。换句话说，“炮战”从战争叙事的文本中摆脱出来，成为制刀商家认同产品根源，赋予商品新意义的重要依据。这里，新赋予的意义包括两方面内容：一是炮弹的材质成为“上等钢材”和原料；二是炮战的“惨烈程度”被重新定义，改造成为制刀材料“取之不尽”的重要原因。

2.“子弹”贡糖——陈福记

除了炮弹钢刀，“金门三宝”还包括贡糖和高粱酒。向右走几步，眼前

① 参见对阿姨（化名）的访谈笔记，时间2006-7-15。

的一张展桌上，就是金门贡糖，以“陈福记”为民俗村的首推品牌。这里展示品种分两大类：酥糖和子弹饼。而口味达到十多种，包括沧海酥、乌龙酥、抹茶酥、茉莉酥、竹叶贡糖、猪脚贡糖等；子弹饼包括高粱子弹饼、巧克力子弹饼、奶香子弹饼，等。

随手拿起一包精致包装的酥糖，背面就有产品介绍。最为引人注目的是，就“阿福”（陈福记）工艺的由来：“阿福”——本名陈金福，乃金门贡糖创始者“命师”① 陈世命先生之四子，为贡糖世家“名记贡糖”的第二代。20 世纪七十年，陈世命是福建漳州的糕饼名师。“首开风气之先，将闽南贡糖制作手艺，从厦门引进金门”。其子陈金福将传统糕饼厂转型为股份有限公司，并将市场向“海外”，特别是大陆市场推广。

另一大类陈福记贡糖为“子弹饼”，是由高粱粉和花生粉配置而成。烘焙而塑成一颗颗栩栩如生的子弹、炮弹形状，就连包装也设计成“装弹药”的铁盒子。（如图 3－6 所示）产品介绍中强调子弹饼是“运用战地形象的独家发明”。许多媒体的商品介绍中，曾有记者打出这样的惊叹：“子弹可以吃?”② 不难看出，产品的独特“发明”是对金门“军管戒严”历史的一

图 3－6　“子弹饼”——“陈金福号”的商业网站宣传画

① 在台湾当地，行业对师傅的尊称一般是在名字后面加上“师”字，以示尊敬。

② 参见 http：//www. ylib. com/travel/notes/oneroad147. htm

种自我调侃。换句话说，将原本进贡到清朝宫廷中的酥糖，揉入进商家对金门地方史中的“战地”记忆，成为对“台湾特色文化”的一种自我认同。有趣的是，这一认同在很大程度上来源于对商品传奇的发明①：曾经金门在两岸对峙时期处于战地要害，台湾军方贮存了许多子弹。但，随着两岸关系的深入发展，金门地区的民众开始考虑着如何处置那些应该退出历史舞台的子弹。经过商讨，台湾民众一致认为，子弹应该用来‘吃’，不能用来发射。董事长陈金福得知这个“决议”，灵机一动，就想到了制作名为“子弹”的特色糕点，发动群众用嘴巴吃掉“子弹”，用胃消化掉有碍两岸和平的武器。阅读这一则诙谐的故事，我们不难发现：一方面，企业传奇描述了制作“子弹”的灵感如何产生的大致过程；另一方面，文本也希望传递这样一个友好的商品符号，即台湾同胞对和平的期盼。金门对大陆的战事戒严，已经推出历史的舞台。那么作为“武器”、“死亡”代名词的子弹从原来的所指中摆脱出来，在两地物资流动、商品交换不断深入的“和平时期”中，经过市场的赢利推动下，被重新编码为“和平”、“甜蜜”的新意义。从商人的角度出发，似乎吃掉“子弹”，就可以忘却“不快”的历史记忆。而“吃掉子弹”的消费行为，成为大陆和台湾民众之间缔结“和平纽带”的象征性实践活动。

3. “风狮爷”里的郑成功（浯州陶艺）

除了“金门三宝”之外，“重装推出”的金门特产系列还包括金门的“风狮爷”。展厅在挨着炮弹钢刀展区边上，特意摆上一张长约 5 米的展桌，上铺红布并摆上从金门各村落收集来的石雕“风狮爷”。一个个“狮爷”虽然形态各异，但保持着威风凛凛的姿态。

在背后墙壁上，张贴有金门“风狮爷”的来历故事。上面写道：“明末清初时期，郑成功率领大军来到金门，为了移防台湾将所有的树木砍伐作为造舟材料，加上康熙年间清兵厉行坚壁清野政策，使金门成为沙地让百姓深受其害。当地居民为了镇风止煞，就在村前打造一座狮头人身的风

① 在接受大陆记者采访时，陈金福承认：“我是故意制造话题，把金门长期作为战地的历史和闽南文化特色结合到食品上，以突出老店的特点。”参见李气虹．金门马祖盼大陆开放更多省市来游，联合早报 2007－9－30。

狮爷。……”查阅《金门志》，上书“旧多辛木，因郑成功造船，砍伐殆尽。”不难看出，由于闽台两地战事不断，林木多被砍伐、征用或做船舰、或为武器。金门原本古木参天，经过多次砍伐而导致沙化，当地居民“深受”季风的苦害，所以故将原来的石敢当改为狮子的模样来镇风。实际上，石敢当为汉人移民从中原带来的一种驱邪灵物，为辟邪招福的神兽狮子的形象。黄经理告诉我，当地人为了增加神狮的威力，特别制造成站立的形象，“就好象具备了人神的威力”。石敢当中许多为石狮子的形象，一般放置于屋顶作为风水吉物。但“风狮爷”不同，一般立于金门村落的四个方位，扮演着村落保护神的重要角色。

“风狮爷”来源于大陆的中原文化中的石敢当，但经过金门独特的环境熏陶，转变成站立的神狮形象。黄经理十分赞赏“风狮爷”被商业化改造的作法。他说，“……商家比较有创造力，把这个东西变成一个商品来做：将这辟邪物从那么大、土气的形象转变为精细、可把玩的艺术品。”确实，在当前金门推动商品化的潮流冲击下，浯州陶艺的王明宗、黄金郎等“技师”①，将“散布在山野田间的风狮爷”作为制作陶艺的主要素材，推出反映“金门民俗特色”的系列商品以推向“海外”。一旁的剪报栏上，贴满各种有关商品宣传报道。其中，在“名人推荐”的栏目中，许多明星，如刘德华、任贤奇，还有台湾的奥运冠军陈诗欣，政界名流连战的夫人，等等，都与陶艺主创者有过合影留念。一旁的商品柜上，摆放着各种“风狮爷”陶塑作品，是采用金门盛产的礁石陶为原材料烧制的各种“风狮爷”形象，如类卡通形象的风狮子，五彩艳丽的微型门狮，等等。

总之，风狮爷经历着符号意义的时代转变。首先，早期赴台移民中，风狮爷原为来自中原文化中的石敢当，意为屋顶、房门的驱邪物和风水吉物。到了明清时期，由于战事不断，间接导致金门土地沙化，风狮爷成为村落的镇风之神，守卫在村落周围。当下，金门基本实现“小三通”，并对大陆开放旅游和市场，一系列有“本土特色”的文化符号被商家挖掘出来，制造成为认识金门文化的所谓文化物品。其中，“风狮爷”从两岸的民间信仰中走出来，经过技师的“艺术提升”，转而成为两地市场流通的消费符号。

---

① 台湾当地对民间工匠的一种尊称。

图 3-7 金门的风狮爷工艺品（摄于 2007-4-13）

四、消费背后：本土化营销的策略

不难看出，商家设计、生产和展现台湾商品，需要考虑两方面的因素：商家对大陆的市场感知，以及消费者的需求取向。换句话说，一是选择的所谓台湾特产和文化事项，在多大程度上为目的市场所接受和共享；二是产品的实用价值，是否满足在地消费群体的日常家居、旅行等方面的实际需求。在这两种因素的共同推动下，企业所选取的文化要素成为“标志性”的文化呈现，并用以表征整体而复合的“台湾文化”。对文化的筛选符合利益追求的考虑。他们有意识地对台湾文化进行要素提取，进行加工，最终融合到运送到大陆的商品符号当中，是希望通过商品的不断在地消费，建构起台湾企业实现不断价值增量的“文化机器”。商家所希望的是，在“亲和力”氛围环绕的消费空间中，消费者通过现代化媒介宣传、名人见证、现场导购等方式，在报刊、杂志、影像、陈列品等组合的空间下，全方位感受、体验商家建构的文化符号，学习其中的主旨思想。一方面，在企业有计划、有策略对购物环境的舞台化设计中，消费者被放置在标签为“台湾文化”的语境中学习和认识台湾文化。另一方面，在购物现场之外，企业通过宣传的产品知识、企业传奇的媒体呈现，将商品价值逐渐渗透和融入更普通的大众日常生活中，外推到消费大众对“台湾文化”的刻板形象的生产过程当中。

总之，商品建构出“台湾文化”的刻板形象，是以主动迎合大陆主流意识形态为基础。在这一双重包装下，多元而复合的台湾商品成为一种策略性制作、生产的文化形象。向外表述的不仅仅是强调商品的“正宗”的符号意义，属于“台湾文化”的组成部分，更是以含蓄的意指实践方式，承认两岸“同根同源”的话语和“统一”的民族认同。在商品的展览空间中，商家为台湾商品赋予各自“传奇”的意义，却暗中透露出“同根同源”的叙事结构。一方面，商品的“企业传奇”经过文化同质性的情感召唤和历史追忆，以及两岸文化“同宗同根”、“一家亲”的叙述，很自然地嫁接到大陆主流意识的文化脉络当中。换句说，通过向大陆民众消费台湾商品，与中国“正统”的价值观达成某种契合。另一方面，闽台两地共有、共享的民俗事项，通过商业包装而得以重新塑造，并不断从台湾向大陆的市场推广中塑造商品中的身份符号①。在这两股共同的合力作用下，台湾特产和相关台湾商品被赋予“统一”的文化身份，不仅融入到大陆的主流意识形态当中，而且成为两岸文化交流中“物品”的证明。从这个意义上讲，消费者购买台湾商品，不仅仅是在消费实体的效用，而且是在不断认知和确认商品内在的“同根”符号。比如，许多金门特产的民间工艺，（厦门人熟知的金门三宝：贡糖、钢刀、高粱酒），早年来自于厦门或福建的工匠技艺，在台湾的土壤上经过世代传承而得到发展和延续。这段表征渊源关系的历史，在众多的台湾商品的传奇中不断加以强调。目的都是为了拥有可挖掘类似的市场需求和消费偏好，为产品开拓、推广提供先赋的销售平台。

① 在这一点上，有的类似葛凯（Karl Gerth）对民国时期中国国货展览的研究观点。他认为，商品展览以国货为主题建构视觉化的民族主义空间，正是在兜售国货的同时，力图在中国消费者思想中根植民族国家的概念。可以说，消费国货的行为成为界定中国人身份的表征行动。（参见葛凯，制造中国——消费文化与民族国家的创建，黄振萍译，北京：北京大学出版社，2006 年，第 279 ~ 280 页；第 368 页。）

第四章 空间实践

第一节 “权威空间”的角色“扮演”：博物馆和参观者的互动

美国新博物馆学者马斯汀曾将博物馆分为四类：圣地、市场主导产业，殖民化空间和后博物馆。其中，博物馆最持久、最传统的方式之一，就是被人们想象成“圣地”。① 博物馆的词源来看，英语中 Museum 缘起于希腊语 Mouseion，是指“缪司神居住的场所”。不难想象，博物馆的诞生地正当地成为神圣性的代名词；而正因为如此，18 世纪到 20 世纪的大多数西方博物馆都被设计成宫殿或寺庙类似的建筑。如果成为神圣的场所，需要知识的权威性作为博物馆体系的重要依托。那么，我们有理由相信，闽台同根同源关系的博物馆叙述是国家“宏大叙事”的组成部分，也可以为参观者提供神圣体验的场所。例如，德国诗人歌德在游览德累斯顿美术馆之后，在其自传《诗与真》② 写道：“我不耐烦地等待着的开馆时间到了，而我的赞赏则超出了我的意想之外。那个独立的大厅富丽堂皇井然有序，深沉的寂静，给人一种肃穆而又独特的印象，类似于步人圣地时所感受到的情感，而且这在你注视为展览而设的装饰时更是有增无减……”。最重要的是，他认为美术博物馆“是一种纯粹知识的永恒源泉；是人的感性和美好准则的强化剂”。在这里，博物馆的神圣性已不同与传统意义上的宗教膜拜，而是基于对真理的

---

① ［美］马斯汀（Janet Marstine），新博物馆理论与实践导论，南京：江苏美术出版社，2008 年，第 11 ~13 页。

② J. Gage, ed. Goethe on Art, London: Scholar Press, J. Gage trans. 1980. P41. 转引自丁宁，图像缤纷——视觉艺术的文化维度，北京：中国人民大学出版社，2005 年，第 287 页。

信仰而带来的非同一般的心灵体验。

如果说博物馆缔造者希望将博物馆设计成为知识的殿堂，“神圣的空间”，那么在参观者看来，博物馆对他们意味着什么？马斯汀引用学者邓肯（Carol Duncan）和普莱茨奥斯的两段话，认为博物馆空间具有“舞台空间”的性质——设计者“采用戏剧化效果以增强对收藏品的历史性信仰”；而观众的参观行为是在“扮演特定的角色”。[①] 从这个意义上理解，博物馆空间融合了展陈设计者和参观者之间的对话和互动：一方面是设计者赋予博物馆“神圣的空间”的意义，另一方面则是参观者将之视为“表演的舞台”，他们的参观行为是在扮演一定的角色。

本节关注文化展演的空间实践，是基于对三种主要文本的分析：现场访谈，网络博客和博物馆的征文材料[②]。我试图借以探讨这样的过程：博物馆参观者如何权威空间中通过身体的移动，积极地体验展品所传递的“同根同源”思想。就理论视角而言，我参考特纳的仪式理论的范式，将他的类阈限概念引入到参观者进入、参观、出馆的三个阶段的具体讨论当中。因此，以下的问题值得关注：首先，作为“权威空间”的闽台缘博物馆中，参观者是如何扮演自己的特定角色？换句话说，他们是如何通过参观的身体实践，将主体性内嵌到“同根同源”论述的结构当中？在参观前和后的区隔中，参观主体是否发展出一种有差别的，甚至“超越”的感受，或是通过身体的知识实践而重新对既定的社会结构形成反思？再进一步，这些感受是什么，参观后形成的思考又是什么？

一、进入博物馆空间

如果将博物馆类比为“神圣之地”，大凡展览设计者都希望参观者到博物馆参观，能够成为一种知识学习的“朝圣行为”。有关宗教上的朝圣行为的研究，特纳的通过仪式的研究引人注目。这一观点可以追溯到他对杜尔干

---

① ［美］马斯汀（Janet Marstine），新博物馆理论与实践导论，南京：江苏美术出版社，2008年，第13页。

② 中国闽台缘博物馆于2007年9月开始，以“情系闽台缘”为题向社会征集素材，涉及游记、感想、身边故事和感悟的各种写作文体。本文引用的材料不是全部征文内容，而是其中叙述参观者各自想法的游记、感受、身边故事的素材。另外，文中编号为作者所加。

“世俗/神圣”的仪式二元性概念的应用中得到发展。他在“中心之外：朝圣者的目标”① 一文中，将目的地和朝圣者的家乡区分为“中心”和“边缘”概念的对应物，讨论旅游者离开家乡的日常生活，到“远处中心”自由地体验生活的价值和存在意义。在《基督教文化中的想象和朝圣：人类学的视角》② 将朝圣行为看作是“类中介仪式”（Liminiod Ritual）的一种，通过仪式的办法将世俗社会和神圣世界区分开。他在文章中描写道欧洲朝圣者与其世俗社会进行分离的过程：“朝圣的重点是走出，并朝向一个遥远而神圣的地方，为大众所认可的地方，……在这一的旅行中，一个人远离了日常生活中不断反复的‘原罪事件’。而这些‘原罪事件’的社会结构占据了人们体验的绝大部分。”这里的“原罪”，或是说“罪感”，不是真正的脱离法制的犯罪活动。而是基督教教义中与人生处世俗生活中各种关系、利益的纠葛，和人的社会性欲望相对应的概念。在特纳看来，朝圣仪式中最核心的部分是“中介状态”。为此，朝圣者“外出”、离开日常居住之所，最主要的是为了暂时地摆脱自我嵌于世俗社会的既定结构③中，前往神圣的地方去进行心理上的“洗礼”。

从更广泛的意义上讲，博物馆基于知识传播的权威性而被塑造成“神圣空间”。从特纳的通过仪式研究中得到的启发，参观者进入博物馆的行为恰好处于“世俗和神圣”的区分当中。以下行文将集中讨论不同参观者从外界世界进入博物馆空间的各种表现。从知识互动的过程中，讨论参观者是如何在这一过程中展现自我的存在，“扮演各自的角色”。

（一）“剧场”外的期待和应验

首先步入参观者眼帘的是博物馆主体建筑的群落。那么，闽台缘博物馆的建筑外观和步行广场就自然成为参观者的第一印象。分析访谈、征文材料和博客日记中，我们发现就在博物馆和人的视线第一次对接中，参观者多带

---

① Turner, Victor. The Center out There: the Pilgrim's Goal, *History of Religious* 12 (3), 1973, Pp191 -230.

② Turner, Victor. *Image and Pilgrimage in Christian Culture*: *Anthropological Perspectives*. New York: Columbia University Press, 1978.

③ 特纳所说的结构，是个人在社会中所处的地位及不同地位构成的社会层级。本节认为的结构有所不同，是相对于个体理解而言的认知结构，具体是指参观者对台湾文化的一切看法、立场和价值观。

有两种心理：一是期待的心理，亲身体验的博物馆知识对自己的冲击；二是应验的心理，通过自己的认知实践将书本知识与博物馆所表达的主题做一个横向和纵向的对比。

在收集到87篇博物馆游记中，有14篇提到进入广场后的一系列感想。大多数参观者表达了“惊叹”、“震撼”的感觉。其中，王丽铃①写到：“（我）在闽台缘博物馆的广场上，驻足眺望，朝圣似的，在心里默默地为中华魂鞠躬行礼，向象征着‘天园地方，中华一统’这一蕴藏深广博大的巨型建筑鞠躬行礼。”而陈河明②为建筑的整体形象所吸引，他写到“博物馆的外型上确实让人惊呼奇迹，仿佛一个中国式的金字塔伫立在泉州的山脚。”还有的作者③写道，“刚下公交车，一座大气磅礴、雄伟壮观的建筑立即映入眼帘，心不禁为之一震。……啊，第一感觉竟是这么的美和宏伟，我都不知道该如何表达心中的激动甚至澎湃的情感，只是想着不让自己的双眼有所懈怠。”不难看出，建筑以独特的外形和洪然大气的布局，为参观者一个震惊的效果，让他们满怀新鲜感和好奇心。

行走在通往博物馆正门的中心广场上，各种景观不断地将参观者的好奇心，转化为一种对文化知识的期待。在尚未了解建筑的各种表征意义之前，他们通过闽台渊源的主题线索，自行探索着景观象征和意图。

首先是主体建筑。陈涛④将博物馆比喻成天平，“整体如座天平”——装着“祖国大陆和台湾宝岛人民回归中国的共同心声”。张磊⑤作者比喻为“金色大圆顶”，“好像一朵充满勃勃生机的盛开莲花”。陈河明看成是“中国式的金字塔”。很少有参观者真正悟出主体建筑的斜面台阶被建筑师赋予的意义：一是闽南特色的坡型红屋顶；二是采用了儒家“万物归宗”思想⑥，以表征统一的渴望。类似的是，参观者的比喻都以“大”为修辞格，强调建筑宏伟带来一种“权威式”的震撼效果。有的作者⑦将这一震撼描绘

---

① 征文编号 Zw – A – 05
② 征文编号 ZW – A – 33
③ 征文编号 Zw – B – 10
④ 征文编号 ZW – A – 43
⑤ 征文编号 ZW – A – 23
⑥ 博客日记5的作者也提到这一点。
⑦ 征文编号 Zw – B – 05

成“高山仰至”，“宛若在面对一段漫长而又艰辛的历史。”同样，参观者对龙柱、卧碑、灯柱、倒影池等广场景观抒发了情感。当陈河明行走在倒影池边上不解其意；一旁的同学提醒他“这叫‘一水之隔’，代表者祖国大陆和台湾中间隔着台湾海峡，闽台时一家之意。”这时候，作者似乎得到知识的启迪，连称赞设计“有创意”。有的作者①的想象力十分丰富，将九龙柱比喻为守护博物馆的“巨人”，要等到“台湾问题解决”的时候，“冲天”而“带给上天和平的福音”。类似的是，胡燕妮②也将龙柱看作是“士兵”，表达出对博物馆神圣性的敬畏之情。

当参观者接近博物馆正门的时候，各种对意义的猜测、期待似乎就很自然地转化为一种等待验证的迫切愿望。例如，有的作者③表达了认识真相的期待之情：“……此次组织全院党员来参观，是件有意义的事。对我来说，历史的东西总有着极大的诱惑，心驰神往。总想去还原历史，走进真相。”有的作者④写道：“溯至几百年前。一衣带水的闽台亲如兄弟，互通有无。讲着同一种语言，穿着同一种衣服，挂着同一种笑容，‘这是一对孪生兄弟吗？’那会是许多人的疑问。”在这里，作者回应了对先前两岸渊源的猜疑，希望用亲身体验的方式得到“真实”的答案。

（二）“根”的启发：中庭的爆破画

拾阶而上，不一会儿就来到博物馆正门口。迈入大厅内，参观者只要稍稍抬头，一幅悬挂于中庭墙上的巨型爆破画就会立即充满视线，成为大众凝视的焦点。爆破画高 18 米、宽 9 米，面积达 162 平方米。画面描绘的是一棵大榕树及树根，取材于泉州开元寺的“迎客榕”，是用火药在特制的大麻纸⑤上爆破、炙烧成画。同时，通过 LED 灯光艺术和现代化电脑技术控制，在纸张背面显出 180 个百家姓。这使得灯光和榕树的根系融合为一种不同的呈现方式。

① 征文编号 Zw－B－10
② 征文编号 Zw－C－15
③ 征文编号 Zw－B－24
④ 征文编号 Zw－B－05
⑤ 讲解员介绍说，这是特意从日本进口的麻宣纸。

进入大厅的参观者，无不为这一“镇馆之宝”所“惊叹”。叶森岚①写道，“视觉的第一个落脚点是闽台缘的‘镇馆之宝’——蔡国强创作的壁画《同文 同种 同根生》，我在这个瞬间看见一种时代的句号变成惊叹号。这是一幅用火药引爆绘制的壁画，将泉州丰富的文化遗产和当代艺术巧妙融合：一株硕大的榕树及庞大根系，鲜明突出地挺立于中厅正面，背景不断呈现海峡两岸百家姓图腾，将人们带入一个历史和现实交互辉映的时空。”在接下来谢芩卉②的描述中，多次使用“震撼力”和“硕大”作为画面形象的修辞。蒋思思③毫不吝惜使用“宏伟”、“精湛”和“赞叹”来表达自己的崇敬之情。而作者④更是将这一感叹与中国四大发明联系在一起，他写道：“令人称奇的是，火药竟然能够‘炸’出这样艺术精湛的，出神入化的国画来，令人赞叹古代发明与现代艺术结合的巧夺天工。”对火药的艺术化呈现表示感叹外，刘鹏丽⑤看到“独特构思”背后叙述的意义，这是用“艺术演绎着闽台两地亘古不变的历史情怀”。

随着对独特、巨型的绘画效果带来的震撼感消退，参观者开始注意绘画的细节。Zw－B－24 的描述很具有代表性。他将视线移动在榕树的树干、根系、表皮和枝干之间游走。他写道：“画面由一棵大榕树及树根构成，榕树的树干苍劲有力，树根牢牢抓紧了土地，墨色的线条显示了一种柔中带刚的气魄，似乎还能看见榕树粗糙的表皮。树顶的枝干向上伸展，火药爆破形成的树冠茂盛葱茏。”最后，观众的游走的视线不约而同地在“同文同种同根生”的落款上停留。联系博物馆展现的主题，得到了“根”的联想和启发。朱婷⑥写道：“盘绕的根枝，强壮的枝干，不断外伸的枝条，好似一棵闽台文化所滋养的亲情树，而博物馆的一切、一切则是和这棵亲情树所滋养的子叶。”谢芩卉⑦显然采访过艺术家蔡国强。他回忆起当时创作的情形：“记得今年春末的一天下午，我和远途而来的泉州籍旅美现代艺术家蔡国强

---

① 征文编号 Zw－A－10
② 征文编号 Zw－A－15
③ 征文编号 Zw－B－42
④ 征文编号 Zw－A－42
⑤ 征文编号 Zw－A－06
⑥ 征文编号 Zw－A－08
⑦ 征文编号 Zw－A－15

会面，倾听他创作的构思。当我看到他手中那张画有大榕树的草图，不由得一阵欣喜。我以为，从中可以探明一个事实，在海峡两岸关系问题上，海内外炎黄子孙都有一个‘根’的共识。”这个共识就是“同文同种同根生”，即相同文化、相同人种，就好比根系相连相生。

不难看出，通过欣赏大榕树联系两岸的渊源关系，参观者得到“根”的启发。那么，榕树为何成为闽台关系的表征呢？叶森岚①说明了原因：“榕树是常绿乔木，具有典型的地域特性，在我国南方，尤其是福建、台湾一带，四处可见。”更重要的是，他认为，榕树的最大特点在于盘根错节，可以“牢固地把方圆成片的土地结集在一起”，而这好比是“把周围成千上万的子民凝聚在一起”。这种根的凝聚，让所有参观者联系到中国对台湾的主权问题。作者②的表述呈现了大众都盼望回归的情怀。他“静静地矗立在壁画前，轻柔的呢喃着：宝岛台湾，中华，是你伟大的母亲，正在等待和你重逢，不要再延续残缺之痛。”

（三）主题导引：序厅

榕树爆破画的欣赏，可以让观众或多或少明白展品的主要意指。随后，从左侧入口进入，参观者便来到序厅部分。

序厅是预示展览开始的空间，通过提炼化的形象语言向参观者表达整个主题的核心内容。如果说爆破画隐含有点启发的意味，那么序厅部分的景观展现，则标志着参观者即将进入一个神圣空间。这一空间的缔造与闽台关系有着“根”的直接联系。序厅主要由四根青龙柱、蓝色穹顶与巨幅磨漆画构成。主体色以红、黑、青为基调，展现庄重严肃、富丽堂皇的视觉感受。设计者着力从两处呈现博物馆的主旨：青石龙柱和中国地图。

首先是青石龙柱。序厅的弧型建筑模型是以九龙雕柱为立柱，上顶圆弧形建筑构件，以灯光映衬蓝天白云的照片图版。四根龙柱连接天花顶和地面，意味着九龙上天、直插苍穹。通过讲解员的解读，我们理解其中的表征：一是暗喻闽台两地的居民都是龙的传人；二是龙柱共同撑起同片蓝天，

---

① 征文编号 Zw－A－10

② 征文编号 Zw－B－42

寓示闽台两地生活在同一片蓝天之下。①从广场的九龙柱的出现，在序厅中再一次强调这一呈现的寓意。

其次是中国地图。地图分两部分：一是现代版的中华人民共和国行政区划图；二是清康熙47年的台湾全图。现代版的中国地图用金线镶嵌在黑色、反光的大理石展板上。这块展板位于序厅的中心位置，标明神圣不可侵犯的国家和领土意识。大理石展板高0.8米。在这一高度下，几乎每个参观者都可以站立着，在展板上审视中国领土的整体边界，在其中找寻自己所属的省市或地区。第二张地区，即清康熙47年的台湾全图以红色磨漆工艺临摹制作，好比画轴铺开，而悬挂在序厅的正面墙上展现。当解说员介绍台湾全图的工艺特色时，参观者不约而同地聚集到台湾全图下方的大理石展板面前。立于这块大理石地图的面前，人们观看着自己的祖籍地、居住地。与此同时，抛光的大理石平面形同一面明镜，将每个人反射入中国地图当中。参观者观看中国地图，同时也是在将自己和周围人的映像融入到同一张版图当中。甚至是，当他们阅读自己属于中国某个的省份之时，就像自己在述说自己与合围众人正处于一个共同体的联络网当中。确实，在中国地图中，包括台湾岛在内的34个省级行政区归入铭刻在大理石版图当中。这就让每个参观者在观赏之时，“铭记”自己的公民身份，是这个中国版图所描绘共同体中的一员。

如果说龙的形象表征中国人的身份具有历史上传承性，那么地图的呈现则强调中国人的公民身份，更具有族群边界的限定性。在这一点上，我认为地图所呈现的参观者公民身份，实际上正起到分离世俗和神圣性的关键性作用。将参观者的中国人身份和归属通过地图划规的方式，得到进一步的确认。在这里，参观者的中国人身份通过地图的重申，标志着即将进入与世俗社会相分类的神圣世界（权威空间）当中，进入特纳所说的“中介的、悬而未决的、模棱两可”的阈限阶段。在他看来，通过仪式的第一阶段包含“象征意义的行为，表现为个人或群体从原处境——社会结构先前的固定位置，或者文化状态中分离出去。”同样，博物馆的序厅起到了类似的“分离

① 参考讲解员范范提供的讲解词（修改版）。

作用”：所有博物馆参观者处于“无地位”的“边缘”状态，[①]“没有地位、财产、标识……世俗的等级在这里被同化和消除”[②]。他们开始脱离原社会结构对原身份和地位的困缚，以一个个参观者、学习者的姿态进入参观进程中。

二、“剧情”的发展：参观和体验

通过前面序厅的“分离”作用，参观者带着“期待”、“敬畏”的兴趣，进入博物馆展示的主体部分。博客日记6的作者就写到，“我与许多慕名而来的泉州市民一道，走进这座记载大陆与台湾两岸人民血浓于水亲情的现代化博物馆，一睹其神秘色彩。”Zw－A－21的作者写道，“闽台缘内人声寂寂，曲径通幽处，历史的画面一幕幕坦荡在眼前。游移其中，似乎始终被一种历史的厚重感牵引着神经，脚步不觉放松，放慢，仿佛踩在时空里，恍恍惚惚，忘情其中。”许多参观者均表示，他们将享受着“神圣空间”带来的各种知识冲击，经历着物品陈列和叙事带来的教育体验。这种冲击和体验有别于外面的世俗社会，而有点类似于英国批评家黑兹利特（William Hazlitt）“圣殿”般的感慨。他曾这样描述参观视国家美术的经历，“……我们被转移到了另一种天地：我们呼吸着天堂的空气……我们生活在过去的时光里，似乎与事物的永恒形式合而为一。现实世界甚至它的种种乐趣都变得虚幻和不得要领了……这里才是心灵的真正家园。”[③]

接下来讨论参观者在参观过程中各种体验，并围绕者参观者主体性进行阐述。在他们看来，参观博物馆是一种体验活动，包括感官、记忆和意识的相互融通。这时候的博物馆空间俨然成为类似戏剧的“舞台”，他们通过身体的移动、“角色扮演”，内嵌到“神圣空间”的缔造当中。首先从人的最直接感官为着眼点，讨论博物馆的空间布置是如何作用于人的视觉、听觉和触觉；接下来，探讨博物馆建构的记忆空间，是如何使用各种乡土符号，激发参观者的原乡情感；最后，引入互动仪式理论为参照，讨论这一乡土情感

---

① 特纳，仪式的过程，黄剑波、刘博赟译，北京：中国人民大学出版社，2006年，第97页。

② 特纳，仪式的过程，黄剑波、刘博赟译，北京：中国人民大学出版社，2006年，第95～96页。

③ William Hazlitt. Sketches of the Principal Picture－Galleries in England，Taylor &. Hessey，1824.

如何在与讲解员的互动中，引申为消除参观者之间社会结构的差异，以建构“我们”这作为共同体的表述单位。

（一）感官体验——空间和人的感觉互动

对于参观者而言，物品的展示首先经过人的视觉感知，伴随一系列有关听觉、触觉、味觉等感官系统的全面体验，有形的物品才可能在思维想象中转化为可理解的抽象符号，随之触动各种情感。随着当代以商品为主旨的消费主义盛行，带来对物品展示需要迎合大众口味的形塑，景观成为所有象征性物品制作、生产和消费的主要形式。在这其中，作为公共空间的博物馆难免不受到这股景观化浪潮的冲击。特别是当参观者将理解力从厚重、费解的历史喻意中转移，逐渐与富有鲜丽色彩，符合娱乐口味的景观化偏好达成共认的时候，展陈的设计师们就不得不考虑如何将物品的叙事与视觉文化有机地结合起来。

场景的布置开始关注细节，运用高科技和艺术表现手法，对物品位置的空间设计、模型对原历史场景的再现，都直接参与到唤醒参观者情感为根本出发点。这些空间设计对形象景观化，目的是让观众想象自己不仅仅进入到教化的叙事空间当中，而且进入历史真实可以被视觉感知的空间，并由此引发内心中潜在的那份情感。而色彩、灯光、布局的舞台化布置，对物品叙事制造出美妙的体验氛围，仿佛让观众回到过去、涉入特定事件当中。所有的设计围绕着深刻的历史文本，并以戏剧情节的方式展演，力图让观众在有限的时空环境中感受视觉体验为主的各种情感触动。以下分析，将围绕视觉、听觉和触觉为主体的感知系统，讨论参观者在博物馆空间中的“非凡”体验。

1. 色彩

德国美学大师格罗塞①曾有定论：色彩是视觉的第一要素。换句话说，在人的视觉体验当中，一些带有符号性的色彩，是形成首要的语言感知——印象。就博物馆空间而言，色彩直接服务于主题，具有独特的表意功能，最

① ［德］格罗塞，艺术的起源，蔡慕晖译，北京：商务印书馆，2005年。

能突出和唤起情感。① 那么，色彩在不同的展厅中如何表意？与之对应，参观者又有什么样的视觉体验呢？

博物馆的主体展厅分七部分。每部分依据主题的不同，而采用不同的色彩搭配做衬景，或是布景的主基调。按照参观动线的先后次序，参观者首先来到“远古家园”，展厅第一部分。由于陈列品多为考古学资料，出土或出水的文物、石器占很大比重，色彩的展现以土黄、海蓝、草绿色为主要搭配色，以显示远古时代自然风景的主基调。沙盘地图和原始森林的场景都给人以自然、恬静的感觉，仿佛进入遥远的“第四纪更新世冰河期”，参观者用肉眼“看到了”动物和人类从大陆迁延到了台湾。第二部分“血脉相亲”，讲述宋元开始的汉人移民和闽越族与高山族的渊源关系。色彩的呈现以淡黄、鲜红、棕色、金色、白色为主。其中，鲜红色、金色表征闽南红砖厝，包括祠堂、神主牌、木雕家具的原色；棕色表征高山族的居所使用的木质材料，以及各种木器物的本色；淡黄、纯白为展柜内的基本色，以及展现两岸关系的族谱的时代厚重感。在这里，红色、金色以建筑符号的方式，专属于汉人移民的文化；而棕色则以质朴、本真的方式表征台湾原住民的文化。参观者在界于二元区隔的空间场中：从闽越族的“原始”部落走出，立即就进入“近现代”的福建移民社区当中。第三部分“隶属与共”，叙述是两岸的法缘关系。色彩搭配分为三个区域。区域一为“建制延革”，设计者借鉴了北京紫禁城的主色调（黄色、朱红色和紫色②）为模型装饰。不仅入口处安置威武雄狮，而且将大门设计成殿门的样式，加上整个展区采用弱光照明，使得参观者不免怀着敬畏、肃静的心情，行走于神圣、庄严的“宫殿”当中。大量使用皇家的专属的黄色③，正是为了强调这部分论述的权威性。区域二是“共抗侵略者”的部分，展厅内则以白色、红色、黄色、黑色为主要的色彩搭配。白色和黑色搭配呈现在两处：一是报纸，二是黑白照片。

① 国家文物局、中国博物馆学会（编），博物馆陈列艺术，北京：文物出版社，1997 年，第 132 页。

② 古人常用天上的紫微垣，比喻帝王的居所。因而，用紫色借指与帝王有关的之物。

③ 在《诗经·绿衣》朱熹集注曰，“黄，中央土之正色。”中国的古文明被认为起源于黄河流域。因此黄色为正、为尊的观念成为五行之首，正统之本。在许多时候，黄色成为中庸之道的代名词，自隋唐以来为皇室家族所专用。

在报纸原件和复印件上，为“白纸黑字”般的事实确证。而胶片质感强的黑白照片，也被认为是具有在场叙述的权威性。红色和黄色搭配出现多战场模拟的场景中，展现战争的血腥、硝烟弥漫的效果；黑色作为单色的衬景出现时，表征黑暗、死亡般的凝重，一般出现在不平等条约的签订，或是日殖民统治时期的台湾等一类的对象、图片的展示中。第三区域为“回归祖国”，主色调以明快、鲜艳的白色、红色、黄色为主。其中，白色和红色形成对比色——象征日本的投降和中国的胜利。以黄色为基色制作的展墙，上绘着全国大解放、人民解放军胜利推进的战争图景。参观者从昏暗的色彩映照下摆脱出来，进入明亮、鲜丽的环境，仿佛是从无助中看到了希望。通过休息过道，参观者进入第四部分“开发同功”，展厅的格调趋向自然色，以棕色、土黄色为主，表现汉人移民早期在蛮荒之地开垦的艰辛。棕色多为手工制件的原木色彩。土黄色则叙述当时的居住、工作的环境色彩，比如屋墙、耕地、水渠，等等。第五部分“文脉相承”部分突出金色和黑色，特别是牌匾上镶金的文字和四处悬挂的墨字，象征台湾接受来自大陆的儒家思想，文字教化的过程。另外，这部分突出丰富的色彩搭配，以展现闽台民间艺术的多样性。从文字教化、艺术熏陶的洗礼中出来，参观者将进入第六部分“诸神同祀”。这部分讲述两地共同的宗教信仰，从全国性的佛教、道教，到王爷、妈祖、三山国王，等等，采用的是金黄色、红色、黑色为主色调。光线同样被特意调低，彰显庄重、沉静、凝思的宗教气氛。最后的第七部分，以“风俗相通”为题。色彩以明快为格调，强调三个层面的色彩搭配：一是建筑的红色和白色，表征“红砖白石”的闽南建筑符号；二是白灰色和淡黄色，为房屋装饰的石构件基本色；三是赤红和棕色搭配，象征节庆是在门帘上张贴的红喜字、红对联；以及屋内隔扇、屏风的棕色木漆。在光鲜亮丽的色彩构建的民俗世界里，游客得以找寻熟悉的“乡土”符号。

2. 言语和声响

外界的声音刺激于听觉器官，于是产生人的第二大感觉：听觉。声音的作用在于辅助和强化视觉观看的效果。按照其传达意义的连贯性和复杂程度，声音可分为言语和声响两种。

这些声音分散在博物馆的各个展厅内。第二部分“血脉相亲”有两处：唐人过台海模拟海风、雷鸣的声响和祭祖场景中乐器演奏和参与人说词。第三部分"隶属与共"主要有三处：一是有关郑成功抗击侵略的电视剧；二是台湾民众鸣锣罢市的锣声和吆喝声；三是幻影成像"雾社起义"的演剧。第四部分有一处，"日茂行盛况"的演剧；第五部分"文脉相通"有两处，为诗社场景中闽南话吟唱、南音和高甲戏的奏唱。第六部分"诸神同祀"主要是模拟观音寺里的喃喃念经声。第七部分有三处：一是幻影成像"人生礼俗"的演剧；二是花灯场景的古乐；三是中秋场景的投影录像。

在博物馆展现空间中，声响表现为模拟自然界的声音和乐器的发声，制造身临其境的效果。而言语以两种方式呈现：普通话和闽南话。普通话以确实、肯定的音调出现在记录片播发中；而闽南话以亲切、熟悉的乡土气息，拉进与台湾和福建两地民众的心理距离。

第一点、闽南话的呈现。表现在台湾民众鸣锣罢市的吆喝声，诗社场景中闽南话吟唱，中秋场景的投影录像。使用闽南语以唤起不同的情感。首先是爱国主义情感的激发。观众先浏览有关马关条约的一系列历史图片后，心怀对清朝廷"腐败"、"无能"的愤慨和不满，深感台湾是中国领土不可分割的一部分。这时候，不远出传来台湾民众走上街头，四处鸣锣叫喊着："罢市咯！罢市咯！"由此，情感得到升华。参观者此刻与台湾"同胞"达成一个中国的共识，强化了民族身份的认同。其次是熟悉和亲切感的唤起，体现在诗社场景中闽南话吟唱，"日茂行盛况"的演剧，中秋场景的投影录像上面。《情系台湾》一文的作者①得出结论，"血缘和文缘很有道理，台湾人大部分都是来自闽南，而且文化也很相似，就连方言也是相同的。"正是两地方言的同质性，让《家》一文作者②感觉就象"回到家乡"，有一种说不出的"亲切感"。

第二点、普通话的使用。其中，记录片和电视录像以确然、肯定的演说形式，强调闽台关系在各个方面的确凿性。正如刘雨龙③发出的感慨，表达了坚定的信念："由于种种外部的势力的干涉，1949 年以来，台湾就孤悬海外，造成两岸分离的现状，这是包括台湾人民在内的所有华夏儿女们最为惨

① 征文编号 Zw－B－04
② 征文编号 ZW－A－40
③ 征文编号 Zw－A－02

痛的心史。但，世界上只有一个中国，台湾是中国不可分割的一部分，已被全部历史、现实和法律所证实。”叶森岚①更是感慨博物馆声音的具大魅力，他正在“聆听一曲闽台同胞血浓于水的交响乐”。

3. 触摸

除了放置在展柜里的文物或复品外，场景所展现的模型都裸露在参观者可以触摸到的地方。确实，每次当我游走于展厅四周，就曾多次眼见参观者越过保护线，上前触摸，甚至操作起模型或原物。这被博物馆的工作人员所明确禁止，但多次在隐蔽之处发生违规行为。经分析，有几类展品引起观众的极大兴趣：一是生产或测量工具，位于“开发同功”的台湾农舍场景、茶叶作坊场景、织布机场景、郊行商置场景，等；二是建筑模型，分散于“文脉相承”的贡院考生场景，诗社场景，洞房场景，抬轿处场景，中秋、元宵、除夕场景，等处；三是人物塑像，特别是高分子材料硅胶仿真人像，包括日本投降仪式场景、贡院考生场景、诗社场景、洞房场景。

接下来我们将分别讨论。第一类，生产或测量工具的触摸。对于老人而言，这些对象都是他们那个年代“曾经使用过”生产工具。再一次触摸、亲身操作一次，都回激起对过去生活的无限遐想。我曾经问过一位老人为什么要触摸而不拍照。他笑着回答：这些东西都在我们脑子里，摸一摸它们就足够了。以碰一碰实物取代留影像，表达老人对记忆理解的独特感受。第二类，建筑模型，多数参观者的触摸都带有怀疑态度：模型仿造得有几分真实感，就用触摸的方式帮助检验吧。还有的参观者想看看模型使用的材质。比如，讲解员小杨和范范②就曾告诉我：观众对郑成功大型浮雕很感兴趣，我们告诉他是玻璃钢制作的。有不相信的人，就会跑上前去摸淡黄色的壁雕。更多的人是直接串入模拟场景中，拥抱或手扶展品或模型以留下宝贵的影像记录。第三类，硅胶仿真人像。根据讲解员的介绍，硅胶是多用于女性的美容产品。由于与皮肤质感极其相似，使得仿真人像的工艺几乎可以达到乱真的水平。比如，小杨的解说是这样描述投降仪式场景中安藤利吉的光头：“为了达到真实的效果，我们先用真人的头发植入硅胶模特头上，再用剃刀

① 征文编号 Zw－C－19

② 见讲解员范范的聊天记录（时间 2008－3－8）和小杨的讲解记录（时间 2008－3－5）。

剔除。”

总之，以视觉为主的看，配以对声音的聆听和物品的触摸，参观者以全方位的状态体验展品构建的神圣空间。他们试图忘却了当下的自我，与各种展演的景观（场景、幻影成像、对象、模型空间）融为一体；他们开始跨越时光，来到过去，追寻旧时难以忘却的记忆。

（二）时空边界的跨越——寻找旧时的记忆

先从我寄宿在泉州的老房东——王叔说起。他是土生土长的闽南人。退休前，他在建筑公司承包工程和项目。带着建筑方面的问题，我特定请教了他。一听说我在写一篇关于闽台缘博物馆的论文时，王叔赶紧拉住我，聊起上次参观的体验。在谈及第四部分“开发同功”的农具展示时，王叔说话带着丝丝颤音：“小时候，象我们现在已经五十、六十岁的人，对这些农具都不陌生。许多都使用过。看到后，我们觉得很亲切——好像就在昨天发生的事情！（这些）①② 都是我们以前住的地方，用多的农具啊。比如说那个提水工具，用我们当地话叫‘戽桶’③，两个人操作就可以了。但是水位的高差不能太多。那个戽桶你可能不熟悉，样子就像垃圾桶，两边各有一条绳子。工作时候需要两个人协作，这要技术的。水一拉起来，（再）用力摔出去。④ 还有那个水车（用两只脚踩的），在我很小的时候，就帮过家里使用过。在五几年⑤的时候，（农村）还没有抽水机、水泵，直到六十年代才逐渐看到。当时，还有些穷农户连农具都买不起。比如，水车就属于比较大的农具，效率也高。只要你安装好，就可以使用它将池塘、水渠的水提上来灌溉田地。有两个人就好操作。”

看到这些农具，老人思绪不断：“当时为了抗旱，这大概是 1960 ~ 1962 年的时候，三年自然灾害。在经济条件比较好的南方地区，我们就是用这水车来提水灌溉的。我们看的（水车实物）就是那样，台湾也一样。我们这

---

① 指农舍场景。

② 括号部分为作者所加，为句意的完整性而作的补充。

③ 戽桶是在桶口与桶底安上一对绳子，由两人各执一端，相向操作。两个人分别站于池塘或水潭的两岸，各自抓住桶绳，把戽桶荡入水中，再一起用力，将桶里的水提上岸倒进水渠。水顺着渠道分流，进而灌溉田地。

④ 王叔反复用手势告诉我，如何操作戽桶。看得出他十分怀念小时候的生活。

⑤ 指 20 世纪 50 年代。

里有一个邻居，在解放的时候整家都搬到台湾去了。现在还保持与我们联系和来往。”一旁的阿姨也补充了一些，对农具椿米（臼）的印象很深：“还有椿米（臼）。就是用一个带槽的石头，这方法和上面的石碾用途一样，就是比较小的规模——一次最多十多斤米。在我们这里，多数是大家庭①（人口比较多），椿米的速度相对就慢了。这个东西（以上物品），在我小时候贪玩的时候，家里有什么农活，都要叫上我去帮忙。以前没有什么动力，基本上都是靠人工，所以家里需要更多人手才能做好。”这些农具在老人还是孩子的时候就经常使用。现在他们住上楼房、别墅，吃上商品粮以后，这些都变成遥远的记忆。上官朝夕②也有相似的看法，“细看馆中的一些陶器，支票，以及一些风情的农工商用品，自己看来还有些我家乡的农家味道。”

老人们体会着“久别重逢”的熟悉感（如图4－1③），并相信台湾人到这里也有同样的感觉。王叔告诉我说：许多台湾人原来“也在福建居住过”，后来因为战乱“跑过去”。如果他们“再回来看看这些农具，感觉就

图4－1　两位老妇人正在追忆往事

① 指扩展式家庭。

② 征文编号ZW－A－41

③ 参考林雪萍，千人涌入闽台缘博物馆，东南快报2006－5－28，照片为曾志铭拍摄。

有共鸣”。因为我们“都是中国人嘛。”在讲解员田田①的工作日志中，记录了这一个有趣的事情：2008年9月的一个下午，她在讲解中遇到一个台湾老人。在翻阅台湾日据时期旧照片之时，他不禁向旁人叙述了在台湾亲历日本殖民统治的故事。文中②写到，“在日本殖民台湾时期，他（老人）作为历史的亲历者，对过去的一切历历在目。当一些老照片唤起他的记忆时，他就激动地告诉大家当时他所经历的情况，讲完后还会痛批日本人对他们的伤害。例如，殖民当局在台湾推行奴化教育中，若台湾孩童男孩子之间打架，用闽南语开骂。被老师知道后就要进行体罚，手段是（孩子间）互相扇打对方的耳光，直到脸被打红打肿，能记住下次不说闽南话。”不难看出，寻找“怀念”的记忆同时，老者勾起在中国人在台湾的伤心往事。通过呵斥日本奴化教育，将闽南话作为民族认同的重要标识，是从孩童起就记忆忧新。《家的方向》③ 的作者回忆起儿时与台湾老人的一次邂逅。当时，台湾老人听到我们在讲闽南话时，他热情地询问那里人。在得知是泉州人时，“那位老先生流露出亲切的神情，深情地说，那也是一家人啊，我是台湾人。”这里，闽南话成为区别参观者身份的一个重要标志，在历史回忆中，闽台两地没有了距离感，是“一家人”的亲人关系。

总之，到闽台缘博物馆参观，就在物与人的视线对接中，参观者回到了过去，进入当时当地的生活场景中。在博物馆的展示空间里，各种“消失”的生产、生活的过去画面重新获得了当下的生命力。他们在神圣的空间中流历，置身于历史的长河中，那些特殊的记忆空间中。正如姚鸶思④写道，“在参观闽台缘博物馆时，我的心像游离在历史的岁月里，仿佛那一幕幕历史正重新在上演着。那里面记载着多少人民的心酸，或许只有真正经历过战争的痛楚的老一辈人民才深有体会。”这颗“心”在《浓浓海峡乡土情》作者⑤的笔下，彰显出两地民众记忆的联系性。他写道：“正是这种几近相同的闽北文化，浓浓的乡土情，将两岸的每一颗心串联，让两地人民的距离越

① 因尊重讲解员匿名的请求，此为化名。
② 引自讲解员田田的工作日志，时间2008-9-18。
③ 征文编号Zw-B-37
④ 征文编号ZW-A-39
⑤ 征文编号Zw-B-13

来越近……”

（三）移情（共鸣）：抹去一切差异

杜尔干在《宗教生活的基本形式》一书中，向我们描述了宗教力量如何通过仪式的过程赋予团结集体的能力。他认为仪式中土著在膜拜神灵，其实是在召唤集体的凝聚力。这个过程包括四方面的要素①：首先，仪式中使用的符号被赋予神圣意义是前提；其次，神圣化的客体能被推及其它的一类相关的客体；再次，仪式唤起情感，使人们可以体验到团结感；最后，仪式反映人们协调地身体移动和叙述节奏，是集体兴奋的结果。科林斯（Collines，R.）② 吸收了杜尔干理论的上述观点，进一步提出互动仪式的理论。他的理论强调在具体时空里的参与者共同在场，对唤起情感具有必要性。“当人民参与到共同的行为之中，互动仪式就出现了。”③

同样，在博物馆的参观活动中，讲解员的解说和解答、观众的观看和理解，与表征两岸渊源关系的展品之间，形成一种互动仪式的相互关联。首先，讲解员与观众在场，是在特定博物馆“神圣空间”中发生的关系缔结；其次，参观者听着文化讲解，并将视线关注于特定的展品中；接下来，在参观过程中，讲解员按照五缘展厅的动线、流程，有步骤地讲解、说明各展品背后的各种故事。这时候，讲解员扮演着知识掌控的“注释者”④ 角色，而参观者为摄取知识的“解读者”。这时候，参观者在世俗社会的种种地位、身份都在博物馆空间中暂时性消失。换句话说，由于讲解员的出现，观众被换位成为“学生”的角色，在受教育过程中被抹去一切的社会性差异。他们共同分享知识的“洗礼”，与展品之间形成平行、流动的认知关系。这里，“神圣化的客体”可以被认为是展品背后展现的共同主题：闽台关系。而这一主题可以外推到其它的各种联系，在博物馆空间内表现为中国地图、闽南红砖厝、南音、闽南语、妈祖信仰，等等。当人们通过身体移动，借助

① 乔纳森·特纳、简·斯戴兹，情感社会学，孙俊才、文军译，上海：上海人民出版社，2006 年，第 59～61 页。

② 《情感社会学》一书中译为柯林斯。

③ 乔纳森·特纳、简·斯戴兹，情感社会学，孙俊才、文军译，上海：上海人民出版社，2006 年，第 63 页。

④ 在这点上，讲解员身份具有特纳所说的仪式长老的权威。

视觉、听觉、触觉等体验权威知识的传播时，互动仪式就产生了。在柯林斯的仪式理论中，仪式参与者将感受来自集体的情感——团结感的整合作用。而这种团结感特别表现在对待对象征符号的违反，表达出的愤怒之情。

举例说，刘雨龙①在参观中被激发出两种情感。一是移情和共鸣的情感。如“缘定难分离。台湾与福建骨肉相连，血浓于水。”二是家人的亲情。作者感慨道，“你就如同久离父母怀抱的手足，同胞奶弟——台湾早日回家，这是咱们全国人民的殷切期盼。而且这种期盼一定不会以时间的延续而淡化，不因为朝代的更替而动摇，因为已经深植在每一个中国人心中。”作者将这种亲人间的思念比拟为爱人间的不离不弃，是将台湾看作大陆离散的亲人之情提升到爱人间那种亲密关系的“缘分”层次。这是从亲情的角度，表明参观者与台湾同胞形成“一家人”的共同体，而产生情感上的共鸣。

另一方面，从排他性的角度，亲情、团结感的对立面就是对违抗者的排斥和愤怒。比如谢芩卉②在文中写道，“……先是西班牙、荷兰等相继入侵台澎地区；继而1840年第一次鸦片战争爆发，英国军队张牙舞爪地多次攻陷厦门，袭击台湾，窜犯泉州；19世纪80年代紧接着的中法战争期间，法国军队封锁台湾海峡，法舰在福州、厦门港口游弋示威，轰击基隆炮台；近代以来，日本疯狂地推行军国主义扩张政策，挑起甲午战争，窃踞台湾宝岛50年之久。侵略者在包括台湾在内的中国领土上，为非作歹，犯下的滔天罪行罄竹难书!”这里的词句中，使用“张牙舞爪”、“游弋示威”、“为非作歹”和“滔天罪行”来形容入侵中国领土的列强。包括法国、日本、英国，都被看作是“我们”的“敌人”。进一步说，相对于“敌人”的“我们”，同属于一个共同体的范畴。参观者彼此的在社会结构中的差异，在此时的情感激发过程中被抹去，只留下无差别化的“我们”而作为整体（非个人）的存在。又如小陈的访谈中，他就多次使用“我们”的词汇来表述台湾的历史。

小陈（声音带着颤音）：对了，中法战争。我觉得就是屈辱啊！当

① 征文编号Zw－A－02
② 征文编号Zw－A－15

时清政府十分无能，就打赢了还赔钱啊！还有，中日甲午战争，台湾被割出去。这事情也是。一句话，我们不能穷啊。

我：穷？你是说综合国力吗？

小陈：对啊。现在我们国家的经济实力上去了，国际地位也高了，小日本还敢欺负我们吗？

我：鸦片战争也是。

小陈：谁叫我们当时落后啊。

……

我：中国对台湾的行政管辖有段很长的历史。那么，你坚持认为台湾是中国领土的一部分，是吗？

小陈：（台湾人）从小接受的教育就是这样啊。就算台湾为日本政府所殖民的时期，台湾人民都举行过大大小小的反抗运动。这是历史事实啊，谁能改变得了啊。之后，开罗宣言的颁布明确将台湾归入中国的行政版图。这是国际法的东西，没有办法更改台湾是中国一部分这一事实。①

在访谈的过程中，小陈有点激动——几次铿锵有力的论说。显然，他的爱国主义情感被激发了。在他的视线中，“我们”已经包括台湾在内的所有中国人，相对在情感上排斥“无能”的清政府和“小日本”。他确信“没有办法更改台湾是中国一部分这一事实”，这种肯定不仅依托于国际法的文字证据，而且是依托共同体的“我们”所具有的同根情结。

三、联想：在落下“帷幔”之时

进入参观即将结束的部分。我将此类比为剧场演出的落幕时。论述的关注点落在此时、此地参观者的各种心得和反思。如果说博物馆参观是好比是通过仪式的阈限阶段，那么结束的交融状态可以看作是参观者通过反思，对原先的结构“重新注入了活力”②。这里所说的结构，主要是指社会的认知

① 源于我与小陈的聊天录音，时间 2008－3－26。

② 在特纳看来，仪式的交融状态是对原结构的一种反思，甚至是反抗。（参见特纳．仪式的过程．黄剑波、刘博赟译，北京：中国人民大学出版社，2006 年，第 130 页。）

结构①，是参观者通过仪式化的学习和体验后，形成对台湾和大陆关系的更新性认识，还包括对现阶段的两岸政局的内省。结合前面参观的体认活动，参观者将通过访谈、游记、写作的象征方式，将参观过程中聚集的各种情感，以本能的自然方式释放出来。

（一）家的团聚和祖国统一

最后的结束厅实际上是第七部分“风俗相通”一个组成部分，包括元宵节、中秋节和春节三个场景和一个结束影墙。首先，结语厅的圆弧形建筑构件与序厅相似，不同的是突出圆弧的完整性，具有回音壁的声学效果。出口处矗立着具有闽南建筑风格的仿造影壁，上面的有机玻璃板，用文字叙述了“祖国”盼望台湾“回归”的祈望。观众立于结语厅的“蓝天”下小声说话，可以清楚地听到自己的回音。两旁的场景模拟闽南庭院的家居环境，分别上演中秋节盼亲人和除夕夜盼团圆的两个影像故事。这两个场景都以“回”字为主题，在参观者讲话时发出的“回”音形成跨时空的衔接，自然让在场观者发生情感上的共鸣。在“同顶一片蓝天”和“同时炎黄子孙”的文化隐喻，将个体对家“盼团圆”的小情感引申为“中国人”共同祈望“台湾回归”的大情感，重申博物馆对“统一”的主题渲染。

在讲解员田田站在结束厅前，面向到访的金门同胞叙述中秋节和除夕团圆的故事和寓意。她说：“中国人在除夕之夜，都回在桌下放一个火盆，表示红红火火。但是，如果有家人在那天赶不回来过年，也会在餐桌上摆上一副碗筷，来祈求团圆之夜。从另一个角度来说，这有点象没有回归的台湾。……”之后，她的叙述透露出“祖国大陆”对台湾回归的“真切期盼”。就在讲解结束之后，场下响起持续不断的掌声。金门参观团的代表主动上握手，连连称赞设计的寓意很好，并表示“同样希望两岸的和解早日实现”。还有，许多老者在参观结束时，眼望着缺一位、留一副碗筷的除夕场景时，也不禁饱含热泪。《见证：心愿和祝福》② 的作者发现了一位老者很激动，“大概很多年没回家，竟然微微激动流泪，想必是触景生情了。”作者连忙抽出纸巾递过去，“他有点不好意思地对我说，这里面很多东西你

① 人类学家列维－斯特劳斯认为，结构是一个分类性的体系，社会生活得以维持秩序的模式。

② 征文编号 ZW－A－34

们年轻人不晓得。”这里的“不晓得”是指那份台湾同胞那份真挚的思乡情感。王会亮①回忆起身边的故事：爷爷参军到了台湾，而奶奶留在大陆的一端。她的奶奶直到去世都没能于海峡一边的爷爷见上一面。这样的个案还有许多，都说明参观者在结束参观后感触很深，激起对原乡亲人的思念之情。

在这里，一旁场景设计的“欢声笑语”，并没有打消参观者对两岸现实状况的思考，反而又一次强调了台湾和大陆在意识形态上的分离状况，具有几分舞台上的悲剧色彩。中秋节的演剧倒是增添几分团圆的色彩，这在一定程度上为那些感伤的参观者抹平伤痛。换句话说，“真实”的未统一的实际局面在故事情节中得到心理补偿，在戏剧表演中为参观者一个“有待善终”的心理慰籍。

（二）“我们都是中国人”

在回顾前面的展品和叙述，参观者对中国人身份的确认印象最为深刻。总结相关论述，我们可以看到，参观者通过两个方面强调自己的“中国人”身份，表达“我们”和台湾“同胞”是作为一个共同体的叙述单位。

一种观点是抒发了对立/排他的情感。比如，胡燕妮②使用多个“共同”的概念，表达两岸“同是龙的传人”。这是将台湾同胞划分到“我们”的范畴内。《岁月无痕 亲情永恒》③、《历史遗落的花簇》④、《情系台湾》⑤、《福建土楼与两岸地根》⑥、《翘首》⑦ 的作者，都将曾经入侵台湾的各个侵略势力看作与“我们”对立的“敌人”。他们在文章中回顾了法缘部分的有关台湾受侵略、被殖民的历史事件。可以看出，通过建构“中国同胞”受难的共同感为方式，参观者以“形同身授”的移情方式，再次确认“我们”的“中国人身份”。这一确认的建构强调话语的排他性作为人群的分类标准，是在“统一”的国籍身份建构出对“敌人”和“我们”二元对立。而“我们”的概念是很广泛，既包括中国领土上的所有具有汉人身体特征的，也

① 征文编号 ZW－A－45
② 征文编号 Zw－A－01
③ 征文编号 Zw－A－07
④ 征文编号 ZW－A－39
⑤ 征文编号 Zw－B－04
⑥ 征文编号 Zw－B－09
⑦ 征文编号 Zw－C－08

包括非汉人但接受中国政府管辖的少数民族，甚至曾作为殖民地上反抗外来入侵的少数民族，如台湾高山族。这样，作品中形塑的“中国人”自我形象，成为“敌人”作为参照群体的分类结果。也就是说，日本、荷兰、法国等西方列强都被划分到“我们”群体的对立面。在这种二元对立的分类法作用下，一组充满情感对立的标签被大量生产和使用，形成对独特的分类印象（Stereotype）。针对访谈、征文资料的文本分析中，可以看到“我们”表征是“同胞”，具有“团结”、“统一”的品质；而“敌人”的表征是“侵略”，具有“分裂”、“拆散”的品质。

其二是人种学特征的强调。这主要通过强调中国人“同宗同种”的生物学依据。胡燕妮①写到“闽台人民同根同宗，血脉相连，骨肉相亲。”这可以从两方面看出来：一是血缘、世系的相同特征。胡燕妮写道“台湾同胞同样是龙的传人，流着与同大陆人民一样的血液”。刘雨龙②更强烈意识到：“台湾和福建骨肉相连，血浓于水”。二是体态上的特征，比如杨玮③写道“我们同是黄皮肤、黑头发的中国人”。这些观点多少是种族科学主义的现代遗存。不是将人种根据体质差异而分等级呈现，而是将人种的亲缘性放在优先考虑的位置。这些“自然”、“与生俱来”的体表特征将“黄皮肤、黑头发”的中国人联系在一起。总之，参观者将人种的生物学依据，外推到包括家庭伦理观、风俗习性在内的诸多文化相似性，并进一步建构出“共同体”作为原生民族的延伸体，以及自我认同的象征符号。这里的原生民族④，是基于可追溯的一个共同祖先而形成的成员间纽带性联系。在参观者眼中，台湾人被统称为中国人，是从可知、可验的角度把家族世系为我族的边界的划分依据。可以说，以先祖、血缘意识为基础，延伸出自我认同的强烈愿望，从而有效地整合到“共同体”的范畴当中。

（三）“根”的词义联想和生产——榕树和根

当参观者走出博物馆大门，回望建筑、回顾展览时，都要经过位于中厅

---

① 征文编号 Zw－C－15

② 征文编号 Zw－A－02

③ 征文编号 Zw－A－20

④ 在这点上，与族群理论中的“原生论”观点具有某种联系。两岸民众的共同祖先，在许多著作中被描绘为黄帝。

的"同文同种同根生"的榕树爆破画。当他们再一次仰望由茂盛的枝叶和盘绕的根系组成的榕树壁画时，各种思绪转瞬间汇集为创作的灵感。孙主任就颇有感慨地说，"同样是榕树，不同人有不一样的解读，但都紧扣闽台关系这一主题。"作为闽台关系的重要表征，对根的词义联想体现在榕树上面。这可以从三个方面看出来。

首先是谐音的创造。讲解词①有一段描写，就是取材于一位领导在参观后的灵感。"榕树"中的"榕"字在闽南语中的发音，与"感情"的"情"十分接近。而闽南语是闽台两地的通用方言，暗喻闽台两地的情缘相连。"有参观者追溯"榕"字的字源"容"，意味着包容、宽大的情怀②，隐喻来自大陆的中原文化对台湾地方文化具有包容性。其次是形似相生。从榕树的根系，联想到人体血脉。小杨在自己的讲解词中注释到："正前方是榕树壁画。它象人的血管一样，脉络非常清晰，纠结在一起，也就寓意我们两岸居民的血脉相连、相亲的关系。"最后是根的拟人化。比如，何少川这样描写榕树的根，"福建人与台湾人同宗同祖，像榕树一样根根相连。"③ 同样，许多参观者将榕树的根，联系到闽台民众拥有共同祖先。这是将"根"，与"龙"、"黄帝"、"鼎"等词汇并置，集合成为一组共同指代"中国人"称谓的象征物。也就是说，榕树的根被分解化为中国的"传人"的各种特征，即每个成员可以通过族谱、碑文、档案等文献资料，找寻到确确实实的联系。

榕树与福建的关系，可以在历史文献中找到依据。据宋乐史的《太平寰宇记》中记载，"榕……其大十围，凌冬不凋，郡城中独盛，故号榕城"。宋时期福州的太守张伯玉，为防旱涝而又编户种植榕树，呈现绿荫满城的景象。由于榕树叶茂如盖、四季常青、不畏寒暑、傲然挺立，而成为"开拓进取、奋发向上"的"福州人的象征"。在台湾岛，桉树因为其主要的经济价值而大量种植，其树种也引自于福建，成为台湾岛的象征。在中厅过道的休息空间里，种植着一边种植着榕树，一边是桉树，讲解员自然就将中间的

① 负责讲解员培训的孙主任告诉我，讲解词的设计因不同人而有不同版本。他们以前也想过要统一口径，但这样会抹杀讲解员的知识背景。

② 《闽书》对榕树的注释为，"榕荫极广，以其能容，故名曰榕"。

③ 何少川，历史的明证民族的心声——感受"中国闽台缘博物馆"，中国建设报 2006－10－24。

过道比喻为“台湾海峡”。

通过对榕树的词义创造和发明，象征两岸关系的意义被不断复合化和精致化，成为一种类似图腾的象征物。参观者通过游历博物馆，共同分享讲解词和其他文字信息，从榕树为客体生产出各种与“根”有关的，更广泛的延伸意义。一是将根看成是中国的代名词。林行梅①使用“落叶归根”的隐喻，是将“落叶”比喻为台湾同胞，根比喻为中国。“归根”是指台湾终究是要回到祖国。与此类似的意义，还有《情结》② 的“根对叶的眷恋”。二是将榕树比喻为“中国传统文化”，而“根”成为动词。比如，杨玮③的“中华传统文化便深深扎根在台湾”。

总之，榕树和根的词义的创造和发明，是通过与博物馆主题思想的修辞连结。与“根”有联系的一系列词语，被合理地放置于台湾文化的展演中，成为建构、延续人们对两岸关系文本创作的知识依据。各种观后游客的各种反思或心得，虽然在一定程度上对词汇进行创新、发明，但始终纠结于原先对“闽台”的前设判断中，摆脱不了话语权力的各种影响。他们的文本创作充满了创意，呈现出散文、打油诗、小说等文体，却不断复制着同样的叙述基调，只是在强化、生产着在博物馆参观前的已经认同的知识话语而已。

第二节　协商的舞台体验：编导、舞者和观众的互动

一、“观众想看什么?”

2007 年“五一”期间，我原本计划和编导见上一面。但是，负责联络的林助理很抱歉的告诉我，“他回台湾考察去了。”再后来的几次约见都没有实现。在 7 月份访谈了营销部的黄经理之后，闲谈中才知道编导是他的亲兄弟。他俩的父亲就是业主黄景山先生。现在，为了支持父亲的事业，两个年轻人都从台湾调来厦门经营民俗村的商业活动。一个是负责商品和旅游企

① 征文编号 ZW – A – 25
② 征文编号 ZW – A – 28
③ 征文编号 ZW – A – 29

划；一个负责剧场编排和互动策划。很庆幸的是，在8月份的一个下午，我终于在民俗村办公楼二层的大厅，见着了这位“忙人”。他给人的第一感就是随和。一身随意的打扮，有点“玩世不恭”的味道。一见到我，编导主动握手，就象遇到大熟人似的。他一身青春活力，没有经理的架子：“我也姓黄，叫我的英文名麦克（Michael）[①] 好了。”这位麦克先生早年留学美国，言谈中不时会蹦出几个英文镶嵌于间。正是他在台湾土地上生长，以及在国外学习旅游管理的双重生活背景，使思维中始终贯穿着中国和美国的拼接元素。在交谈中，他叙述了自己改编舞蹈的许多方面，充满了各种思维跳跃的新奇感。加上海外的经历，也许是他喜欢文化创意的原因之一吧。在这次访谈之后，我们又约了两次。一次是2007年8月下旬面对面访谈，话题是当时民俗村承办的两岸交流活动的活动策划。还有一次是2008年1月底的电话交谈，对新演员选择和培训的简单访问。以下的文本分析以前两次收集到的材料为主。

（一）“压力很大”

第一次见面的时候，麦克很坦诚：“大陆的市场很大，但生意不好做。”他摇了摇头，继续感慨经营的不如意，“（经营的）压力很大。”自1992年民俗村厦门开业以来，曾经吸引了不少游客到此游玩。当时的景象，甚至可以用人山人海来形容。我的好朋友小王曾经告诉我，“没有哪个厦门人不知道民俗村的”。[②] 刘经理也认为，最好的景象出现在1999年，当时的游客量“达到公司记录的最顶峰”。之后的几年，民俗村的客流量开始走下坡路，直到现在人数还在波动中。由于市场效益好，1995年公司开始雇佣台湾的原住民歌舞团。他们从台湾到厦门，为大陆观众展示了“台湾”那里“热情、奔放的舞蹈”。之后，资本市场的环境剧变，不得不促成公司的企划做出重要的调整。麦克告诉我，“到了1999年的时候，（公司）开始招聘内地的少数民族演员。现在这批演员，原来就在民族歌舞团表演过一段。”这些来自内地民族的专业演员，是云南山寨的阿佤族人。到了2008年1月低，公司开始调整人事，新雇佣了汉族演员。麦克在电话里抱怨，“这些演员表

① 以下内容延用采访者的自称。

② 来源于我与编导的访谈笔记，时间2007-5-5。

演不好，没有预期的感觉”。而原来的那批基于各种原因，“回家乡过年去了”。①“压力很大”的另一个原因是来自于麦克本身。他说：“我不是专业出身，对高山族舞蹈了解不多。”但是，他是一个音乐人，喜欢在闲暇之余，摆弄些吉他一类的乐器。“……（我）慢慢接触音乐，搞了一些自己的创作。里面很多舞蹈的配乐，一些是从九族文化村录下的，还有一些是我后期加上去的。”除了《高山青》、《娜麓湾，欢迎您》一类在两岸两地广泛传唱的音乐外，许多舞蹈的配乐都经过他的改编。甚至，有许多“中国的”、“现代的”味道在里面，比如洞箫、电子琴，近期加的迪斯科，等等。对此，他毫不避讳：“最重要的是观众喜欢听。”

音乐方面的专长也被应用到舞蹈编导的工作上面。他多次去台湾的九族文化村，将看、听、闻的舞蹈、活动素材，用便携式 DV 拍摄下来，回到厦门后编排成表演文本。这是通过两种方式得以转化：一是将直接播发母带，让演员直接学习；二是剪接部分舞蹈、游戏环节，成为其他民俗其他活动的“高山族特色”的素材。但是，创作还是碰到许多问题。“许多节目经常一换再换。我把台湾那边的舞蹈材料带过来，分解成几个节目后，会陆陆续续教给他们②。你知道，现在观众的口味很挑剔。如果没有及时更新，就很难吸引客人再来。”节目要又新又奇，还有要能迎合“游客的口味”。市场的要求对他造成巨大的压力：一方面他力图诠释好台湾高山族“特色”，希望能满足那些观众的猎奇需求；另一方面，受于公司财政经费不足，专业知识不对口等，现实问题所在。那么，如何以低成本运作以调整市场不断变化的需求，就需要一个很好的契合。

（二）“文化相似性”：选择阿佤人的理由

当公司不再聘用台湾少数民族演员的时候，选择合适的少数民族成为产品替代，就被摆上日常议题。一次招聘给公司带来新机，“当时，我们看了这个佤族的歌舞团，特别高兴。皮肤黝黑、肌肉强健，很像我们在台湾的山胞。”在技能展示方面，演员的表演技能也得到公司高层的认可。他补充

---

① 对于第二次重大的变动，我也没有预想。有时候挺感叹的，企业变化这么快，赶不上收集材料、写东西。所以，第二次变动的采访和资料收集，一时停顿下来。另一个原因是，编导实在太忙，几次联系都没联系上。2008 年 2 月开始着手博物馆的调查，预想中的采访最终没能达成。

② 指雇佣的舞台演员。

说，“许多团员会表演一些自己的绝活，比如吐火和喷火。”为了确定演员的选择不会出现大的偏差，麦克还找了些大陆的书籍，还到“网路①上查了一些资料”。“……通过找一些文献，我们发现这个族群的祖先和台湾那边的雅美人②是同一个祖先。所以，不管从肤色和体态特征方面都和接近。”

不难看出，演员的选择借用“同根同源”的话语体系，作为企业选择佤族演员的合法性。在某种程度上，大陆的佤族确有许多风俗习惯、文化禁忌，确实与台湾高山族存在文化上的相似性。大陆许多学者从文献、考古学的溯源研究，发现两地民族存在“同根同源”的历史联系。在古闽越人和台湾高山族各系的文化对比中，许多族源的研究公认高山族多源于闽越族。比如，中国学者许良国、曾思奇的研究③。流行与台湾史学界的“西来说”、“大陆迁移说”④，都说明高山族与大陆，特别是闽地之间的联系。对佤族的考证，尤中⑤认为其祖先源于闽。学者普遍认为，历史上两族（高山族和佤族）虽不同支系，却同属一源。台湾有学者认为台湾少数民族中，雅美、卑南、排湾等来自苗瑶，而泰雅、塞夏等来自古越。⑥

从民俗村的展演舞蹈上看，佤族和高山族的相似表现在两个方面：一是乐器的使用，比如木鼓和木叶；二是祭祀舞蹈。杨家娣归纳了沧源县翁丁佤族的舞蹈种类，包括木鼓舞、剽牛舞、甩发舞、磋锣舞、椿米舞、扫帚舞、圆圈舞、三弦舞、打歌、芦笙舞，等等。⑦其中，木鼓舞、甩发舞的功能和基本动作类似。而舂米舞与高山族的杵舞，都源于用木棒舂米的生产实践。圆圈舞与高山族的拉手舞在表现形式上类似。麦克对此很有同感，肯定自己的选择符合需要。“中国（大陆）很多少数民族都有这些舞蹈，团结舞（拉

---

① 台湾话，指电脑网络。

② 现在在台湾称作达悟人。

③ 许良国、曾思奇，高山族风俗志，北京：中央民族学院出版社，1998年，第5页。

④ 以凌纯声、卫惠林为代表的一批早期中国学者相信，台湾高山族主要来源于大陆的古越族。这一观点影响，一直延续到现当代中国学者对台湾高山族的研究。（凌纯声，古代闽越人与台湾土著族，见台湾文化论集一，台北：中华文化出版事业委员会，1954年，第27页。卫惠林，台湾土著族的源流与分类，见台湾文化论集一，台北：中华文化出版事业委员会，1954年，第36页。）

⑤ 尤中，云南民族史，昆明：云南大学出版社，1994年，第121～122页。

⑥ 江炳成，古往今来话台湾，台北：台湾幼狮文化公司，1978年，第18～20页。

⑦ 杨家娣，沧源县翁丁佤族文化生态村旅游开发研究：［硕士学位论文］，云南师范大学，2004年6月。

手舞)、竹竿舞、甩发舞一些。根据我查到的资料，象（像）黎族、侗族、苗族、畲族、佤族等南方少数民族都有类似的舞蹈。其实，很多学者、专家也做过考证，台湾高山族的舞蹈与大陆有亲缘关系。所以，我们选择这些演员来跳类似的舞蹈，也能说明两地少数民族的纽带联系。”

（三）教材成为展演的文本

接下来的问题，就是如何让佤族人跳出“高山族特色”的舞蹈。这其中，迎合观众口味的舞蹈实践成为表演的一个核心环节。我们可以举几个例子进行说明：

首先是“阿美人迎宾舞”。作为首支“欢迎来宾”的舞蹈，麦克关注它的市场价值。“在台湾，这个舞蹈每个族在表演的时候都会跳，作为欢迎来宾的一个前奏。”而演员的打扮也有卖点，“阿美（女演员）的装扮：红绣衣和白羽冠，成为台湾各处的观光点的招牌舞蹈之一。”这里，红衣、白冠成为观众对台湾“高山族”女性的想象，自然在开场中为大家亮相，展现“高山族特色”的符号信息。舞蹈中有个环节“洒圣水”的互动节目，是在2007年初加入的。麦克感到很满意，“（这）是我去年回台湾到九族文化村看到的新节目。当时就感觉水代表圣洁的意思，把它洒一点在游客身上，表示驱除邪、祈福的象征。这个环节触动我，好像在汉人社会里没有这样的方式，可以成为一个互动的卖点。”“许多游客喜欢这个节目。”他回忆说，“有一次，我现场看了：观众反映很热烈，都一个个跑到演员面前，用双手接圣水。”

还有一个组合节目“竹棒舞春风”，是“我们这里的招牌节目”。竹竿、竹棒是杵棒的抽象形。他很有兴趣地介绍了这个创意过程：“这个舞蹈叫竹棒舞春风，就是将自己族的舞蹈加在一切。这是他们的创意所在：本来以女生甩发的舞动为主，没有配乐。跳了一段后，台上静静的，没有什么生气。单调的东西，观众肯定不会喜欢。团长就建议让几个男生在后面手持竹棒搭配着跳。还有就是，后面布景也比较单调，就一幅“阿里山”的水彩壁画。所以，就请人加上高山族生活场景的东西。让人感觉他们是在台湾中央山脉的脚下，部落前的空地上跳舞。大概是2007年初的事情，这些表演上的改动经常发生，重要是为了好看，观众喜欢。这个加进去的舞蹈，取名是‘勇士舞’，然后加上甩发，就显得更精彩。”不难看出，佤族将自己自带的舞蹈与和台湾雅美人的甩发舞蹈，有机地联系结合在一起。这里，编导考虑的不仅仅是“高山族特色”的呈现，更多的要让观众感觉“好看”。从这个意义上讲，简单的原始呈现只是满足观众“猎奇”的需要，但从美的角度重新解释高山族舞蹈，成为编导的“创意”所在。

还有一些舞蹈被删掉或转换了。首先，雅美的“飞鱼祭”删掉了。这是个男演员的舞蹈，在表演时要穿丁字裤。麦克告诉我，“这样才正宗。”因为这舞蹈很有“台湾少数民族”的味道。但是，“男演员穿‘丁字裤’很不习惯，（都）不大愿意在公众面前露像；还有，大陆的女生[①]比较保守，看不惯这样的打扮；加上，现在男演员数目只有六个，人数不够。”考虑到观众不太能接受，演员也不愿意表演，这么“有特色”的舞蹈只好作罢。其次，“勇士狩猎舞”的节目转换成“巫术火神舞”。麦克解释说，“本来狩猎舞是一个单独的节目，描述的是几个男子合作打猎的过程。从开始看到猎物、围捕、射击，到庆祝收获，这几个环节。我是觉得单调了点，于是加了一些喷火的环节，表现很惊险的场面，让大家知道高山族男子的勇敢、无畏的气质。”再近来的几次表演中，狩猎的环节也被省略去，只是留下“刺激”的喷火杂技。

说了许多舞蹈、互动游戏的创意之后，到了最后一个节目——团结舞的介绍。麦克显得很有自信，“团结舞是我们这里最受欢迎的节目，一般压在演出结束前跳。基本上，大家一想到台湾高山族的歌，就是《高山青》；提起台湾高山族的舞蹈，就是拉手舞。”这里的团结舞，也叫拉手舞，源自于台湾少数民族的祭祀舞，比如小米丰收祭、阿美人的丰年祭。这支舞蹈的创作主题，正映衬出民俗村力图打造“两岸交流”的办园宗旨。因为团结舞的意思是“我们都是一家人”。也就是说，不管有什么隔阂、误解啊，都不要紧。大家放下包袱，一起拉手围成一圈跳舞。谈到这里，麦克希望我也帮助做做宣传：“（我们）特意在民俗村（剧场）安排这支舞蹈，也是为了让大家知道台海都是一家人。”拉手舞还包括互动的环节，是演员与观众一起跳舞。但是，在拉手的问题上，编导还是做了些修改。“我（本来）建议演员教观众‘大拉手舞’，是间隔一个人的拉手。给人感觉是距离很近，相亲相爱

① 台湾习惯语，指女性观众。

地拥在一起。然后，所有人用同一个动作跳，显得很和谐。”“但是，考虑到现场男女客人经常是交叉的跳，所以一般情况下都是采用‘小拉手’。大陆这里的文化还没那么放开，所以小拉手比较适合。”这样的改动是“为了尽量让客人参与到其中，感受台湾高山族的文化。”还有，他再次强调说，“每次两岸交流活动中，我都把这舞蹈安排在最后。这是不可缺少的舞蹈。”

二、“看”和“被看”：舞台展现和观众想象

正如编导所说，高山族舞蹈节目经历多次变动。而且这样的节目调整、改编和更替在一个不长的时间里处于流动的过程中。2007 年 5 月我到了台湾民俗村作试调查，之后 7 月、8 月连续对田野点进行追逐。2008 年 1 月开始，歌舞节目发生较大的调整，之后延续到现在的模式。如果追述园区最早的高山族歌舞表演，是在 1992 年开园之时。然，所获材料多为游客回忆、报纸文字等散见文字。相对而言，在 2007 年开始到次年 1 月初结束田野调查，我来回多次进入田野。收集的材料包括录音录像、个人访谈、观察，新闻报道等，材料相对丰富。因此，以下舞蹈节目的展现和观众观看的讨论，拟以此为主展开讨论。

围绕着厄里的旅游凝视（Tourist Gaze）的概念，我将讨论演员和观众两种不同的“高山族”想象建构。首先，作为高山族文化载体的演员，是如何通过身体实践展现习得“高山族”文化，向呈现所理解的“高山族”想象。其次，演员是如何通过观看实践，并呈现什么样对高山族想象的解读。

（一）演员：“表演好他们的文化”

这批演员来自佤族地区的一个歌舞团。① 那么一个棘手的问题就是，如何更好学习高山族的歌舞，向游客展示“高山族”文化。对于这些佤族演员而言，民俗村呈现的是编导安排的“高山族”舞蹈。而他们自己所带来的佤族特色舞蹈，却由于与市场需要和园区主题的相抵触、不受重视。为了将自己的身体呈现改造成旅游者凝视中的“高山族”形象，他们积极利用原文化的知识，理解编导所教授的高山族舞蹈。通过身体呈现的舞台时间，融合原来的佤族的风俗传统。而这些风俗传统在一定意义上，被认为是与远

① 资料来源于我和编导的访谈笔记，时间 2007 - 8 - 2。

在台湾的少数民族具有某种历史上的亲缘关系。就这样，她们将高山族舞蹈和自己风俗特征的进一步融合，形成更加复合的“高山族”形象。

1. 学习中的能动性

编导的教学是面对消费大众的需求，因而需要考虑两方面的因素：一是力图呈现“居住山区”、“自然、原始”的他者想象；二是来自于市场环境、演员来源、专业知识的各种压力。对于演员而言，前一种努力成为他们舞台表演的规范，需要通过实践的学习与编导的构想处于不断的磨合当中；后一种成为他们呈现主体性的合法途径。换句话说，基于各种现实条件的局限性，编导更多让演员发挥主动性，将那些与高山族文化特质类似的本族风俗、习性，与舞蹈学习有机的融合在一起。这样，文化再学习和允许自主性并存于演员的舞台呈现当中，成为集合佤族和高山族的一种第三种的文化表演方式。这种呈现是双方协商的结果：不仅允许编导对演员编码的权力，而且在一定范围内认可自己的身体自主性。最后，在舞台上表演标签为“高山族”舞蹈，实质是在向游客叙述两种文化融合一体的协商结果。

为此，佤族人学习和展演高山族舞蹈的时候，基本上采用“变”和“不变”两种策略。阿秀（化名）告诉我，“变和不变是十分灵活的，主要看动作与我们原有的基础如何做调整。”这里的“动作”是编导教习的高山族舞蹈，而“基础”是佤族特有的技艺。这些技艺是在原生活环境中，被社会化的价值观、生活技能，以及舞蹈演员所具有的基本功底。首先，“不变”的是高山族的基本手和脚的基本动作；“变”的是融合其中的佤族文化，形成各种“花样”。在“竹棒舞春风”的节目中，跳甩发舞的女演员伸手、跃步，并以有节奏的“嘿、嘿、嘿”作为口令。演员还刻意跟着节拍，扭腰摇臀，一改雅美人上下、左右摆头的程式化动作。而男演员表演使用的木棒，不仅包括杵棒的上下敲打，而且加入前后摇晃的敲木鼓的动作。等等。这些动作都属于她（他）们加花的部分，被演员戏称为“创新”的部分，不仅具有一定的自由度，而且是在符合“高山族特色”的许可范围内所作的舞蹈再现。

2. “高山族”的舞台呈现

在剧场印发给观众的节目单里面，“台湾高山族歌舞表演”分四个时间段进行。上午 9 点半和 11 点各一场，下午 3 点左右和 4 点半各一场。节目单上的表演涉及台湾少数民族的九族分支。每个族支以一个代表性的节目出现，呈现出一个完整的“民族舞蹈”的想象。在我2007年5月，以及后面7、8月份的实地调查，经常表演的项目只有六个。其中舞蹈展现部分包括：“阿美人迎宾舞”、“竹棒舞春风”、“树叶吹歌”、“团结舞”（拉手舞）四个；互动节目涉及以上六种之外还有欢迎大首领游戏。2008年1月增加了“同心鞋舞”、“爱拼才会赢”两个新节目。另外，“巫术火神舞”只有在晚上演出，或是集体预约、大型活动上才得见的特设节目。

最程式化的舞蹈节目为“阿美族迎宾舞”、“竹棒舞春风”、“树叶吹歌”、“团结舞”。虽然会穿插各种互动节目，但这四种基本是每场必跳。节目主持人多为团长担任，在2007年7月后，“外表好”的女演员逐渐成为展演的主流。

首先是“阿美人迎宾舞”。女主持人用甜蜜的普通话介绍，言语中强调阿美的女性“美丽”。每次“有佳宾莅临时”都会“热情”地迎宾舞以欢迎他们的到来。伴随着激情、富有节奏的具有“原始味道”的木鼓击打声，“高山族”演员从两侧列队进入舞台。男演员身着布农族兽皮衣，女演员身穿头顶羽冠，身着红色绣袍。两队绕场向观众示意。随后，歌曲也由鼓声转为流行曲调，歌词被改装成剧场的主题曲，有节奏地重复“娜麓湾”这一词语。演员也合着节拍舞起来。动作基本为小踢脚、上举手、转身。舞蹈节拍为弱、弱、强。之后，六名女演员，分三路步入观众席中，逢人就用树叶沾水，洒到面前的观众手中，以祈福平安。

接来是竹棒舞春风的节目（如图4－2）。据编导介绍，这支舞蹈是由雅美的“甩发舞”和赛夏的“竹竿舞”组成。民俗村内甩发舞中，原来只有雅美的女子群舞表演甩发舞。后来，编导和舞蹈团团长认为只有女孩子在舞台上面单独跳，略显单调、不带彩。团长就建议编导将男子群舞加入其中，表演阿佤族木鼓舞，这就成为现在的木棒甩发舞。两位男子在舞台后侧敲鼓，发出雄厚的鼓声作为舞蹈配乐。在两木鼓间隔处和边上，分立一名男子（共4位），双手持木棒模拟敲鼓的上下动作；而在舞台前侧充当主角的女子，摇曳、飘荡秀发、激情甩发。她们反复上下、左右、转圈地甩发，直至鼓声的最高点。而男子双手各持木槌中段，一边模拟击鼓动作，一边以鼓为中心旋转身体、来回跳跃，不时发出粗野、豪放的欢呼声。这样，竹棒舞春

图 4－2 《竹棒舞春风》节目

风既有“豪放”的秀发飞舞，又有“强壮”的男子参与其中。舞蹈结束后，是让观众上台跳竹竿的互动环节。

树叶吹歌相对单调点，只有两个男演员拿着几片榕树叶①，穿梭于观众系中吹《高山青》。穿着围裙的小伙子先在台上又跳又唱，然后走下台融进观众中进行“零距离”的表演。② 最重头的节目是团结舞。舞蹈形式取材于台湾原住民的拉手舞，实际上都源于原住民的祭祀舞蹈，比如小米祭、丰祭、五年祭一类。在台湾民俗村，舞蹈队形的呈现有许多种。一种呈现是，两边四女一组，以大拉手的方式进入舞台后合围成半圆形。还有一种是，十一个人为一列，男女交替着以大拉手方式，从左自右侧步行走，进入舞台的中央。脚步的动作十分简单，没有拉手舞常见的“左右悠抬”、“上步后撤”、“单脚左跳”“双脚跳跃”的组合动作。所见的步伐多似踏步行军，最

① 用榕树叶作为木叶吹奏，也是与“两岸交流”的主题相关。主持人曾介绍说，榕树叶是两岸同根同源的一个象征。在台湾种植有大量榕树，最早是由大陆汉人从福建这边带过去的树种。（参见录像资料，时间 2008－1－19。）

② 刘经理解释说，演员下到观众中表演，让观众触摸到“高山族”艺术。这是台湾民俗村的一大特色。

多退步、左行踢脚的重复动作。有意思的是，队形在舞台亮相后分开，男女动作有回到“迎宾舞”中的类似抬头、挑水的动作，并采用男女换位的方式展现花样。歌曲还是前面的《高山青》，演员没有使用词句复合或伴唱。舞了一分多钟后，队行合围成一个大圈。她（他们）采用跑步、单脚跳跃一类单一步伐，转了几圈。然后就开始邀请观众上台互动。

（二）观众：“他们是高山族吗?”

在演员如此专注地阐释高山族文化之时，游客正围绕在剧场周围。他们积极地使用眼睛解读“高山族”所传递的文化符号。在旅游的体验研究中，凝视被放置在一个关键的位置。人类学家厄里就认为，凝视是旅游经验的中心，不仅仅是一种视野，而是游客对特殊事物所进行的观察和主动投视，是个人意愿的表达性的关注而带有明显的主观色彩。① 这一主观的评价，特别容易发生在麦克坎内尔（MacCannell）所说的“非家”、“陌生”的旅游世界里。因为许多旅游者试图寻找一种“奇异性”，并把旅游体验看成是“真实”的体验。② 来民俗村旅游的游客都有这样的旨趣，但由于游程限制，使得游客的交往都停留于表面，由此带来种种理解的偏差，造成“最肤浅的文化相遇”。这一相遇的结果，基于形成所谓的刻板印象，或刻板认识(stereotypical perception)。③

在台湾民俗村，游客在观看舞蹈表演时，会将观看的亲身体验与自己进园前的“想象”进行对比。对比的结果会形成一种评价式认识。来自武汉的汪老师就是一例。他是一位音乐专业的女教师。她告诉我，“我们一起看到了高山族的舞蹈表演，就是我们经常听到的台湾少数民族的表演。我们一直猜想台湾少数民族会长什么样子。现在我们得到印证。”这与谢世忠对台湾“山胞”观光的研究类似，他认为，游客是事先却认他们是“异文化(others culture)，才来此求证他的异”。④ 其实，寻找印证的旅游者，只是众

① 刘晖，旅游民族学，北京：民族出版社，2006 年，第 125 ~ 126 页。

② MacCannell, D. *The Tourist: A New Theory of the Leisure Class*. New York: Shocken Books. 1976.

③ Joan, L. How “WE” See “THEM”: Tourism and Native Americans. *Annals of Tourism Research*. 1991. 18 (3): 365 – 391.

④ 谢世忠，山胞观光：当地山地文化呈现的人类学阐释，台北：自立晚报 . 2004 年，第 116 页。

多游客中的一类。根据前后收集的近20份访谈资料，我大致将游客对“高山族”的想象分为三类：猜想型、猎奇型和审美型。

1. 猜想型

这一类型的游客多带有原来的想象，试图通过检验的方式，看看自己“高山族”是否与之吻合。夏同学是明珠小学二年级的学生。他的高山族印象是一个“热情奔放的民族”，旅游的目的是学习课本之外的知识，“通过这次旅游，我知道了台湾建筑的风格，也了解了一些台湾的民族风情，让我长了见识。”小江是一位企业员工，这里的看到的表演似乎达到他的预期“我有去云南、贵州一带旅游，也看过苗族的舞蹈表演。感觉这里的高山族很他们还是不一样。比如，上面说的甩发舞。都是在展现自己民族的整体文化，没有什么特别之处。来这里，还是让我眼前一亮。”① 小聂来民俗村的时候，有点担心台湾人排外。她说“本来觉得台湾人还很排外，来这里以后。通过和大家互动，逐渐消除误解。其实，台湾和我们大陆的文化都一样——人也和气。我在江西那里，没有体会到。”小周是学校的英文老师，她很兴奋的说：“看歌舞表演以后，我觉得这个族是一个豪放的民族，能歌善舞、多才多艺。他们很热情，我们上台和他们互动的时候，一点都不觉得沟通困难。他们汉语讲得很好，虽然相互间还是用族语进行沟通。”②

2. 猎奇型

这部分游客将“高山族”看作是“原始”而“封闭”的民族，生活在自然环境当中，与外界世界隔离。特别是在2007年“五一”期间观看“杀鸡祭祀”表演的观众，特别使用“恐怖”、“血腥”和“野蛮”的词汇形容“高山族”的形象。一位博客作者③写道，“……最另我们难忘带恐怖色彩的是，那个打扮的象原始族人的表演。先是杀鸡生喝鸡血，说是高山族人欢迎来宾的一种方式，不过令所有的观众都感到恐怖……”某同学来自武汉，他感慨现代文明对高山族人的侵害。“我就是觉得高山族啊。就是说，我希望高山族舞蹈，应该能表现自己民族特色的东西。而不希望搀杂一些现代东

① 针对企业团的访谈笔记，时间2007－8－11。

② 针对学生团的访谈笔记，时间2008－1－19。

③ 参考博客网站 http：//www. blogcn. com/user42/xiariqingge/index. html

西的表演。如果太多现代的东西融在里面，就会把他们的民族情感给掩盖起来。我所希望看到是，他们的纯天然、纯自然的东西。那些可以表达自己情感的东西。”① 这样的观点不在少数。学校工作的肖主任经历了两次演员更换。她不无感慨，“十年前的记忆。当时那些演员又黑又矮，上去跳竹竿舞的时候沟通也不好。但是让人感觉到的是，一种原生态的味道。舞蹈配乐也少，演员多是清唱。现在呢！加了背景音乐，还有迪斯科旋律。太现代了，有点受不了。”当谈到“甩发舞”的时候，有的人认为很有“高山族味道”。比如，来自武汉的朱老师感慨道，“这样的舞蹈类型很难在我们那（地方）寻找到。”小甄甚至认为高山族给人的印象，可以用“狂野”来指称。

3. 审美型

这一类型的游客以女性居多。小江说，“看不惯。女孩子把这么美的长发甩来甩去，不能接受。而且，整个舞蹈看上去很乱。不知道高山族平时是不是也这么甩头发。从尊重他们民族文化来看，我说说看法而已。但是联想到日本鬼片，挺吓人的。没有一点美感。”② 小聂判断说“女孩子甩头发，太放纵的感觉，而且不美观。”③ 针对选择“高山族”演员是皮肤是黑好，还是白好，也有不同看法。我的一个朋友小陈告诉我，“皮肤太黑象非洲人，感觉不美。”④ 园区的刘经理也抱怨说，“有些观众向我反应，说演员太黑，不漂亮。我觉得他们过分，是来选美的！”⑤

总之，通过舞蹈的观看，他们感受到舞台表演的现场气氛；希望接受到“高山族”的文化特色，并以次推断台湾少数民族部落的整体风貌和所谓的“民族性格”。但是，无论是猜想型、猎奇型，还是审美型的游客，他们的想象都建立在“现代”和“传统”的二元分野之上。因此，她们两种对立的思考中：一是希望看到有高山族特色的舞蹈，而反对策划者对其变更太大。这表现在加入其他非高山族的元素，使得观念上“接受不了”。比如，音乐要清唱，最多加一点部落的乐器，不要带金属味道这么浓厚的迪斯科曲

① 学生团访谈笔记，时间 2007 - 7 - 23。

② 企业团的访谈笔记，时间 2007 - 8 - 11。

③ 同上。

④ 随行聊天笔记，时间 2007 - 5 - 2。

⑤ 对刘经理的访谈材料，时间 2007 - 8 - 2。

调，甚至是钢琴、竹箫的现代乐器。二是希望演员和观众多互动，让高山族和游客相互了解和交流。让他们的文化展现（舞蹈）不是那么难理解，也能以热情、微笑的方式给所有游客以均等的服务。前者是原始态的观点，反对改动；后者是对消费者本位的考虑。这为编导设计脚本、排演高山族舞蹈带来两难：一是要保持原貌，从九族文化村搬来的时候的原汁原味；二是要迎合消费市场的普遍口味进行市场化改造。结果，一个节目中即要保持了“原始”、“奇异”的文化特征，又融入现代元素以帮助大众理解，比如音乐、动作、解说、道具，以及各种类型的互动环节的加入。

这样，从观看和被看的两个视角出发，所谓“高山族”的形象之建构是被安置于两个主体性（观众和演员）不同的身体实践当中。就演员的言，一方面他们要在编导教学和原文化的“基础”之间找到一个合法性的协调，通过舞台的身体实践将“创新”的“高山族”文化呈现在观众面前。就观众而言，在大众传媒长期熏陶下，形成关高山族“原始”、“自然”一类的他者想象，以至于形成评价表演呈现“高山族”形象的客观标准。他们相信这一种商业机制下的文化产品，却极力在其中寻找“台湾特色”的相关证明。这样的选择基于不同的动机，而表现出有差别的想象再建构。

三、“我们都是一家人”：观众与演员的空间互动

如果说舞台表演侧重观众“看”和演员“演”两者的不同的身体实践，那么互动环节的加入成为摆脱两者之间的对立关系，走向文化沟通和交流的一个重要途径。在编导麦克看来，观众是消费市场的主体，是台湾民俗村邀请的“客人”。因此，舞蹈文本的引进、设计和改编的思考，都被应建立在观众的现场体验之上。而这个体验的核心是演员参与舞台的表演空间，与表演者进行无距离的间的交流和互动。这时候，剧场作为观演关系发生和结束的场所，其空间的布置理念也随之进行变革。

（一）“凝聚”在一起

如面所述，娜麓湾剧场摹本来自于九族文化村，由180度的敞口舞台、梯形座位席、中间的空地三部分连接而成。（如图4－3）剧场的变革从原来茅草屋的小舞台，衍变成现在的大剧场。背后是表演观念的转变，从单纯为舞台表演区设计“视觉表演”的环境，转换为包括观众在内、关注参与戏

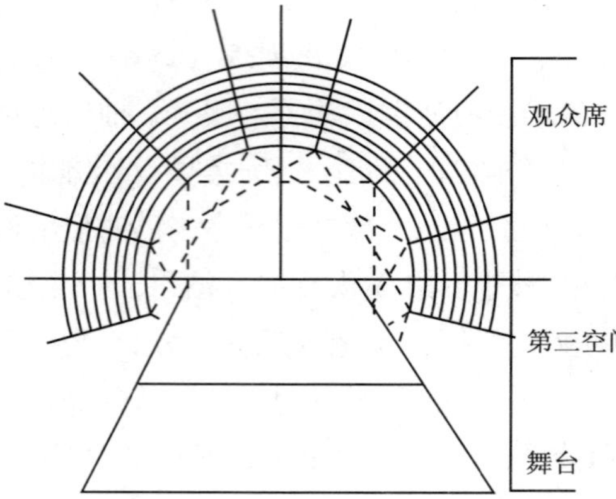

图 4－3　娜麓湾剧场的抽象图

剧演出活动的总体性表演空间。从观众透视的角度来看，180 度的敞口舞台是以一个中心点为聚合点，向四周辐射的表演空间。表演区处于“视觉凝视”的中心位置，观众席围合于表演区形成向心式观看和体验活动。这样，共同向一处“聚焦”，就产生出空间的凝聚感。这一空间型构类似于古希腊的酒神剧场。① 古希腊剧场的平面结构呈圆形，并利用自然的山坡地形构筑形成二维的空间，观众的视轴是由外向一个中心聚焦。观众席与舞台建筑之间是合唱队的演出通道，通道空间一方面起着分割舞台与观众席的作用；另一方面，通过合唱队的演出行为，将舞台的表演与观众参与仪式的行为相互连接在一起。与酒神剧场的设计目的类似，麦克希望在娜麓湾剧场里“观众能感觉的一种向心力。”如果说酒神剧场的设计强调人对神的崇拜，那么类似的建筑结构的移植，同样是为了达到类似的效果：在一种“共同”的观看和参与行动中，包括视觉、知觉，等组成的复合体验，将汇聚成一种潜在的“集体意识”②。这正是原来酒神剧场举行仪式，以及娜麓湾剧场的观演互动，所力图向参与者营造、传达的空间感。

---

① 秦文宝，空间体验与表演空间设计：[硕士学位论文]，上海戏剧学院，2003 年 5 月。

② 涂尔干在《宗教生活的基本形式》讨论了宗教仪式对集体意识的召唤功能，强调借助对一种外来力量的神圣性唤醒，以激发参与者，乃至社区的共有集体性和团结意识。这里的“集体意识”有所不同，强调展演“高山族”舞蹈以触发观众集体性的猎奇心理，形成每个人都有“尝试一下”的体验冲动。

（二）“消失”的距离

观众席与舞台之间的过道，在编导的设计倡导下，演变为演员和观众交流、互动的“第三空间”。在这里，参与互动者、演员之间的角色定位模糊了。他们在未参与者①看来，也是展演的“演员”。正如编导不希望表演与观众相互分隔，通过各种互动环节的策划和设计，让观众参与其中，使得视觉观看和身体实践融合为一体。在这点上，编导的特意安排类似于谢克纳的环境戏剧的理念。② 谢克纳认为，观众的参与正是对原有观演二元模式的打破，将戏剧表演的不确定性和主动性重新归还给观众。这里的“第三空间”成为观众用身体实践“高山族”文化的重要场所。一旦进入其中，参与者就以一种体验、交流的方式对所用的空间媒介、信息、以及各种剧情的安排进行多元化的解读。这样，三方的参与使实在的距离顿时“消失”，却通过交流、互动的各种行动，共同参与到建构“高山族文化”的空间实践当中。

1. “我也是演员”：欢迎大首领游戏

先从我的体验说起吧。当时，民俗村的林助理一脸诚恳——几番对大首领游客的写意，让我充满了参与和体验的期盼。我不由问自己，“为什么不借入园免费之便，体验一把‘高山族’呢?”带着有点搭便车的成就感，我于 2007 年 5 月的一个艳阳天，和几个朋友一道“光临”了民俗村。节目一开始，我就盼望着大首领游戏快点到来。几节后，标志性的场景出现了。五个鲁凯人打扮的“阿里山小伙”，正向观众席缓步走来。后面四个人抬着藤条编成的轿子。这轿子的样式，颇有几份我去江西庐山旅游时见到的登山轿椅。轿子上面道具很显眼，正是我想象的高山族酋长“兽袍”。前面领头的小伙，皮肤黝黑。他手里捧着酋长羽冠，正四处寻找合适的人选。看到几个观众正要离席“报名”，我赶忙起身跑到“高山族”面前自告奋勇。台上的主持人一身阿佤黑衣，似乎与高山族特色有点相悖。他一脸堆笑，连忙顺水推舟说道：“让我们用掌声欢迎这位先生，成为我们（高山族）部落的酋长。就我们的大首领啊!”几番话下来，吹得我几分得意。但是，台下的掌

① 未参与者是指那些没有参与互动游戏而仍留在座位上旁观的游客。

② 可以参考人类学家谢克纳提出环境戏剧的六项原则。（曹路生．国外后现代戏剧．南京：江苏美术出版社，2002 年，第 51 ~ 72 页。）

声寥寥。“没事，至少我现在是视觉中心了。”我暗自鼓励，努力不去想台下观众会有什么表情。

接下来，我被七脚八手地穿上“戏服”。这还是在几个人帮助之下，真有点“寡人”的感觉。坐上轿，还好体重还行，四个“高山族”不是太费力。到了台上，主持人先寒暄了问了贵姓和感觉。之后，五个小伙手拉手围着我，“嘿哈、嘿哈”的转了一圈。主持人解释说，这是来自“台湾高山的祝福”。后来听知道他们的舞蹈改编自勇士狩猎舞。岂不是我成了他们“围猎”的对象啦。还是旁边的阿美姑娘对头，展手鞠身——表示尊敬。下一个环节，一旁的“阿美姑娘”轻轻地从双连杯中取出一杯酒。主持人大声介绍，“这是热情、好客的族人，专门为酋长准备的小米酒”。心想不就一杯米酒么？不是和我们闽中客家酿的米酒度数差不多。但是，我还有点犹豫，怕酒后乱性。没想到台下观众沸腾起来。“喝啊！喝呀!”我想想，不能让观众看低了，也不能对不起“高山族”同胞的“热情、好客”呀。于是一股脑喝了下去。刚完事，主持人接上话：“刚才是让酋长带领我们敬天、敬地。现在的第二杯要祝福我们的祖国——安定、和谐。一旁的高山族男子持杯走到面前，先自转数周后，弯腰、敬酒。这杯酒意义大了，不喝过不去。这两杯酒过后，酒劲上来。我暗自寻思，这有50度吧。之后才知道，这其实是金门高粱酒，56度之高。最后一次，是祝福全场观众“幸福美满、事事顺利”。这还得喝。台下观众更热烈了。

几杯酒下肚，脸开始发烫、头发晕。没想到还有一个环节，主持人让我手握两条系棉纱的木棒。然后让一旁的阿美姑娘点燃。主持人在一旁解说，要我给大家教一句祝福语言。我想，“高山族语？是哪一个系的呀？”主持人没看出我的想法，面对观众说“当大头目说‘咿呀’的时候，观众朋友就一起跟着喊‘咿呀’。”这时候，台下的热情不减，我也借着酒劲大喊“咿呀”，听到对面观众高举起的响应——“唔～”。几个回合下来，满场都是热情的双手“支持”我。在天地倒转中，我真感觉自己真是个“高山族酋长”了。

在这一环节中，观看的观众角色对换成为被看的演员，并在舞台正式演员的引导下自编自导舞蹈的动作，不断地积极参与到整个剧情的表演设计中。现实中的自我形象，是各种标签为“城市的”、“汉人”、“游客”的复

图4－4　《欢迎大首领》游戏（摄于2007－5－2）

合“现代人”形象，却在“大头目”的角色扮演中全部被颠覆为“原始”、“有威望”的“部落酋长”形象。可以说，这时候的观众俨然成为想象中的演员。他们没有事先排戏，没有脚本依托，而只是即兴创作。就我而言，这个表演事件是通过“第三空间”创造出来，成为谢克纳所指称的“环境戏剧”的组成构件。我的几个朋友，包括在场的其他观众，不仅在观看我的表演活动，也在置身于想象的“族人”角色。这样的游戏环节设计，将演员和观众、观看和被看的二分法打破了。共享的表演体验，成为模糊角色的两者，在空间中呈现自我的一个重要方式。可以说，从穿戏服、坐轿子、喝酒到向观众祈福的整个事件流程中，我都在用身体的移动、姿态的表演实践着想象中的演员角色。而且，互动环节中的观众，也不再是固定在观看的位置上，而成为台下的表演参与者的组成。所有人不加掩饰自己的“错误”① 动作，而是进入表演所建构的想象空间中，调动身体感官全方位地想象、参与、体验“高山族酋长”和“族人”之间的对话。

2. “跟我学”：竹竿舞

再看看其他观众的参与和体验。下一个节目是竹竿舞，也是一个互动性很强的节目。在“竹棒舞春风”结束之后，男女演员分四列摆开竹竿阵。主持人就开始动员大家上台表演。我的几个朋友也上去跳了，开始音乐节奏放得很慢，让大家先习惯基本步伐。主持人在舞台上，来回走动，似乎在向参与者“教学”舞蹈要领：“大家听我口令：开合 、开合、开开合……”。几个男生就是猜不对，老碰到竹竿；女生相对好点，毕竟乐感比我们强。几个来回后，适应训练结束，竹竿的节奏加快。场面有点乱。有的人怕竹竿夹脚，停止舞蹈。有的人似乎找到路数，来回自如。还有人用双手搭在“高山族”的肩膀上，两眼却死死盯住双脚的跳动位置。这时候，有一个十来岁的小女孩出现在观众的视野中。她是这么地可爱，一边小心地牵着阿美“阿姨”的手，另一边的双脚却如跳毽子般灵活。4 分钟左右的时间，游戏结束了。观众也陆续回到座位上。

这时候我赶忙问了几个朋友的参与感受。他们都表示“有点刺激”，但想法存在不同：

小李感觉很平淡，坚持舞蹈要“进行改进”。他说：“以前我在电视里看到过。今天能亲身体验一下啦。竹竿敲打声很激烈阿。但我一旁的‘高山族’美女的带领下，大家丑态百出。我觉得自己跳得还不错啦。想象自己在跳橡皮筋。都一样。希望这个节目保留下去，节奏感强又富有民族特色。……这一轮当然是不会过瘾的，还要熟悉一下。你去跟他们说说，建议在跳的时候，唱唱高山族传统的歌谣就更好了。”② 我知道小李来得不止一次。有意思的是，上次的互动的时候，他的动作僵硬、变形。下舞台的时候，连连抱怨节拍很难跟上。而现在舞得有点专业水准、象模象样的，小李

① 这里的“错误”是指，不是根据脚本设计，而根据主持人、演员的引导，按照各自意志塑造角色的即兴表演。

② 随行聊天笔记，时间 2007 -5 -2. 以下小何、老张的谈话出于同一时间段。

却开始“提议”传统要“保留下去”。

小何是一个私企职员。刚结束竹竿舞的时候，第一句话就问我“你怎么不上去？”我笑笑，说想听他的想法。他告诉我，“噢。你看这些舞蹈，和我在海南民俗村里跳得一模一样。好像是黎族的舞蹈吧，我不太记得了。有可能是高山族和我们大陆的少数民族存在有关系呢。”说到这里，他笑了笑：“以前在中学的课本就学过，现在看过一些网站资料，对我们来说，这都一样的。”我追问说：“什么都一样呢？”他不解地看了我一眼，然后认真地说：“看过写书，历史专家说过他们是从我们大陆迁移过去的。记得我在海南看到黎族的舞蹈表演，感觉是一样的。眼睛见为实嘛。台湾那边文化就是我们大陆传过去的呗。”在小何看来，身体的体验目的不仨是为了娱乐，同样需要感受书本知识对高山族“同根同源”的描述。换句话说，他是在身体移动中想象两岸少数民族的所有具有的同根特征。

老张倒是很平静。“……基本节奏就是‘点脚—点脚—跳跳跳’。节奏对了，就现学现卖。后来跳着跳着，倒也有几分‘高山族’的样子。”他接着说，“以前在云南的苗族风情园跳过。刚开始的时候，就是不敢跳进去，生怕那竹竿夹到脚，好不容易鼓起勇气跳了进去。现在旅游的地方多了，国内少数民族都有这个舞蹈，也自然就学会了。”“本来想学那些人在竹竿上踩（的难度动作），想想还是算了。下次再挑战自己吧。”不难看出，多次的外地旅游经历，成为他竹竿舞不断学习的机会。不同与笨拙的初学者，老张每次都站到领舞的“高山族”“美女”① 身边，向台下、背后的观众炫耀自己的“熟练技术”。

还有一些团队游的个案，从集体的角度表达不同的声音。这里包括商务团和学生团的各种看法。首先是，来自台湾灿坤企业的商务游②的访谈。“有上台去学。节奏慢的时侯，跟得上。后来加快了，我有点想挑战自己，努力去跟，还是被夹到几次。”“很刺激。有几次看着就要夹到脚，一晃就过去了。呵呵。”“大家都争着上前，都是新员工，上去主要是体验他们的文化。来这里就是图开心。”“图开心”在其他访谈中也占一定的比例，还有

① 厦门当地人对女士的一种尊称。

② 这部分企业游的访谈时间为 2008 - 1 - 19。

的人体会到“高山族人的亲切感”。一位来自浙江的导游很高兴，“团结舞与竹竿舞的互动让观众和演员融化成一体。感觉就象一家人那样——很亲切、很温馨。”①汪老师是从武汉来厦门组织夏令营活动的一位小学老师。他说：“我觉得感受最深的应该是，台上台下的互动吧。竹竿舞蹈在现场学，很好地让学生们参与其中。”来自热苗小学的肖主任说，“（竹竿舞）蛮磨练一个人的智力的。手、眼、脚都要协调。”她还发现了“高山族”没有距离感，“在来民俗村以前，我一直觉得高山族很陌生，就象外国人一样——居住在很遥远的地方。”②

与前面散客的个性化表演不同，商务团和学生团关注的是集体性。无论是学校的老师，还是企业的领队，都强调整体的协调、共同参与一项文化活动。比如，灿坤企业的主办方希望舞蹈过程中，员工的互助表现有利于之后投身到企业的“大熔炉”中。因此，领导往往鼓动每个团队在队长的带头下行动，并强调互动体现出：男生要多照顾女生，老员工要帮助新员工的公司文化。而组织夏令营的老师则有所不同，他们特别强调师生教学的传承关系。这表现在两种表演的现象上：一是老师紧跟在高山族演员，面向学生教授步伐的要领；二是老师自成一队列，边演边想一旁模仿的中小学生示范动作。在他们看来，舞台空间成为他们进行学校外的“第二课堂”。演员示范的跳跃要领，成为学生团里老师进行现场教学的素材。同样，这里的竹竿舞互动中，演员和观众的边界在空间实践中再一次模糊。两者融合了一些异质的社会框架，如上面所说的领导和员工、老师和学生的复合关系，重新诠释了竹竿舞力图建构“高山族文化”的想象。

3. “拉起我们的手”：团结舞

编导介绍说，作为压轴的团结舞（拉手舞）在台湾少数民族地区已有悠久的历史。查找文献，我了解到：拉手舞又名“蹋蹄”③，高山族民间群舞形式之一。早在三国时期，沈莹在《临海水土志》中对此有所记载。《隋书·东夷传》云：“流求国④，……歌呼蹋蹄，一人唱，众皆和，音颇哀怨。

① 一次偶然的聊天笔记，时间 2007 - 7 - 23。
② 学生游的访谈笔记，时间 2008 - 1 - 19。
③ 即踏歌。
④ 按：台湾之古称。（原引文注）

扶女子上膊，摇手而舞。”据《北史·流球传》中描写了记载：“歌呼踏蹄，一人唱，众皆和，音颇哀怨，扶女予上膊，摇手而舞。”这种一人领唱，众人相和，踏地为节的情形，与今天的“拉手舞”的特点是基本一致的。清代《台湾生熟悉图像》中画有一幅若干人拉手而舞的形象。各种独特的拉手方法，及踏足环舞的姿态，与高山族的“拉手舞”基本一致。在台湾少数民族乐舞网站中，拉手舞的起源于部落祭祀部分，属于集体强化仪式（rites of intensification）。包括收获祭、团结祭、或复合式的年祭时所跳的舞蹈，还有阿美人的年祭、排湾人的五年祭、卑南人的大猎祭、邹人的战祭、赛夏人的矮灵祭等，一些祭典时跳的舞蹈。从舞者队形的安排上，男女有别、长幼有序的社会关系，一目了然。此外，台湾少数民族社会虽赋予舞蹈各样的情境意义，舞蹈强化社会凝聚力，也是个人表现自我以受社会评价的时机。但是最终目的仍是在强化社会一体的价值观。①

同样，在民俗村的团结舞是观众和演员一起完成。（如图 4－5 所示）他们来到舞台和观众之间的“第三空间”中，拉手合围。从三、五人开始，十数人，甚至数十人的加入中，观众和演员不断拉大舞动的范围。在《高山青》有节奏的“阿依呀哦耶”的衬词助兴下，男女相间交插排列成圈，上步、撒步，抬脚，做着简单的步伐。人数可以不断增加，直到圆圈大小受场地限制而无法容纳新人的时候，再开出一圈、两圈，多圈。麦克告诉我，“这个舞蹈强调协调——演员和观众的协调、转动方向和步伐的协调、相邻人之间的协调。”设计者希望所有参与者都感觉到——无论是方向、旋律、快慢、强弱等，都是在追求彼此之间的一致性。再最高潮的时候，这些动作似乎都有一个共同的目的——踏出强弱的“脚拍子”，与旋律附和成趣。实际上，这种舞蹈的一致性是需要渐进的过程。往往在开始的时候，参与者一边依次平淡地步行，一边看着演员左、右侧走的步伐进行模仿。这期间，总有几个“不安分”的观众笑场退出，或是插入其间的观众干扰了原先动作学习的过程。要不了几分钟，先是女性观众，然后是男性观众，开始跟上音乐节拍，掌握基本的行走规律。左行三步，换位，右行三步。再十分钟后，观众开始学着侧身、踢腿。但往往动作不一，形成不了协调一致的整体效

① 参见 http：//www. arte. gov. tw/aborigine

果。每到这个时候，圈子中央就会悄悄钻进一个男演员作为领舞。这时候，合围的观众目光都会汇集到他的体态、身姿和动作上面，再进行第三次的舞蹈学习。二十分钟左右，众人舞蹈动作逐渐取向一致，有几分群舞的味道。却有例外的是，更多的观众把拉手舞当作是儿时玩要的“拉圈”游戏。他们的身体实践甚至违反舞蹈的基本步伐、音乐节拍、移动方向，而带着演员围着中心疯狂地甩、转。也许，这可以看作是参与者对拉手舞的协调性的一种另类的阐释。

图4－5　团结舞的互动现场（摄于2007－8－1）

舞蹈结束时，我询问了几个参与者。他们的观点不一，但强调了“共同”的感觉。大体有两种趋向：一是团队凝聚力的强调；二是对“两岸交流”的主题回应。首先，企业团的员工将舞蹈作为员工团结的表述。比如，小甄说，“当时很多员工都上去，圈围得非常大。几个演员插到队伍中，都有点乱。但重要是有那种感觉：大家一起跳，很融洽。我两边都是女孩子，平时（拉手）都不好意思，但在当时就没觉得。”① 小聂很感慨：“感觉同

① 企业游访谈笔记，时间2007－8－11。

事在一起，像家一样很亲切。”其次，学校的老师①思绪更多地和“两岸交流”的主题联系在一起。肖主任告诉我，旁边就是“台湾同胞”，让联想到台湾和大陆之间的关系：“我是很认同台湾实行‘一国两制’的方式。我们可以自由往来，没有什么顾及。我在台湾有一个远房亲戚，现在已经六、七十岁了。我还在读小学的时候，她就和我们联系上。直到现在，她还很挂念我们这里，但不能经常过来（大陆）。当时，他是因为征兵而去的台湾。”回到民俗村的办园主题上来，她强调说，“……我觉得，民俗村办一个高山族和观众的互动，也是这样。增加两岸人们之间的文化了解。不管是原始的，还是现代的元素在里面，主要我们手来手，一起交流，什么误解都可以变成理解。”周老师表示学生和家长需要沟通，两岸同样需要沟通。“就像我们主任所说的那样，通过互动很带动我们，家长和孩子之间的交流。现代的社会太缺少时间了。每个人都在忙工作，缺少的正是交流。还有，借助这个机会让我们了解高山族。本来课本上的知识，图片上的形象，现在让大家用另一种方式，身体体验的方式，来理解高山族文化。这个舞蹈中，不管你是哪里来的——台湾也好，大陆也好，不用什么复杂的语言交流，大家在一起拉手跳舞，这就有了心与心的交流。”

四、协商的主体性

综上所述，娜麓湾剧场营造的互动式体验，是由编导、演员、观众，共同建构的一种以“观看”的视觉观赏、身体实践为主的旅游体验。在整个观演互动中，编导为了迎合市场需要，观众基于新鲜、猎奇的冲动，舞者力图试图阐述好“高山族”的角色；三方主体在舞台表演的不同场景中相互结合，共同演绎着标签为“高山族”的舞蹈。本文认为，围绕着观众参与过程的能动实践，推动着其他主体（编导和演员）合力建构对“两岸文化交流”的多元化解读。如此，“同根同源”话语以某种方式协调各主体对台湾原住民文化的共同理解，以达到各主体之间的某种契合。

我们可以简单描述出这样的流程。首先，观众到台湾民俗村观看表演，是希望看到“真实的”高山族舞蹈，以期待建构完整的“台湾高山族”形

① 学生游访谈笔记，时间2008－1－19。

象。这样的市场需要，置编导于两难的处境：一方面力图引进原生态文化满足观众猎奇的心理，另一方面面临市场运营高成本的压力。其结果是，两种展演策略的采用：一种是使用“同根”话语作为选择演员的依据，雇佣南方少数民族以“扮演”和呈现台湾高山族的文化；二是引用和改编台湾九族文化村的节目文本，重新塑造在厦门的“原始”、“奇异”的他者想象。接下来，演员通过身体实践的学习，结合本民族相似的、“同根”的风俗传统，将所理解的高山族文化外化为舞台呈现的表演形象。而观众通过观看、身体实践，与演员发生符号互动和交流，一起生产所谓“高山族”的文化体验。这一体验延伸出游客不同面向①的认知和理解，以至于形成对差异化的“高山族”刻板印象。反过来，这些刻板印象又推动游客参与到文化展演的市场消费当中。结果是，三个主体在舞台空间中共同构建“高山族”的想象中并达到契合，都成为生产和消费循环链中不可少的环节。其中，编导和演员不断对文本赋予意义（生产），而观众通过实践不断解读意义（消费）。

在这个意义上，表演空间实际上是由表演者和参与者共同来赋予意义的。其意义通过展演文本的建构而得以生产，并通过观者的观看行动而得以消费。这样，空间实践依托于话语呈现的他者理解，并在消费文化中不断促进表演者和参与者共同协商符号的意义。而协商的本身，也是处于不断的流动之中。

① 例如，上述观众建构出的高山族的形象类型。

结论与反思

一、文化展演的同构性

本研究考察博物馆、主题公园在政治和经济两个不同维度中，如何展现设计者赋予意义和参观者解读的各种实践。其中，“同根”的表征体系形塑着建筑景观和展览空间，并赋予秩序化、逻辑化的主题叙述，为所有参与者造就“非常”的身体体验——通过视觉为主的感观体验，让参观者进入空间生产的概念体系当中。参与者通过在展览空间中多元化的亲身体验，实践着个人经历与表征体系之间的互动和对话。这样，意义不断被赋予、被解读，观演关系不断被复制和生产着，最终所有主体在观念上达成协商和契合。虽然每个主体基于不同动机和目的而表现出各自的能动性，但不是对结构的抵抗，或甚颠覆。确切地说，所有主体在空间实践中不断协商中，让“同根”的表征体系维系着其存在的合法性。不仅如此，“同根”的表征体系通过文化同构的方式，与经济、政治力量“不谋而合”，继续在类似的空间中渗透，以至于让更多的景观设计、展演主题等加入其中，呈现出同一化归的主题化趋势。

以上各个章节，围绕着供视觉参观的人造景观，是如何在三个连续生产的空间中展演着“同根同源”的话语体系。根据田野调查中获得的生活史、传奇故事、个人记忆，社会活动的音像记录、文字书写的资料收集、整理和分析，探讨了文化展演的空间转化——建筑呈现、主题表述和空间实践三个阶段所进行的展演实践，分析各个参与主体（生产者和消费者）如何在“同根同源”的话语作用下，实现着各自的主体性，并最终达成某种协商。文章论述的“同根同源”展演，分别采用两个维度进行叙述：一是经济维度的民俗村；二是政治维度的博物馆。

在经济维度中，民俗村借助“同根”话语，让消费者“到这里”进行体验为中心的生产消费，以成就企业赢利的最终目的。这其中，“同根”的符号被包装在各种文化商品当中，向到来的游客贩卖各种奇观式的体验。具体到个案中，这一过程的实现却表现出两对张力：一是“原始”和“熟悉”的意义冲突；二是真实和虚假之间的价值冲突。最终，这两对矛盾在“同根同源”的话语表述下，都在所有参与者的共同参与中得到协商。这可以表现在：建筑者在“高山族”建筑中展现高山族与大陆的渊源关系；展览负责人在“正宗”符号叙述中隐含两岸工艺的师承关系；编导聘用的新演员与“高山族”具有文化的相似性；观众为了探索“高山族”形象而到民俗村观看、体验，带来对企业服务的消费；演员通过学习“高山族”而获得展现本文化的舞台空间。

在政治维度中，博物馆使用“同根”话语，让参观者到这里接受两岸“同根同源”的知识学习和体验，以表达反“台独”的政治诉求。这其中，“同根”的符号内化到各种展品、场景当中，以类仪式的体验方式，让参观者感受系统化建构出两岸的“共同”记忆。在这一过程中，同样表现出两对张力：一是“权威”编码和“娱乐”解读之间的冲突；二是历史“实证”与“理想未达到”之间的冲突。最终，这两对矛盾在“同根同源”的话语表述下，所有参与者在共同参与实践中达到协商。这可以表现在：建筑设计者力图展现文化的传承关系；展览规划者在“缘”的分类实践中，叙述着两岸民众生活上的诸多相似性；观众为回忆过去而激发对台湾亲人的思念，以及个体对中国人的身份认同，等等。

无论是哪一个维度，都具有展演脉络的同构性。“同根同源”的表征体系作为“大一统”的知识建构之一，借助文化相似性作为一种进路，渗透到空间的占据、挪用，进而达成旨在“促进交流”的文化展示的各种空间生产中。诚如个案所述，在博物馆、民俗村有意图的作用下建筑铭刻于地表上，并融合进各种展现“同根”的符号和意义，形成城市名片的风景坐标。而空间内的物品按照一定逻辑的陈列和安排，同样承载了空间设计者如何理解各主体之间的关系，包括商人和消费者，主题策划与参观者，政府与地方机构、企业之间的各种社会关系。“同根”的表征体系需要通过展演而不断运转，这需要通过空间得以视觉化的呈现，其中包括了意识、想象与规范的空间表征。对博物馆而言，如何落实“缘”的主题思想，以物品的排序和文字表述，决定了“同根”话语的意义、功能是如何被具体化，并分解到每个展示的空间当中。然后，通过参观者的身体移动、视觉体验的过程而得到有效的解读。从这个意义上讲，空间的塑造可以被看作“同根”话语的视觉表达，而“同根”的话语凭借空间塑造的支持而处于不断生产之中。

那么，“同根”话语是以什么方式镶嵌到两个不同地点、不同职能的景观当中呢？简单用“相似性”作为词藻修饰一笔带过，似乎无法说明深厚的文化根源。我认为，这一镶嵌方式与历史学、文化学、伦理学所探讨的“家国同构”概念，存在某种必然的联系。许多历史学研究表明，“家国同构”是“中华文明”对古代主流的文化认同和接受的思想观念（价值观）。追溯起源而探讨这一价值观如何在“华夏文明”中得以发展、扩散等一系列历史命题，不是本书重点讨论的问题。关键的问题是“家国同构”的基础是什么。学者的研究表明，“家国同构”的价值观形成，与古代“简单的社会结构”存在联系：社会以家庭为中心，缔结人与人的基本关系；而统治者与个人的关系，是权力指派的关系。这两者构成家族和国家两个基本的组织系统。前者在文言中表示“家”的概念，而后者的表述较为多样，比如“邦”①、“国”②、“天下”③ 等。这些概念的形成，都说明家庭为中国古代社会的基本单位，与统治权力具有直接的联系。这一联系的强化，以至于形成某种价值观，是汉人的儒家思想的广泛教化中得以实现。其中，“治国、齐家、平天下”的类似观点在许多经典中可以找到。比如《礼记》有“欲治于其国，先齐其家”；《荀子》道：“君者，国之隆也；父者，家之隆也。隆一而治，自古及今，未有二隆争重而能长久者”。不难看成，“家国同构”是将家庭的父子关系，外推到家与国关系之上。而强调“父子”和“君臣”的上下关系，是其同构的一种基本关系。从价值观来看，将个人对家的“孝”与对国的“忠”联系在一起。这样个人对家庭、家族的伦理道德的服从，在政治上成为对君王统治的顺从。

回到本研究中，主题公园和博物馆的文化展演，都呈现出对“家国同

① 吕关泉，吕绍纲，周易入门，长春：吉林人学出版社，1988 年。

② 孟子·梁惠王上，北京：中华书局，1985 年。

③ 指《尚书·弘洪》中的“天下农民父母，以为天下王”。

构”价值观的当代解读和结构移植。在第一个阶段人造景观的建造中，民俗村选择“高山族”符号、博物馆选择“闽南文化”符号，都在力图说明台湾文化与中原文化、闽南文化存在建筑同构的关系。民俗村使用干栏式的家居建筑，而博物馆使用红砖厝的民宅，并以小见大的方式，从家居的相似推及更大的建筑文化相似，以说明两者之间的文化根源关系。第二阶段物品展示主题化中，民俗村选择“正宗”台湾商品和博物馆以“缘”作为陈列设计的主题，都是将文本表述依托于“同根同源”的历史记忆上面。其中，民俗村强调商品的工艺源于大陆，工匠多来自闽南地区；而博物馆强调两岸关系类似于“割不断、舍不弃”的缘分。两者都强调了两地在历史上的（拟）家族关系——在台湾的汉人祖籍地绝大部分在中国福建。第三阶段的空间实践中，民俗村的演员选择和观众寻找的想象应验，是基于“同根”的知识建构，即台湾“高山族”源于大陆的南方少数民族。博物馆的空间设计和观众的身体实践，都围绕着将个体对家的小情感，上升为对国家认同的大情怀。这些都是家国同构的典型表现。

二、观众、演员和文化脚本

（一）观众和演员的定位

狭义的表演理论将演员看作是舞台表演的主体。从广义的社会表演来看，生产者和消费者既是演员，也是观众。在辛格（Milton Singer）那里，表演被广泛定位为各种文化要素的展示。① 这可以看作是将表演研究的视角扩大到双方之间的互动，以此涵盖观众、表演者、创作者，场地、文本的各种研究而成为一个整体。在本书中，生产者和消费者是两个核心的主体，他们从人造景观的建立，主题思想的表述到各种空间的实践活动，都在以各种方式不断地叙述对“同根用源”话语的不同理解。这里，“同根同源”的话语体系是两者表意和解意（编码和解码）的文化脚本。在中国的当代社会中，文化脚本的论述逻辑相对固定，而演员和观众的角色却处于不断转化、变换的过程当中。

在博物馆的空间实践当中，参观者对展品符号的认知、以视觉中心为中

① Singer, M. *When a Great Tradition Modernizes*. New York: Praeger. 1972.

心的体验引导“同根”话语的主题化叙事；而博物馆也通过各种展现设计塑造复合式的身体体验，并激发各种情感。在这个意义上，展览生产者不是绝对意义上的演员，而消费者不是绝对意义上的观众。在民俗村的空间实践当中，游客对商品、舞台表演的认识，是内置于商品生产和消费的整个环节中。基于市场需要而做出的各种企业文化等策划调整，是以迎合游客需要为出发点和归属点逐步展开。在这个意义上，游客接受各种媒介塑造的“正宗”商品形象，以及所谓高山族的“真实”形象，引导民俗村的文化策划进行市场化的改进；而民俗村也通过各种消费符号塑造消费者“到来”的各种体验，激发他们参与其中的热情。同理，所有的主体不能在绝对的意义中区分出演员和观众的二元对立。相反，这两者均表现出内在的一致性，即所有参与者在共同的文化阅读中，交换着彼此对“同根同源”话语的理解，而“同根”的表征体系依此而不断运行着。

从这个角度进行延伸性思考，文化展演的研究脉络从表演客体性转向对视觉主体的关注，正是针对演员和观众的固定化预设的一种反思。从封闭的剧场表演，转移到人类仪式的探讨，再到更广阔的社会、文化空间当中，文化展演的研究逐渐扩大着理论的解释力度。许多关注表演客体的研究，大多属于结构主义、阐释主义的人类学研究，比如格尔茨对巴厘岛社会的拟戏剧研究。这类研究中，观众和演员的关系似乎被固定化。从视觉的角度来看，观众被放置在“观看”角色，而演员成为“被看”的角色。换句话说，表演行动似乎成为演员本身所承当的职能和本质，而观众只是表达信息的接受者和反馈者。因此，在本研究中，我尝试脱离观众和演员的固定化预设，转向使用更为灵活的生产者和消费者的概念使用。其中，观众和游客可以被看作是消费者，而建筑者、文化策划者、展览设计者等被看作是生产者。从更广泛的意义来看，他们在文化展演的话语体系中处于不断交换的角色，可以属于对“同根”话语的解码者。因此，从视觉主体性出发，以“看”和“被看”双重视角出发，作为展演现象研究的一个相对适宜的着眼点，也可作为以往研究缺失的一种补充性尝试。换句话说，研究主体的观看行为，可以从一个侧面研究表征体系如何在空间中运作，以及不同主体如何实践着对社会空间的形塑。本书围绕着建筑景观、物品摆放和空间中的身体实践三者的研究，就是将这一双重视角看作是理解“同根”话语如何被展示的主要方式，更是强调它是认识和理解主体参与到经济、政治、文化实践活动中的一个重要路径。

（二）结构中的主体性

回到论述中。在博物馆空间中，展品的“中国人”叙事建立具有排他性的身份区隔中。也就是说，将台湾同胞看作是“中国人”的重要组成，与“我们”成为一个共同体的表述单位。这是将各种外部力量，如“殖民者”、“侵略者”、“西方列强”等划归到与“他者”并列的一组对立的概念。而观者的主体性，如个人回忆生活经历，激发愤怒的情绪，等等，都在博物馆空间中激发和释放出来。这样，历史记忆、个人情感和身份区隔在“同根”的话语下环环相互扣，成为观众确认中国人身份的重要场所。“同根”的表征体系通过确认“我们”和“敌人”的二元标准而得以运作。而且，知识的传播、教化由“缘”的主题来安排展品序列，制作供体验的展演景观。这些方面将“同根”话语自上而下的教化过程，放在观众参观的各种情感体验上面。相对而言，民俗村的剧场空间里，“同根话语”的教化实践内置于游客的观看表演、参与互动的身体实践当中。游客通过区分汉族和高山族的“你－我”概念中，实践着文化商品的从生产到消费的整个过程。因此，游客不是被动地观看文化表演，而是主动地参与表演——他们用身体的实践体验各自不同的解读。换句话说，游客基于高山族的形象好奇而来到民俗进行亲身体验，通过自我检验的方式理解“高山族”舞蹈表演的相似性和差异性。其中，差异性被认为是“原始”的表征，而相似性却被认为是印证了“同根同源”的一种视觉存在（fact）。

从整体来看，两者空间都不是关注简单的话语灌输和观众被动接受，而是转向迎合他们的主体性——以视觉为中心的感官体验，由此带来的生产者、消费者对知识学习的一系列“自我规训”之过程。就这一点而言，与福柯在《规训与惩罚》中提出的“全景式监视”的概念有类似之处。福柯认为，一方面，各种公共空间对个体实现软性的规范和监督；另一方面，人们也通过观看的方式，逐渐将自己与理性、知识建构的空间编制在一起。然而，在讨论话语作用下的主体性时，福柯多使用带有“被动”、“顺服”的词汇进行修饰。这一观点同样在德波的景观理论，以及鲍德里亚的“拟像”理论中找到相似的影子。例如，德波否认在资本逻辑下主体可以与景观的表演进行有效地沟通。鲍德里亚甚至认为，由仿像支持的社会结构不断向主体兜售幻想和迷惑，并将个体放置于不断循环的消费场景中加以控制。[①] 不难看出，他们是客观主义的绝对信徒，无不将结构中的主体性看作是被动、受权力支配的对象。但在本研究中，个体并没有失去主体性、能动性而成为"顺服"、无主见的大众成员。相反，他们正积极地用身体移动体验着对知识的理解，用情感实践着个人、企业和国家之间的协商：

首先，在博物馆空间中，参观者将"思亲人"的小情感，上升对国家"盼统一"的大情感诉求之中。观众在展览观看后，形成的各种认知（包括家和国的情感同诉、中国人身份确认、以及对"根"的词汇发明），是大众主体性的一种表达。他们将博物馆参观，看作是自我"角色扮演"的社会舞台。他们的参观体验实际上是在"扮演"生活里的自我角色，是与权威空间的知识建构的一种互动和对话。这一对话可以看作是，观看主体的个人经验与理性主义建构的权威知识之间的协商结果。其次，在民俗村的舞台空间中，编导为了迎合市场需要，观众基于新鲜、猎奇的冲动，舞者力图阐述好"高山族"的角色。三个主体在舞台表演的不同场景中相互结合，共同演绎着标签为"高山族"的舞蹈。这一互动围绕着对消费者需要的满足而展开，却促成了三个主体在舞台空间中共同构建"高山族"想象中达到经济上的契合。换句话说，这一契合让他们成为生产和消费循环链中不可少的两个环节：编导和演员不断对文本赋予意义（生产），而观众通过实践不断解读意义（消费）。

（三）建构和协商：在生产者、消费者和话语体系之间

随着一栋栋建筑的兴起，各种公共空间在展示的名义下再现政治和经济的价值和利益，逐渐淡忘了原初的意义和功能。它们跨越了地域局限，祛除了历史和经验深厚的背景，逐渐加入到非深度、相互模仿的空间建构的大潮流中。本研究的中国情况，与艾伦·布里曼探讨美国社会的"迪斯尼化"趋势大同小异。更确切地说，在"同根同源"的话语作用下，主流意识和消费力量不断复制、建构类似形态、特定意义的新建筑、新景观。与此同

① 丹尼·卡瓦拉罗，文化理论关键词，张卫东、张生等译，南京：江苏人民出版社，2006年，第198页。

时，博物馆、主题公园的主题不再是以理性、技术的信仰反映历史根源的文化再现，转而走向对主流话语、大众文化的主动迎合。在这个过程中，供人参观、体验的社会空间被各种新、旧符号的拼接而获得新意义的建构。建筑表象、展品（包括商品）叙事、表演活动，都紧密地围绕着消费者视觉为中心的感官体验。在人们欢呼高雅文化从高高的祭台下走向民间生活之时，文化的视觉化呈现自然成为大众解读文化意义的必然趋势。这时候，文化脱离了日常生活的语境，变成一种可以阅读的图像、可以触摸的体验。人们似乎不需要太多的线索暗示，相信依靠主流的话语，价值观和个人想象，就可以猜个“八九不离十”。

话语建构的权力无处不在建构社会空间的各种姿态，通过有形的建筑物扎根于地表上的社会行动而达成；接下来，就是四面会围出可观看的三维空间，然后不断用经济、政治的方式合理地将空间“概念化”；最后，通过特定话语的运转方式，不断同构、概念化展览的内容，以复制出类似主题的新空间。人们在空间中的参观实践，成为主流价值观被认同、接受的主要方式之一。通过丰富的艺术形态的指涉作用，人们的情感被多元化地激发出来，在记忆、想象和认同中调整、定位，并确认自己对意义的解读。这些都在同一空间中达到某种的契合。

在人与空间的互动中，生产者和消费者的作用被突显出来。生产者在文化脚本中找到消费者知道、喜欢的制作素材，以形象方式将这些素材重新组合、加工，构成供观看、可体验的视觉物。但是，制造空间的行动本身，不是在反映素材本身的意义，而是在重新创造出新意义。当消费者满怀好奇，试图发现“新大陆”的时候，却发现视觉物的形象是如此熟悉。当他们失望之余，谁也不会承认自己也是意义的缔造者。因为，他们的各种认知实践，只是在证明通过何种途径、在什么样的范围内，可以接纳生产者的意图。在这个意义上，本书所说的协商，不意味着话语通过展演的方式操纵或控制参观者，而是所有主体都被邀请来，一起参与到对空间的意义制造、生产的过程中。同时，协商也意味着主体可以通过互动、交流的方式能动地参与意义的解读实践当中。虽然解读的结果往往令人失望，与原本赋予的意义并非完全重叠，甚至走向异化。但是，这一交流却不断通过编码和解码的实践活动，以空间为依托而不断生产着。

回到对研究现状的简要爬梳当中，我认为，当前的中国博物馆陈列和设计方式存在二元分立的问题解决，需要我们从研究视角的转换入手：从单向转向互动。这就需要不仅强调知识的权威性建构和观众的解读需要，更应将研究的关注点落下两者的互动之中。这在本研究中表现为一种基于知识建构和认知（解码和编码）的双向过程，是一种互动、交流的过程。同时，针对中国主题公园、民俗村的当前研究存在缺少话语分析，并似乎有将知识建构当成必然前提的倾向，这同样值得我们进一步反思。本书对台湾民俗村的分析，是在关注消费力量对文化景观影响之同时，也将目光集中在话语（意识形态和消费力量）是如何影响技术的建造、主题思想的论述，以及最后观众的空间体验的三个连续进程当中。这一方法与上述博物馆研究相一致，在本书中表现为基于知识建构和认知的双向过程的有关讨论。如果说现代的博物馆、主题公园一类的人造景观，建得比任何时候都宏伟、奇特、引人注目，打造成为人类征服自然的又一个成果，以证明现代科学、技术如何地强大。那么，仅仅做到这一点是不够的。空间内部的设计需要“说事”，提供言谈、图片、影像、环境等一系列视觉符号。这是知识在空间建构的两个关键流程。与此同时，观者的认知和解读同样重要。在本书中，参与者的观看行为正是通过身体移动而让感官融入到空间的具体实践当中，通过体验方式积极地将各种符号与个人的经验、记忆、情感、想象等有机地编织在一起。在这个意义上，互动可以说是一种主体性的协商，是在知识教化与自我的体验实践当中，架起一道可以逾越的桥梁。

参考文献

一、中　　文

[1] 本尼迪克特·安德森．想象的共同体：民族主义的起源与散布．吴睿人译，上海：上海人民出版社．2003 年．

[2] 安来顺．现代社会对“主流”（传统）博物馆的反思，中国文物报 2001 - 11 - 2.

[3] 理查德·鲍曼．美国民俗学和人类学领域中的“表演”观．杨利慧译，民族文学研究 2005，(3).

[4] 巴特斯、让·鲍德里亚等著．形象的修辞．吴琼、杜予编，北京：中国人民大学出版社．2005 年．

[5] 保继刚．大型主题公园布局初步研究．地理研究．1994，（3）：83 ~ 89.

[6] 鲍勃·麦克彻、希拉里·迪克罗．文化旅游与文化遗产管理．朱路平译，天津：南开出版社．2006 年．

[7] 鲍曼（Richard Bauman）；杨利慧译．美国民俗学和人类学领域中的“表演”观．民族文学研究．2005，(3).

[8] 瓦尔特·本雅明．机械复制时代的艺术作品．王才勇译，杭州：浙江摄影出版社．1993 年．

[9] 瓦尔特·本雅明．摄影小史、机械时代的艺术作品．王才勇译，南京：江苏人民出版社．2006 年．

[10] 约翰·伯格．观看之道．广西师范大学出版社．2005 年．

[11]（英）艾伦·布里曼．迪斯尼风暴．乔江涛译，北京：中信出版社．2006 年．

[12] 马斯汀（Janet Marstine）编．新博物馆理论与实践导论．江苏：

江苏美术出版社 . 2008 年 .

［13］ 蔡东源（总编）. 八十七年原住民木雕艺术创作奖专刊 . 台北：屏东县文化中心，1996 年 6 月 .

［14］ 曹路生 . 国外后现代戏剧 . 南京：江苏美术出版社 . 2002 年 .

［15］ 陈家雯 . 博物馆展示与知识形塑——以“兵马俑——秦文化特展”为例：［硕士学位论文］. 台北：台湾师范大学社会教育研究所 2000.

［16］ 陈家洋 . 德波景观批判的双重阅读 . 中国图书评论，2008，（5）：13 ~ 16.

［17］ 陈锦丰 . 博物馆的再现：后现代/后殖民博物馆学的观点 . 中国博物馆 . 2008，（2）：22 ~ 25.

［18］ 陈林 . 闽南红砖厝传统建筑材料艺术表现力研究：［硕士学位论文］. 2006 年 . 华中科技大学 .

［19］ 陈祥木：泉州拟建闽台缘博物馆计划投资上亿元，泉州晚报 2004 – 12 – 13.

［20］ 陈燕娥 . 温泉旅游产品开发研究：［硕士学位论文］. 中南林业科技大学 . 2006.

［21］ 陈玉平、王文艺 . 论民俗主题公园对民族文化的影响，特区经济 2008，（1）：190 ~ 191.

［22］ 陈泽辉 . “台湾民俗村”在厦门建成 . 人民日报 · 海外版 1998 – 08 – 10.

［23］ 陈昭妙 . 台湾民俗文化的集中呈现：以国立传统艺术中心为例（硕士论文），成功大学 2004 年 6 月 .

［24］ 陈智勇 . 闽台缘博物馆：建筑与文化完美结合，泉州晚报 2005 – 1 – 4.

［25］ 陈智勇 . 泉州是闽南文化的核心区和富集区，泉州晚报 2007 – 1 – 13.

［26］ 陈智勇 . 中国闽台缘博物馆陈列分七部分，泉州晚报 2005 – 11 – 3.

［27］ 陈智勇 . 周和平来泉考察、泉州闽南文化保护受肯定，泉州晚报 2007 – 3 – 30.

[28] 陈智勇．闽南文化受全国“两会”关注，泉州晚报·海外版 2007－3－20.

[29] 戴志坚．闽台民居建筑的渊源与形态．福州：福建人民出版社. 2005 年.

[30]《当代中国的经济管理》编辑部．中华人民共和国经济管理大事记．北京：中国经济出版社. 1986 年.

[31] 罗钢、王中忱．消费文化读本．北京：中国社会科学出版社. 2003 年.

[32]（法）居伊·德波．景观社会．工昭风译，南京：南京人学出版社. 2006 年.

[33] 第七届全国博物十大陈列展览精品参评材料——闽台缘博物馆（2005－2006）．中国闽台缘博物馆. 2007 年 1 月.

[34] 冯雷．理解空间．北京：中央编译出版社. 2008 年.

[35]（法）米歇尔·福柯．规训与惩罚．刘北成、畅远婴译，北京：三联书店. 1999 年.

[36]（法）米歇尔·福柯．临床医学的诞生．南京：译林出版社. 2006 年.

[37] （德）格罗塞．艺术的起源．蔡慕晖译，北京：商务印书馆，2005 年.

[38]（美）克利福德·格尔茨．尼加拉：十九世纪巴黎剧场国家．赵丙祥译，上海：上海人民出版社. 1999 年.

[39]（美）克利福德·格尔茨．文化的解释．纳日碧力戈等译，上海：上海人民出版社. 1999 年.

[40] 贡布里希．艺术与错觉——图画再现的心理学研究，杭州：浙江摄影出版社. 1987 年.

[41] 戈夫曼．日常生活中的自我呈现．冯钢译，北京大学出版社. 2008 年.

[42] 纳尔逊· H·格雷伯恩．旅游：神圣的旅程，见瓦林·L·史密斯. 东道主与游客——旅游人类学研究．张晓萍等译．昆明：云南大学出版社. 2002.

［43］谷衍奎．汉字源流字典．北京：华夏出版社．2003 年．第 736 页．

［44］关瑞明、陈力：泉州官式大厝的词源及读音释义辨析，福建建筑 2006（1）：20～22.

［45］郭冰德．闽台缘博物馆要建啥样？海峡导报 2005－1－27.

［46］郭冰德．省委、省政府听取汇报后认真研究决定闽台缘博物馆定址西湖，海峡导报 2004－12－17.

［47］国家文物局、中国博物馆学会（编）．博物馆陈列艺术，北京：文物出版社．1997 年．

［48］何少川．历史的明证民族的心声——感受“中国闽台缘博物馆”．中国建设报 2006－10－24.

［49］麦克尔·赫兹菲尔德（Michael Herzfeld）．什么是人类常识．刘珩、石毅、李昌银译，北京：华夏出版社．2006 年．

［50］胡家瑜．器物诠释与文化展示：人类学的观看角度，博物馆学研讨会——博物馆的呈现与文化论文集 1997 年 12 月：61～76.

［51］黄乐颖、黄汉民．源·缘·圆——中国闽台缘博物馆创作．城市建筑．2006，（2）：21～24.

［52］黄霖（主编）．金瓶梅大辞典．成都：巴蜀书社．1991 年．

［53］黄烨勍．西双版纳傣族民俗文化生态旅游：［硕士学位论文］．昆明理工大学．2002.

［54］黄正德．兰屿发展生态旅游的运作模式：国家与地方社会的研究取向（硕士论文），台湾世新大学，2005 年 7 月．

［55］黄庄巍．闽南与台湾现代地域建筑屋顶造型手法研究．山西建筑 2007，（9）．

［56］（英）霍布斯鲍姆（E. Hobsbawm）传统的发明．顾杭、庞冠群译，南京：译林出版社．2004 年．

［57］斯图尔特·霍尔（编）．表征．徐亮、陆兴华译，北京：商务印书馆．2003 年．

［58］江炳成．古往今来话台湾．台北：台湾幼狮文化公司，1978 年．

［59］姜华．大众文化理论的后现代转向．北京：人民出版社，2006 年．

[60] 金（Lyndel King）和马斯汀（Janet Marstine）. 大学博物馆和美术馆：机构批评的场所和课程关注点，见马斯汀（Janet Marstine）编. 新博物馆理论与实践导论. 江苏：江苏美术出版社. 2008 年.

[61]（英）丹尼·卡瓦拉罗. 文化理论关键词. 张卫东、张生等译，江苏人民出版社. 2006 年.

[62]（美）葛凯. 制造中国——消费文化与民族国家的创建. 黄振萍译，北京：北京大学出版社. 2006 年.

[63] 瑞坤. 博物馆论述与文化民主：从超级特展现象再思教育，科技博物馆，2004，(2)：29 ~46.

[64] 玛格丽特·兰朵（Margaret Lindauer）. 批评型博物馆参观者，见马斯汀（Janet Marstine）编. 新博物馆理论与实践导论. 江苏：江苏美术出版社. 2008 年.

[65]（法）亨利·勒菲弗（Henry Lefebvre）. 空间与政治（第二版）. 李春译，上海：上海人民出版社. 2008 年.

[66] 亨利埃塔·利奇. 他种文化展览中的诗学和政治学. 见斯图尔特编. 表征. 徐亮、陆兴华译，北京：商务印书馆. 2003 年.

[67] 李慧竹. 中国博物馆学理论体系形成和发展研究：[博士学位论文]. 山东：山东大学，2007 年 10 月.

[68] 李气虹. 金门马祖盼大陆开放更多省市来游，联合早报 2007 - 9 - 30。

[69] 李先逵. 干栏式苗居建筑. 北京：中国建筑工业出版社. 2005.

[70] 李政亮. 帝国、殖民与展示，台中：博物馆学季刊，2006，20（2）：31 ~46.

[71] 梁虹. 景观的激进批评与景观文化的发展——德波《景观社会评论》要义. 江西社会科学，2006（5）：237 ~243.

[72] 廖炳惠. 关键词 200. 南京：江苏教育出版社. 2006 年.

[73] 廖敦如. 我的教室在博物馆，台中：博物馆学季刊 2005，19（1）.

[74] 林长华. 厦门在促进厦台（金）旅游也中的地位和作用，见 厦门市府台事办. 厦门涉台调研课题汇编（2002 年）（内部资料）. 厦门大学

印刷厂．2003 年．第 141～165 页．

［75］林崇熙．博物馆文物演出的时间辩证．一个文化再生产的考察，台中：博物馆学季刊 2005 年，19，(3)：7～24.

［76］林从华、林兆武、于苏建、薛小敏：闽台传统建筑类型及其文化特征，重庆建筑大学学报 2006（5）：75～78.

［77］林从华．闽南与台湾传统建筑匠艺探析．福建工程学院学报 2003，(2)：10～18.

［78］林栋材．泉州历史文化名城保护探索之路，城乡建设 2003（4）.

［79］林恒丞．雾台部落观光之真实性阐释：［硕士论文］．屏东："国立"屏东科技大学．2004 年 7 月．

［80］林其屏．"对台工作先行区"：厦门特区之"特"，厦门特区党校学报 2005（2）：33～37.

［81］林晓珊．空间生产的逻辑，理论与现代化 2008（2）：90～95.

［82］刘桂庭：历史文化古城保护与更新的探索——以泉州古城为例，福建建筑 2005（3）：129～133.

［83］刘晖．旅游民族学．北京：民族出版社．2006 年.

［84］刘其伟．台湾原住民文化艺术．台北：雄狮图书公司，2004 年．

［85］刘婉珍．从博物馆意识谈博物馆人的诞生与形塑，台中：博物馆学季刊，2006，20（3）：7～21.

［86］卢梅芬．人味！哪去了?：博物馆的原住民异己再现与后殖民的展示批判，台中：博物馆学季刊 2005，19（1）：65～77.

［87］卢美松、陈龙．闽台先民文化探源，福建人民出版社．2005（第 2 版）.

［88］路易莎·沙因．表演现代性，转引自马元曦、康宏锦．社会性别·族裔·社区发展译选，北京：中国书籍出版社．2001 年．

［89］吕关泉、吕绍纲．周易入门．长春：吉林人学出版社．1988 年．

［90］吕明宪．考古遗址博物馆展示之研究—以芝山岩文化展示馆设计为例：［硕士学位论文］．台湾：中原大学室内设计研究所，2002 年．

［91］吕绍理．展示殖民地：日本博览会中台湾的实像与镜像（报告书），2003 年财团法人交流协会日台交流中心，2004：8.

［92］（美）马斯汀（Janet Marstine）. 新博物馆理论与实践导论. 南京：江苏美术出版社. 2008 年.

［93］莫里斯·梅洛－庞蒂. 眼与心，刘韵涵译. 北京：中国社会科学出版社. 1992 年.

［94］孟子·梁惠王上. 北京：中华书局. 1985 年.

［95］宁小卓. 闽南蔡氏古民居建筑装饰意义的研究：［硕士学位论文］. 西安建筑科技大学，2005 年 6 月.

［96］蒂姆·欧克斯（Tim Oakes）. 主题公园式的村庄——中国旅游业的模仿及真实性，见吴晓萍主编：民族旅游的社会学研究. 贵州：贵州民族出版社. 2003 年.

［97］秦红增，胡宝华. 旅游与民俗文化的再建构——以龙胜大寨红瑶村为例. 长江师范学院学报. 2008，(5)：56～64.

［98］秦文宝. 空间体验与表演空间设计：［硕士学位论文］. 上海戏剧学院. 2003 年 5 月.

［99］邱坤良. 博物馆、剧场与艺术大学：艺术教学、展演与空间的另类思考，台中：博物馆学季刊 2006 年，20（4）：49～58.

［100］让·博德里亚. 物的体系. 见马克·波斯特（编）. 让·博德里亚文选. 加利福尼亚：斯坦福大学出版社. 1988 年.

［101］任海. 博物馆及其对台湾原住民文化的制造，山海文化 1993 (1)：29～35.

［102］荣莉. 旅游场域中的“表演现代性”：云南省丘北县仙人洞村旅游表演的人类学分析. 云南社会科学. 2007，(6)：41～44.

［103］阮锡桂、方承. 闽台情缘、血脉相连，福建日报 2006－5－26.

［104］斯沃茨（Swartz，D.）. 文化与符号权力——布尔迪厄社会学. 陶东凤译，上海：上海译文出版社. 2006 年.

［105］（澳）戴维·思罗斯比. 什么是文化资本. 潘飞编译，马克思主义与现实. 2004，(1).

［106］石正方. 台湾企业集团大陆投资现况与策略研究. 台湾研究集刊，2006，(2).

［107］史丹利（Nick Stanley）、萧竞聪. 再现中国文化——深圳中国民

俗文化村述评，见陈清侨（主编）. 身份认同与公共文化——文化研究论文集. 香港：牛津大学出版社. 1997 年.

［108］宋闽旺. 设立闽南文化生态保护实验区的意义和作用，泉州晚报 2007－7－19.

［109］苏东海. 建立和巩固. 国生态博物馆发展的思考. 中国博物馆. 2005，(3)：12～13.

［110］陶东风、和磊. 文化研究. 桂林：广西师范大学出版社. 2006 年.

［111］陶东风、金元甫（主编）. 文化研究·第 3 辑，天津社会科学院出版社. 2002 年.

［112］天瑜（主编）. 中华文化辞典. 武昌：武汉大学出版社. 2001 年.

［113］特克（Duclos，R.）. 后现代/后博物馆：当代博物馆评论的新走向. 张誉腾译，台中：博物馆学季刊，“国立”自然学博物馆出版，1996 (2)：3～12.

［114］特纳. 仪式的过程. 黄剑波、刘博赟译，北京：中国人民大学出版社. 2006 年.

［115］乔纳森·特纳、简·斯戴兹. 情感社会学. 孙俊才、文军译，上海：上海人民出版社. 2006 年.

［116］（日）藤岛亥治朗. 台湾原味建筑. 赵芳如译，台北：原民文化. 2000 年.

［117］王家和. 泉州沿海石厝民居初探：［硕士学位论文］. 华侨大学. 2006 年 6 月.

［118］王建民. 回眸崎岖路——两岸经贸关系 20 年. 两岸关系. 1999，(2).

［119］王嵩山. 台湾原住民的社会与文化. 台北：联经出版事业公司. 2001 年.

［120］王渝飞. 创造召唤情感的主题构思. 深圳大学学报. 1991，(3)：100～103.

［121］王兆鹏、刘尊明 主编. 宋词大辞典. 南京：凤凰出版社. 2003

年.

［122］王志弘、沈孟颖．谁的“福尔摩沙”．台北：东吴社会学报，2006，（20）：1～58.

［123］吴建忠、吴宗．台商黄景山的自责．海峡导报2004－6－17.

［124］吴琼．视觉性与视觉文化——视觉文化研究的谱系，文艺研究，2006，（1）：84～96.

［125］吴琼编．视觉文化的奇观：视觉文化总论．北京：中国人民大学出版社.2005.

［126］吴晓、邹晓玲．民间艺术展演文本的文化修辞．学术探索.2007，（5）：142～144.

［127］厦门市规划局.2004－2020 厦门城市蓝图．厦门日报2005－6－30.

［128］肖青．当代文化消费模式下民族歌舞艺术的符号化生产．当代文坛，2008，（6）：105～108.

［129］谢世忠．山胞观光：当地山地文化呈现的人类学阐释．台北：自立晚报，2004.

［130］谢世忠．族群人类学的宏观探索——台湾原住民论集．台北：国立台湾大学出版中心，2004.

［131］辛克靖．台湾地区少数民族艺术．长江建设.2002，（3）.

［132］徐赣丽．生活与舞台：关于民俗旅游歌舞表演的考察和思考．民俗研究.2004，（4）：134～148.

［133］徐建新．开发中国：“民族旅游”与“旅游民族”的形成与影响——以“穿青人”、“银水寨”和“藏羌村”为案例的评述．西南民族学院学报（哲学社会科学版）．2000，（7）：1～10.

［134］徐晶．我国历史博物馆体验展示方式研究：［硕士学位论文］，南京艺术学院，2006年5月.

［135］徐万邦、祁庆福．中国少数民族文化通论．北京：中央民族大学出版社.1996年.

［136］许功明．博物馆的展演及其理念．台中：博物馆学季刊.1998，12，（4）：7～8.

[137] 许良国、曾思奇．高山族风俗志．北京：中央民族学院出版社．1998 年．

[138] 许一鸣、陈亚山、王惠兵：泉州在保护中更新在建设中传承．新华每日电讯 2004－3－9.

[139] 亚里士多德．诗学．陈中梅译，北京：人民文学出版社．1998 年．第 27 页．

[140] 严正、蔡秀玲（主编）．闽台经济合作研究．北京：中国社会科学出版社．2000 年．

[141] 杨家娣．沧源县翁丁佤族文化生态村旅游开发研究：[硕士学位论文]．云南师范大学．2004 年 6 月．

[142] 姚同发．台湾历史文化渊源．北京：九州出版社．2006（第 2 版）．

[143] 姚辒．同根异脉、同名异质．沈阳教育学院学报．2005，（4）：9～13.

[144] 叶俊之．论我国博物馆发展的市场化趋势及其对策．中国博物馆．2000，（1）．

[145] 尤中．云南民族史．昆明：云南大学出版社．1994 年．

[146] 俞敏敏．陈列设计中的几个流派及启示．中原文物，2003，（1）．

[147] 袁世全、冯涛（主编）．中国百科大辞典．北京：华厦出版社．1990 年．

[148] 曾思奇．台湾南岛语民族文化概论．北京：民族出版社．2005 年．

[149] 张文生、孙云、李鹏：台商在厦门投资的进程、变动及评估（1984－2001）．见厦门市人民政府台湾事务办公室．厦门涉台调研课题汇编（2002 年）（内部资料）．厦门大学印刷厂．2003 年．

[150] 张永安、苏黎．主题公园文艺表演产品层次探究——以深圳华侨城主题公园为例，江苏商论，2003，（12）：120～122.

[151] 中共厦门市委理论学习中心组．厦门改革开放 30 年的实践与启示，厦门日报 2008－10－7.

［152］中国博物馆学会、国家文物局．博物馆陈列艺术，北京：文物出版社．1997 年．第 2 页．

［153］中国闽台缘博物馆（编）．第七届全国博物十大陈列展览精品参评材料（2005－2006）．泉州：中国闽台缘博物馆．2007 年．

［154］周宪．视觉文化的转向．北京：北京大学出版社．2008 年．

［155］周宪．视觉文化和消费社会．福建论坛．2001，（2）．

英文参考文献

［1］ Anagnost，Ann. The Nationscape：Movement in the Field of Vision，Position：*East Aisa Cultures Critique*，1（3），1993.

［2］ Anagnost，Ann. *National Past-times*：*Narrative*，*Representation*，*and Power in Modern China*，Duke University Press，Durham& London，1997.

［3］ Barthes，R. Mythologies，trans. Annette Lavers，St Albans，Paladin. 1973.

［4］ BaudriUard，Jean. *Fatal Strategies*，*in Selected Writings*，trans. Mark Poster. Stanford：Stanford University Press，1988.

［5］ Bauman，Richard. Verbal Art as Performance. *American Anthropologist*，77，1975.

［6］ Beeman，William O. The Anthropology of Theater and Spectacle. *Annual Review of Anthropology*. 22，1993.

［7］ Belmont Nicole Belmont，Arnold van Gennep. *The Rites of Passage*. London：Rutledge&. Kegan Paul，1965.

［8］ Bennett，T. *The Birth of the Museum-History*，Theory，Politics. London：Routledge. 1995.

［9］ Carlson，M.，The Performance of Culture：Anthropological and Ethnographic Approaches，in *Performance*：*A Critical Introduction*，2nd. edn，London & New York：Routledge. 2003.

［10］ Cunningham，Clark E. the Interaction of Cultural Performances，Tourism，and Ethnicity：An Introduction，*Journal of Musicological Research*，Vol. 17，No. 2，1998.

[11] Dicks, Bella. Culture on Display: *The Production of Contemporary Visitability*, *McGraw-Hill Companies*. 2001.

[12] Duncan, Carol. *Civilizing Rituals*: *Inside Public Art Museums*. London: Routledge. 1995.

[13] Foucault, M. 1972. *The Archaeology of Knowledge*, trans. A. M. Sheridan Smith, London: Tavistock. 1969.

[14] Handelman, D. *Models and Mirrors*: *Towards an Anthropology of Public Events*. Oxford: Berghahn Books. 1998.

[15] Hazlitt, William. *Sketches of the Principal Picture-Galleries in England*. London: Taylor and Hessey. 1824.

[16] Hooper-Greenhill, Eilean. *The Education Role of the Museum*. London and New York: Routledge. Leicester Readers in Museum Studies series, 1994.

[17] Jay, Martin and Eyes, Downcast. *The Denigration of Vision in Twentieth-Century French Thought*, Berkeley: University of California Press. 1993.

[18] Joan, L. How "WE" See "THEM" -Tourism and Native Americans. *Annals of Tourism Research*. 1991. 18 (3).

[19] Lefebvre, H. "*Space*: *social product and use value*", in Critical Sociology: European Perspectives (ed.) JW Freiberg (Irvington Publishers, New York), 1979.

[20] Lefebvre, H. *The Production of Space*, Oxford: Blackwell. 1974.

[21] MacAIoon, J. J. *Introduction*: *Cultural Performance*, Culture Theory. In J. J. MacAIoon (ed.), Rite, Drama, Festival, Spectacle. Philadelphia: Institute for the Study of Human Issues, 1984.

[22] MacCannell, D. 1976. The Tourist: A New Theory of the Leisure Class. New York: Shocken.

[23] Miles, R. S. *The Design of Educational Exhibits*. 2nd. Edition, London: Unwin Hyman Ltd. 1988.

[24] Mills, S. *Discourse*. London: Routledge. 2004.

[25] Mirzoeff, Nicholas. *The Visual Culture Reader*, Routledge. 1998.

[26] Richards, Greg. Marketing China overseas: The role of theme parks

and tourist attractions, *Journal of Vacation Marketing*; ABI/INFORM Global. Dec 2001, 8, 1.

[27] Roberts, Lisa C. *From Knowledge to Narrative: Eduators and the Changing Museum.* Washington, DC, and London: Smithsonian Institution Press. 1997.

[28] Rodriguez, S. Institutional Critique Versus Institutionalized Critique: The Politics of Andrea Fraser's Performances, 2002 (1). in http://www.thirdspace.ca/journal/issue/view/2.

[29] Turner, V. "The Anthropology of Performance", En Victor Turner (comp.), *the Anthropology of Performance*, PAJ Publications, New York. 1987, pp. 72 –98.

[30] Turner, V. "Performing Ethnography", *The Drama Review*, Vol. 26, No. 2, 1982.

[31] Turner, *V. Image and Pilgrimage in Christian Culture: Anthropological Perspectives.* New York: Columbia University Press, 1978.

[32] Turner, V. The Center out There: the Pilgrim's Goal, *History of Religious* 12 (3), 1973.

[33] Urry, J. The Tourist Gaze, London: Sage. 1990.

[34] Van den Berghe, Pierre L. and Keyes, Charles F. Introduction: Tourism and Re – Created Ethnicity. *Annals of Tourism Research.* 1984. 11 (3).

[35] Warren, S. Disneyfication of the Metropolis: Popular Resistance in Seattle, *Journal of Urban Affairs*, 1994 (16).

后　记

从南方到北方，我体验了一回地域文化上的差异。在厦门生活了20多年，没感觉到闽南文化有什么新鲜、特别之处。来到北京学习和生活后，重回福建的故土，我才突然发现“变熟为生”的奥妙之处。作为一个“生于斯、长于斯”的闽南人，从事本土研究应是得心应手之事。但是，现实的田野调查、研究访谈，以及后来的材料收集，都煞费苦心。不仅卷入其间的各种复杂的关系网络，而且每次的交流互动，都需要我不断变换自己的角色定位。从游客、实习生、老乡，到同学、临时讲解员，这些身份在实地调查中让我成为一个“演员”，甚至到后来的文本生产也像是格尔茨所说的“表演文本”。

可以说，本书的写作是一个磨练意志的过程。将收集到的点点素材整理成一个完整的文本。其中的苦楚只有自己明白。几乎每日都去国家图书馆等图书馆查阅资料，每晚又往往熬到深夜。特别是有一段思路中断的时候，完全不能拨开迷雾，找到前先的方向。还好，老师的教导、同学的帮助，以及朋友的希冀成为重要的后盾。在此，我一并献上感谢：

首先把感谢献给我的导师王建民教授。本书是在他的悉心指导下、循循善诱的基础上完成的。从田野调查、框架构思、章节写作，到后来的多次的修改中，王老师提出了许多富有价值的意见和建议。回顾跟随王老师的三年学习，他开拓思维、严谨治学、开明睿智的启迪，都让我受益匪浅。老师为人谦和、儒雅和善，处事和治学上对学生严格教诲。每每回忆起其中的点点滴滴，都能让我受益终身！感谢我的几位教师：潘蛟教授从族群认同理论方面、潘守永教授从展示理论的脉络、王铭铭教授从闽南地域文化的研究，以及翁乃群研究员从文化再生产的理论，给了我富有深度的批评和启发。最后田野调查的内容、访谈提纲的再设计，以及调查的关注点选择，其中的许多方面的修改来源于老师们的贡献。还要感谢所有教过我的老师，是他们从多元的角度敞开人类学的大门，让我有可能循道以体会这门学科的大智慧。

然后是我的家人。我是一面在家设计提纲、整理材料，一面下企业和博物馆进行实地工作。家，成为我论文研究的“办公室”。不得意时，与家人倾诉；顺风浪时，与家人调侃。许多思绪、火花就在那时迸发出来。所以，家人的照顾、关心，以及经历的谈天中，给了我双份的支持。亦亲亦师，乃人生一大幸事。

再下来，我要感谢同学的帮助。同门师兄弟姐妹给了我良多的启发，宛如黑夜的明灯，点亮迷航的帆船。跨专业的交流、碰撞，也为我的写作引爆灵感。这些积聚能量的无私帮助，都让我体会到久逢甘露般的珍贵。

还不能忘记的是那些田野中遇到的受访者。感谢民俗村的企业业主黄景山、管理层的几位经理，闽台缘博物馆的领导杨彦杰、陈健鹰等，信息中心的陈绍阳；讲解员陈甜甜、阮玲娜、洪小静、林闽敏、丁一哲、范怡婷、黄毅等，还有许多不知名的参观者、导游、游客对我的研究理解、支持和帮助。我相信，相见相知就是一种“缘”。总之，这些“幕后”英雄，都值得我一生铭记。

最后，谨将此书献给所有参与文本制作的人们，特别是献给跟随我的爱人陈美芳和两个即将出世的双胞胎孩子——他们打开了飞向未来的窗户。